从『功能城市』走向『文化城市』

守正创新·思辨文博

单霁翔文化遗产保护丛书

单霁翔 著

天津大学出版社

图书在版编目(CIP)数据

从“功能城市”走向“文化城市”/单霁翔著. —
天津：天津大学出版社, 2019.12
（守正创新　思辨文博）
ISBN 978-7-5618-6549-1

Ⅰ. ①从… Ⅱ. ①单… Ⅲ. ①城市发展战略－研究－
中国 Ⅳ. ①F299.21

中国版本图书馆CIP数据核字(2019)第215285号

Cong“Gongneng Chengshi”Zouxiang“Wenhua Chengshi”

策划编辑　刘　浩　金　磊　韩振平
责任编辑　郭　颖
装帧设计　王建泽　谷英卉

出版发行　天津大学出版社
地　　址　天津市卫津路92号天津大学内(邮编：300072)
电　　话　发行部：022-27403647
网　　址　www.tjupress.com.cn
印　　刷　廊坊市海涛印刷有限公司
经　　销　全国各地新华书店
开　　本　185mm×260mm
印　　张　18.75
字　　数　270千
版　　次　2019年12月第1版
印　　次　2019年12月第1次
印　　数　1—2000
定　　价　69.00元

目录

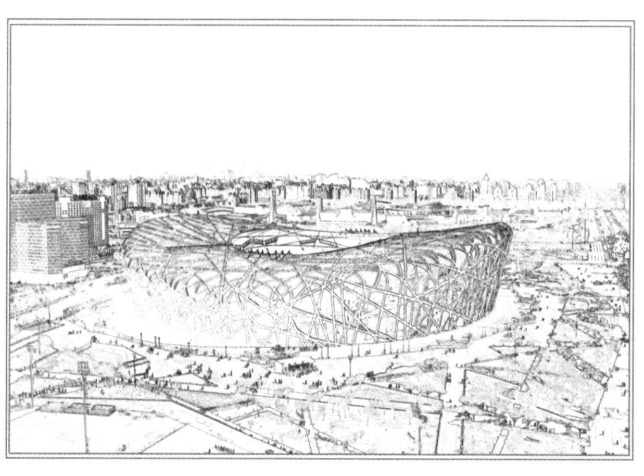

第一章
城市文化问题研究的现实意义

2007 年 6 月 9 日是我国的第二个“文化遗产日”。在同一天，建设部、文化部、国家文物局共同举办了“城市文化国际研讨会”，会议通过的《北京宣言》成为加强城市文化建设和城市文化遗产保护的共同行动纲领，以期引起社会各界对城市文化问题的广泛关注，并将讨论引向深入。作为对这一系列行动的积极响应，笔者仅就新时期城市文化面临的形势以及当前开展城市文化研究的意义进行初步的思考和分析。

第一节　城市化加速进程中的城市文化问题

21 世纪初，无论对于世界，还是对于我国，都是城市化发展的转折点。从这一时期起，世界 50% 以上的人口居住在城市，全球范围内城市人口首次超过了农村人口。也是从这一时期起，我国脱离了城市化历史进程的初级阶段，进入中级阶段。与世界上其他国家一样，我国城市化的浪潮是经济社会发展内在规律作用的结果，它不可抗拒，也不能阻止，只能进行正确引导，去其弊，扬其长，这样才能保证城市化进程的健康发展。

1. “矛盾凸现期”遭遇“城市化急躁症”

城市化具有加速性。“美国学者诺瑟姆（Ray M.Northam）1979 年提出了城镇化 S 形曲线所揭示的加速期。该曲线有两个拐点，第一个拐点是城镇化率从低到高，也就是在城镇化加速期所形成的。如我国 1990—2000 年，城镇化率年均提高 1.4 个百分点。第二个拐点是城镇化率的变化从快到慢所形成的。即当城镇化率达到 70% 以后，城镇化基本处于饱和状态。据世界银行统计，当发展中国家人均 GDP 达 1000 美元，城市化率达到 30% 时，城市化将进入快速发展期，也就是第一个拐点——从慢到快。我国目前正处于这样一个发展阶段”[①]。2003 年，我国人均 GDP 已经超过 1000 美元，进入了走出低收入国家而向中等收入国家前进的新时期。2006 年，我国第一次在新的五年规划中明确提出城市化率的目标。即 2010 年达到 47%，每年平均增长速度为 0.8 个百分点，“相比 1995 年以来的每年 1.43~1.44 个百分点的超高速，这是一个比较理性的目标速度。世界城市化一般的年均增长速度在 0.3~0.5 个百分点”[②]。有关学者认为，这个时期往往可以称为“黄金发展期”，同时也是一个“矛盾凸现期”。同样的发展阶段在其他发达国家往往需要 30~50 年，甚至更长时间。但在我国城市，这个阶段过程短，建设强度大，投入密度高，因此城市发展与城市文化之间的各类矛盾非常集中、异常激烈。

近些年，各地政府对城市化发展的热情空前高涨，并且一提到城市化水平，就会以城市化率作为衡量标准，甚至将城市化作为拉动经济增长的一个重要手段，存在着片面的城市化率决定论，以致出现了“城市化急躁症”，提出了各种不切合实际的城市化发展目标，认为城市化到了什么程度，经济就能发展到什么程度。事实上，城市化并不是一个轻松的话题，西方发达国家城市化过程中已经出现过的种种弊病，我们应该引以为戒。人们一般认为，“城市化，是由于城市工业、商业和其他行业的发展，使城市经济在国民经济中的地位日益增长而引起的人口由农村向城市集中的社会进步过程。由于城镇人口的增加是城市化最显著的特征，因而城镇人口在全国

① 仇保兴：《中国城镇化——机遇与挑战》，北京，中国建筑工业出版社，2004。
② 周星：《城镇化：不是越快越好》，载《光明日报》，2006-03-27（6）。

总人口中的比例不断提高是衡量城市化程度的基本指标”[①]。实际上，答案并非如此简单。从表象看，城市化主要表现为农村人口大量向城市聚集的现象，实质上城市化所带来的最主要问题，已经不完全是城市物质环境或体形空间的问题，更多的是社会、文化和环境的问题。城市化水平也不是一个简单的百分比数字，单从科学研究和理论架构上说，就涉及社会、文化、经济、建筑、城乡规划、能源材料和环境保护等方面。吴良镛教授指出：“‘城市化’虽然带来了人口集中、产业集聚、文化中心的生成等积极要素，但同时（我们）也要保持警觉，‘城市化’并非一路凯歌，‘城市化’也是众多问题之源。”[②]城市化加速进程对应城市建设的高峰时期。数以千万计的农民移居城市，人口过剩和城市资源短缺成为我国城市化面临的主要矛盾，由此引发城市“摊大饼”式的无限蔓延，造成对城市社会、文化生活的影响，以及对能源、生态的巨大压力。1995年年底，联合国助理秘书长沃利·恩道在为《城市化的世界》一书作序时，忧心忡忡地写道：在我们即将迈入新的千年之际，世界真正处在了一个历史的十字路口。城市化极可能是无可比拟的未来光明前景之所在，也可能是前所未有的灾难之凶兆。所以，未来会怎样就取决于我们当今的所作所为。

2. 城市文化成为城市化加速进程中的核心问题

改革开放以来，我国城市建设取得了举世瞩目的成就，但是在城市物质建设取得成就的同时，在城市文化建设方面我们却重视不够，归纳起来涉及八个问题或应该避免出现的情况。由此可以看出加强城市文化建设、避免城市文化危机加剧的紧迫性。

一是避免城市记忆的消失。城市记忆是在历史长河中一点一滴地积累起来的，从文化景观到历史街区，从文物古迹到地方民居，从传统技能到社会习俗等，众多物质的与非物质的文化遗产，都是形成一座城市记忆的有力物证，也是一座城市文化价值的重要体现。但是，现在一些城市在所谓的“旧城改造”“危旧房改造”中，

① 中国大百科全书总编辑委员会:《中国大百科全书（简明版）》（修订本），662页，北京，中国大百科全书出版社，2004。
② 吴良镛:《人居环境科学导论》，北京，中国建筑工业出版社，2001.

由于急功近利作祟、经济利益驱使等人为因素，实施过度的商业化运作，采取大拆大建的开发方式，致使一片片积淀丰富人文信息的历史街区被夷为平地，一座座具有地域文化特色的传统民居被无情摧毁，一处处文物保护单位被拆迁和破坏的事件也屡见不鲜。由于忽视对文化遗产的保护，造成了这些历史性城市文化空间的破坏、历史文脉的割裂、社区邻里的解体，最终导致城市记忆的消失。

二是避免城市面貌的趋同。城市面貌是历史的积淀和文化的凝结，是城市外在形象与精神内质的有机统一，是一个城市的物质生活、文化传统、地理环境等诸因素综合作用的产物。一个城市的文化发育越成熟、历史积淀越深厚，城市的个性就越强，品位就越高，特色就越鲜明。但是，在建设和发展中，一些城市面貌正在急速地趋同。由于城市规划建设中抄袭、模仿、复制现象十分普遍，面貌雷同的城市街区越来越多，人们感到自己居住的城市越来越陌生，其他的城市却越来越熟悉，导致“南方北方一个样，大城小城一个样，城里城外一个样”的特色危机。各地具有民族风格和地域特色的城市风貌正在消失，代之而来的是几乎千篇一律的高楼大厦。“千城一面”的现象日趋严重。

三是避免城市建设的失调。城市建设是为了创造良好的人居环境，既包括物质环境，也包括文化环境。而城市规划则是合理配制公共资源、保护人文与自然环境、维护社会公平和弥补市场失灵的重要手段，它的根本目的不仅是建设一个环境优美的功能城市，更在于建设一个社会和谐的文化城市。但是，一些城市在建设中缺少科学态度和人文意识，却多了一些盲目决策和浮躁心态。这些城市往往采取单一依赖土地经营和房地产开发来拉动经济的增长方式，大幅度扩充城市用地，大面积地增加建设量，导致出现“圈地运动”和“造城运动”，严重损害了民众利益和国家利益。一些城市盲目追求变大、变新、变洋，热衷于建设大广场、大草坪、景观大道、豪华办公楼，而这些项目却往往突出功能主题而忘掉文化责任。

四是避免城市形象的低俗。城市形象是城市物质水平、文化品质和市民素质的

中国2010年上海世博会“城市更新与文化传承”苏州论坛（2010年6月11日）

综合体现。它表现出每个城市过去的丰富历程，也体现着城市未来的追求和发展方向。美好的城市形象不仅可以实现人们对城市特色景观的追求和丰富形象的体验，而且可以唤起市民的归属感、荣誉感和责任感。但是，一些城市已经很难找到层次清晰、结构完整、布局生动、充满人性的城市文化形象。不少中小城市盲目模仿大城市，为了气势而不顾城市环境，把高层、超高层建筑当作城市现代化的标志，建筑体量追求高容积率而破坏了原有的城市尺度和轮廓线，寄希望于城市在短时间内能拥有更多“新、奇、怪”的建筑，以迅速改变城市的形象。而大量新建筑不是增强而是削弱了城市的文化身份和特征，使城市景观变得生硬、浅薄和单调。

五是避免城市环境的恶化。城市环境是城市社会、经济、自然的复合系统，城市环境与城市的生态发展密切相关，具有高度的敏感性。好的城市环境不但可以保证人们的身体健康，而且可以激发人们的积极性和创造性。研究城市环境的基点是如何使人与城市更好地相融，城市如何既宜人居住，又宜人发展。但是，一些城市以对自然无限制的掠夺和征服来满足自身发展，致使环境面临一系列突出问题：空气污染、土质污染、水体污染、光污染、噪声污染；热岛效应加剧、交通堵塞加剧、资源短缺加剧，绿色空间减少、安全空间减少、人的活动空间减少。同时，城市改造中的大拆大建造成巨大的资源浪费和环境污染。错位、超载开发更使不少文化遗产地及其背景环境出现人工化、商业化、城市化趋势。

六是避免城市精神的衰落。城市精神是城市文化的重要内核，是对城市文化积淀进行提升的结果。城市精神的形成是一个长期的过程，并在历史上和现实中发挥着异常重要的作用。通过对城市精神的概括和提炼，可以使更多的民众理解和接受城市的追求，从而转化为城市民众的文化自觉。但是，一些城市注重物质利益，而忽视文化生态和人文精神。目前不少城市纷纷提出建立“国际化大都市”的目标，存在着盲目攀比、不切实际的倾向。一些城市热衷于搞“形象工程”，盲目追求“标志性建筑”的数量，实际上是重经济发展，轻人文精神；重建设规模，轻整体协调；重攀高比新，轻传统特色；重表面文章，轻实际效果；表现出对文化传统认知的肤浅、对城市精神理解的错位和对城市发展前途的迷茫。

七是避免城市管理的错位。城市管理是一项复杂的系统工程，其实质是人作用于城市发展的过程，应肩负起对未来城市的责任。城市管理不但要为人们提供一个工作方便、生活舒适、环境优美、安全稳定的物质环境，而且要为人们提供一个安静和谐、活泼快乐、礼让互助、精神高尚的文化环境，这就需要用文化意识指导城市管理。但是，一些城市在管理内容上重表象轻内涵，在管理途径上重人治轻法治，在管理手段上重经验轻科学，在管理效应上重近期轻长远。在不断发展的形势下，由于不能不断从更高层次上寻求城市管理的治本之策，导致在问题已然成堆、积重难返之际，人们才开始采取各种应急与补救措施，然而为时已晚。“城市病”所产生的系列病状及后遗症，病根在于城市管理缺乏长远的战略眼光，缺乏应有的文化视野。

八是避免城市文化的沉沦。城市文化是市民生存状况、精神面貌以及城市景观的总体形态，并与市民的社会心态、行为方式和价值观念密切相关。城市文化在漫长的历史过程中积淀、缓慢演变发展，形成城市的文脉。城市的文化资源、文化氛围和文化发展水平，在一定程度上体现出城市的竞争力，决定着城市的未来。但是，一些城市面对席卷而来的强势文化，不是深化自身的人文历史，而是浅薄化自己的文化内涵，使思想平庸、文化稀薄、格调低下的行为方式弥漫在城市的文化生活之中，消解着人们对于优秀传统文化的理解和继承。在文化领域，一些人的价值观扭曲、错位，拜金主义、享乐主义蔓延，“文化危机”问题以及伴随而来的种种不良社会现象日益严重，究其深层次原因，是文化认同感和文化立场的危机。

3.“源远流长”是城市健康的持续发展之道

从20世纪80年代起至今，我国仅用了25年的时间就从沿海向内地初步形成了现代城市格局，而在西方，类似的城市化进程差不多经历了三四百年时间。如果没有对城市文化、城市建设研究过程的积累，如此疾风骤雨式的建设和发展要想不出现偏差是不大可能的。事实上，我们恰恰缺乏这种积累的过程以及过程的积累[①]。如今，面对城市化加速的进程，城市文化成为人们面临的重要议题。城市文化从城市诞生之日起产生，经过长期历史过程，在原有基础上不断积淀和发展形成。城市文化忠实反映了城市发展脉络，有着多种内涵和表现形式。一座城市能否延续和发展，越来越取决于城市文化的延续。城市不仅体现着它所具有的物质功能，而且体现着社会发展的复杂进程，包含着深刻的文化意义。在城市化加速进程中如何发展城市文化，如何保护文化遗产？这一问题比以往任何时期都更加尖锐地被提了出来。城市文化正处于一个前所未有的处境之中，文化遗产有迅速、大规模消亡的危机。周干峙教授认为：“历史文化是城市发展之‘源’，城市化是发展之‘流’。我国城市应当‘源远流长’，才是健康的持续发展之道。”[②]事实上，城市化的各个因素都与城市

① 张在元：《寻找城市战略家》，载《中国文化报》，2005-07-12。
② 周干峙：《城市化和历史文化名城》，载《城市规划》，2002（4），7。

文化有非常直接的关系，也涉及文化遗产保护的方方面面。因此，要用新的、先进的城市文化理念引导城市今后的发展，不断丰富城市自身特有的文化内涵，找到属于城市自己的文化发展路径，努力创新和发展属于城市自己的城市文化。“所有这些办法，都是把城市保护当作一个需要时间的有机过程，让时间充当协调的角色，用中医的中草药代替西医的手术刀。”[①]同时，城市文化也要善于研究不断变化的形势和城市化发展的趋势，及时做出正确的判断和决策。

经济学研究普遍认为，人均 GDP 3000 美元是一个重要的发展临界点，也是城市发展的关键点。人均 GDP 3000 美元不仅标志着城市经济已达到中等收入国家的水平，而且也预示着城市发展开始发生结构性的变化并进入相应的转型期。2005 年以后，我国东部地区相当多的城市人均 GDP 超过了 3000 美元，中西部地区的部分城市也接近或超过了这一指标。未来，我国将会有越来越多的城市遇到转型的挑战。这一时期，城市居民的需求层次由发展型向享受型过渡，住房消费、私人购车出现爆发性增长，消费结构升级势头强劲，劳动投资结构和生产结构也随之发生变化。孙家正部长曾说：“有一个哲学家讲过‘一个人在饿肚子的时候只有一个烦恼，吃饱饭以后便会生出许多烦恼。’第一个烦恼是生存的烦恼，在生存当中食品非常重要；第二个烦恼是发展的烦恼，解决发展的烦恼，文化很重要。”[②]经过近几年的发展，我国城市集聚规模已经积累到一定程度，各类“烦恼”也逐渐呈现，引发了一系列“城市病”，其中交通拥挤、环境污染、能源紧张等问题愈加突出。20 年来，我们的城市在经历了住房、交通、环境等几大难题之后，下一个难题将是城市的社会问题[③]。特别是在短时间内发生的大规模的所谓“旧城改造”运动，已经决定性地改变了众多历史性城市的原有面貌。城市化带来的不可避免的交流、西方模式的示范、城市功能的趋同等，都大规模地泯灭着城市的独特性。如何成功跨越转型期这道门槛，关系到城市未来的发展质量和水平，是横亘在每一个经济发展达到此阶段的城市面前的新挑战，而跨越门槛、迎接挑战的核心力量是城市文化。

① 张天新，山村高淑：《从“世界遗产”走向“世间遗产”》，载《理想空间》，2006（15），14。
② 孙家正：《文化境界：与中外友人对谈录》，上海，文汇出版社，2006。
③ 王凯：《从西方规划理论看我国规划理论建设之不足》，载《城市规划》，2003（6），71。

4. 循序渐进的城市化过程符合城市发展的规律

在城市化加速进程之前，不同地区的城市历史是自然地、渐进地发展的历史，城市往往具有鲜明的地域特征和发展过程的规律性，物质形态的城市建筑、自然景观等的变化也是缓慢的。同时，在城市中一些非物质形态的文化，则具有较强的生命力，它们的产生和消亡是比较自然的历史过程。城市由于不同时期功能的需要而发生着绵延式的变迁，在一般的情况下，其他文化的影响不足以改变整个文化的整体面貌，因此大多数地区、民族形成了独特的地域文化特征，这种文化特征鲜明地表现在城市的一切物质与非物质的文化形态上。但是，“全球化的浪潮将吞噬和同化许多富有地域特色的城市文化，城市将丧失文化的独特性，从而丧失它最珍贵的‘精神血液’。这又是一场人文领域内的城市灾难，也是一种人文和精神意义上的生态危机”①。历史建筑被拆、传统风貌被毁、文化环境被破坏等一系列严重事件，一方面体现了部分城市决策者和房地产开发商的盲目无知，另一方面也表现出城市文化面对城市化挑战的应对能力不足。这一时期，也是文化遗产保护最危险、最紧迫、最关键的历史阶段。“今天城市文化中最主要的问题是增加城市这个容器的消化能力，同时又不让它变成非常庞大的凝聚在一起的一个大团块。如果不进行区域范围的或区域之间的大规模改造，单单要在大都市核心区进行城市更新是不可能的”②。因此，从“以旧城为中心发展”走向“发展新区，保护旧城”；从“大拆大建式旧城改造”走向“历史城区整体保护”；从“大规模危旧房改造”走向“循序渐进，有机更新”，正确处理好城市化发展和城市文化发展的关系，对于今后我国社会保持可持续发展具有十分重要的意义。同时，城市化是世界性的潮流，我们需要研究和借鉴国际社会，特别是发达国家的经验和教训，在实践中找出城市文化发展和文化遗产保护的有效方法。

实际上“城市化”是一个具有多维特质的概念。正因为城市是一个展示着人口的、经济的、地理的、社会的以及人类诸多特征的、开放的、复杂的巨大系统，所

---

① 段进，李志明，卢波:《论防范城市灾害的城市形态优化》，载《城市规划》，2003（7），62。
② 刘易斯·芒福德:《城市发展史——起源、演变和前景》，442 页，宋俊岭，倪文彦，译，北京，中国建筑工业出版社，2005。

以对于城市化现象及发展过程的理解和考察也必然是多视野、多层次、多角度的，不能仅仅着眼于个别问题，把复杂的社会文化现象简单化，而应当从整体的角度入手，从城市文化方面系统地加以研究。城市文化属于上层建筑的范畴，它的产生、形成和发展都摆脱不了经济基础的影响。在现实中，由于经济地位悬殊，不同城市在文化上表现出很大的差异，城市化进程中的文化问题，也必然错综复杂。约翰·汤姆林森在《全球化与文化》一书中指出，“更确切地说，我们必须从文化、经济和政治错综复杂缠绕在一起的实践中，阐明文化的一种目的感——即什么样的感受使得生活充满了意义”[①]。人是文化的创造者，也是由文化所创造的。每个人从出生之日起，就受到社会文化环境的影响。城市文化作为城市精神和创造力的历史凝聚与积淀，具有施加广泛影响的功能，能够让人们形成良好的道德规范及生活方式。此时，城市文化体现在诸多方面，如市民的文化意识、建成环境的文化内涵、进城农民接受城市生活方式的熏陶等。尽管实现全面小康生活的指标体系比较复杂，但是可以将其简单地划分为物质生活和文化生活两类指标。随着经济的发展、社会的进步以及改革开放的扩大和深入，物质生活逐步达到小康社会指标是完全可能的。但是，文化生活的指标就相对抽象、比较复杂，要真正实现难度更大。这是由于文化的差异性决定的，因为人们对文化形式的认同不同、对文化生活的需求不同、对文化价值的评价也不同。因此，全面实现小康目标的关键是文化生活的进步。

城市文化是人类城市化进程中的一个核心问题，即如何在大城市的繁杂格局中统一人的内部世界和外部世界，充分维护和发展城市中各个区域、各种文化、各类人群的多样性和各自特性。其实，城市化率高不等于城市化的水平高。衡量一个城市的优劣，首先要考察这个城市是不是拥有更大的综合实力，要考察这个城市能不能为市民提高生活质量，考察这个城市能不能为民众提供更多的就业机会、社会保障和发展机遇。城市不仅要在城市化加速进程中为人们身体的栖居提供物质的场所，还要为人们心灵的栖息提供精神的空间。以人为本就是要爱护人的生命、关怀人的

① 约翰·汤姆林森:《全球化与文化》，郭英剑，译，南京，南京大学出版社，2002.

北京奥林匹克公园（2011 年 5 月 7 日）

幸福、维护人的尊严、保障人的自由。对于正处于城市化加速进程中的每一个城市来说，城市自身应该具有什么样的人文尺度和文化特色，应该是每个城市决策者在“热发展”中的“冷思考”。任何违背人的全面发展的想法、做法，都是与城市追求的终极目的相违背的。遗憾的是，20 世纪 90 年代以来，我国快速的城市化进程迅速改变了众多历史性城市的空间结构。在一些情况下，城市成为良好人居环境和人性化文化空间的对立面。目前我国城市化率还低于世界平均水平，长时期形成的城市化滞后的状况，不能要求在短时间内完全改变，循序渐进的城市化过程应当更符合城市发展的规律，加速城市化发展必须在满足社会和谐、稳定的基础上进行。同时要防止不切实际地追求过高的城市化发展目标，人为地建设城市，靠长官意志推动城市化进程。如果处理得不好，本应造福子孙的城市化进程，将会蜕化为毁坏文化积淀与城市遗产的短视之举。

第二节　文化遗产保护转型过程中的城市文化问题

文化遗产保护体系是一个不断发展的动态体系。以 2005 年 12 月《国务院关于加强文化遗产保护的通知》的发布为标志，我国文化遗产保护进入了一个新的发展阶段和转型时期，文化遗产的概念具有了更为深刻的内涵，文化遗产保护的对象和范围也呈现出新的发展趋势。人们逐渐认识到，文化遗产是一个博大的系统，是一个发展的概念，是一个开放的体系，是一个永恒的话题。

1. 文化遗产保护不断呈现出新的发展轨迹

21 世纪初，人们对于文化遗产概念的认识不断发生着变化。我国具有保护古代遗存的悠久传统。早在一千多年前的宋代，收集、研究和刊布金石铭刻就已经形成学科，文人雅士则热衷于收藏"古董"、鉴赏"古玩"和研究"古物"。20 世纪初，通过对古代遗存发掘和研究而重建古代历史的现代考古学带来"文物"的概念，从此，古代遗存的文化内涵和价值得以不断被揭示。从保护宫殿、寺庙和石窟寺等文化艺术精品，发展到同时注重保护古遗址、古墓葬和历史纪念建筑物等反映人类发展历程的重要文化遗存；从保护单体的文物建筑，发展到同时注重保护建筑物群及其周围的历史环境。1982 年颁布的《文物保护法》，建立了历史文化名城保护制度。2002 年新修订的《文物保护法》，将历史文化街区、历史文化村镇的保护纳入法律体系，标志着我国开始建立起单体文物、历史地段、历史性城市的多层次保护体系。"国际遗产概念的扩大化和深刻化以及遗产保护的全球化，可以说是 20 世纪人类最富有历史智慧的行动之一。我们距离建立一个包含物质文化遗产、非物质文化遗产和自然与文化双遗产在内的、统一的广义的文化遗产理论，还有很长的路要走"[①]。2005 年 12 月，《国务院关于加强文化遗产保护的通知》发布，这是在国家层面第一份以"文化遗产"为主题词的政府文件，该文件具有深刻的文化内涵。我国文化遗产保护已经进入了一个新的发展阶段和转型时期，在理论和实践中对于文化遗产应

---

① 苏东海：《建立广义文化遗产理论的困境》，载《中国文物报》，2006-09-08（5）。

有更加深入的认识，无论在保护的对象和范围方面，还是在保护的手段和措施方面，文化遗产的概念应具有更为深刻、更为丰富的内涵。总体来说，文化遗产保护从对艺术品的欣赏行为，到对“文物”的保护，进而扩展到保护“人类共同继承的文化遗产”；保护的范围从文物本体扩大到历史环境，从“建筑遗产”扩展到“地区遗产”。

近几年来，文化遗产保护领域对传统保护对象的概念认识也呈现出新的发展趋势。一是在文化遗产的保护要素方面，从重视单一要素的遗产保护，向同时重视由文化要素与自然要素相互作用而形成的“混合遗产”“文化景观”保护的方向发展，例如“杭州西湖·龙井茶园”作为“文化景观”的代表被列入“中国世界文化遗产预备名单”。二是在文化遗产的保护类型方面，从重视“静态遗产”的保护，向同时重视“动态遗产”和“活态遗产”保护的方向发展，例如在第六批全国重点文物保护单位中，“京杭大运河”和“聚馆古贡枣园”等的列入格外引人注目。三是在文化遗产的保护空间尺度方面，从重视文化遗产“点”“面”的保护，向同时重视“大型文化遗产”和“线性文化遗产”保护的方向发展，例如加强对“大遗址”[①]“文化线路”“文化遗产廊道”的保护等，如“十一五”期间我国将西安和洛阳地区的大型古代城市遗址、丝绸之路列入了保护重点。四是在文化遗产保护的时间尺度方面，从重视“古代文物”“近代史迹”的保护，向同时重视“20世纪遗产”“当代遗产”的保护方向发展，例如大庆油田第一口油井、第一个核武器研制基地旧址、酒泉卫星发射中心等被列入保护对象。五是在文化遗产的保护性质方面，从重视重要史迹及代表性建筑的保护，向同时重视反映普通民众生活方式的“民间文化遗产”“世间遗产”[②]保护的方向发展，例如加强对“传统民居”“乡土建筑”以及“工业遗产”“农业遗产”“老字号遗产”等的保护。六是在文化遗产的保护形态方面，从重视“物质要素”的文化遗产保护，向同时重视由“物质要素”与“非物质要素”结合而形成的文化遗产保护的方向发展，例如加强对“文化空间”的保护与研究，以及深入开

---

① “大遗址”主要包括反映中国古代历史各个发展阶段涉及政治、宗教、军事、科技、工业、农业、建筑、交通、水利等方面历史文化信息，具有规模宏大、价值重大、影响深远特点的大型聚落、城址、宫室、陵寝墓葬等遗址、遗址群及文化景观。

② 张天新，山村高淑：《从“世界遗产”走向“世间遗产”》，载《理想空间》，2006（15），12。

展“生态博物馆”保护的实践。

2.“城市遗产”使城市文化更加丰富多彩

综上所述，文化遗产保护认识的不断深化推动着保护工作的实践，呈现出令人欣喜的发展轨迹。我们应注重对文化遗产保护领域各类新成员的研究。应当指出，随着新成员的加入，各类文化遗产在城市中相互交织融汇在一起，文化遗产保护也呈现出三种新的趋势：一是保护的对象呈现出由“单体”向“群体与环境”、再向“整体”方向扩展的趋势；二是保护的范围呈现出由“点”向“线与面”、再向“系统”方向扩展的趋势；三是护的领域呈现出由“物质”向“物质与非物质”、再向“综合”方向扩展的趋势。正是文化遗产保护这一整体性、系统性、综合性的发展趋势，推动着“城市遗产”概念的逐渐形成，也使城市文化的内容更加丰富多彩。城市既是人们日常生活的家园，又是人类文明的成果和标志，从某种意义上说，“城市本身就是文化遗产”。城市聚集了最集中的物质财富和文化资源，文化的创造活动也最为频繁地发生在城市中，并对周边地区产生辐射与影响。人们越来越认识到文化遗产的保护如果只停留在一个个具体的、互不联系的物质形态上，那么，在改造后的城市中，文化遗产的整体性、系统性和综合性就将被割断，一处处文化遗产就将沦为“文化孤岛”。“当前的客观情况要求必须积极推进并开拓文物保护工作，包括扩大保护工作的内容（从古建筑、园林到城市，从人工建筑到自然景观），研究符合实际的可供操作的保护措施（例如适当地再利用等）；争取更多的专业工作者合作，吸取社会各阶层热心人士参与，唤起全社会的认识与关注，以至争取决策者的秉公支持，力挽当前混乱局面”①。因此，应不断研究文化遗产保护领域的扩展和深化。

文化遗产体系是一个发展的动态体系。孙家正部长指出：“有关世界遗产的基本理念、观点、技术等，都不是一成不变的；它们产生于丰富的实践之中，又需要在

① 吴良镛：《论中国建筑文化研究与创造的历史任务》，载《城市规划》，2003（1），16。

不同文化背景、不同自然环境、不同技术传统和不同遗产类型的应用过程中不断被检验、被证明、被修正、被丰富，从而衍生和变化出新的、更具有时代气息和地域特点的，更有针对性也更符合实际的新内容。”[①]在新的世纪里，仅仅把文化遗产狭义地当作一件物品“保留下来”是不够的，更重要的是发现、发掘、发扬文化遗产所蕴含的历史的、科学的、艺术的价值，使文化遗产进一步融入人们生活、融入社区发展、融入城市文化，给专业人士，但更多的是给大众以精神的、情感的、美的享受和启迪，使人们认识到人类保护文化的多样性，认识到保持文化遗产不被破坏，归根到底，就是保护人类自己。人们越来越认识到应更加注重对民间文化遗产的保护，而这些民间文化遗产过去常常被认为是普通的、一般的、大众的而不被重视。但是民间文化遗产却养育了一代又一代市民，直接表达着民族的、地域的个性特征，具有广泛的认同感、亲和力和凝聚力。因此，民间文化遗产往往也最能体现人类文化的多样性。文化遗产工作者应明确地向民众宣传：文化遗产就在他们的身边，就在他们的生活里，他们将从文化遗产的保护行动中受益。文化遗产对于当代社会的可持续发展具有重要意义，既有社会的，也有经济的；既有精神的，也有物质的。人们应把文化遗产的社会效益放在第一位，把保护放在第一位。在此前提下，我们还要主动地发挥文化遗产的多方面作用。

3. 文化遗产在城市文化中的作用日益显现

文化遗产是一个博大的系统。伴随着社会价值观和文化遗产观念的演变，文化遗产的内涵和标准体系也在不断丰富，几乎涉及“与人类有关的所有领域”，对生物多样性和文化多样性的尊重也将更加突出。今天，我们没有必要担心被列入文化遗产保护的内容和数量太多，和居住在这个星球上人类共同的需要相比，和我们子孙后代的需求相比，在这个每日每时都在变化着的世界上，可供我们保护的文化遗产不是太多，相反，却是太少。我们有理由紧急行动起来，争分夺秒地为当代，更为

① 孙家正：《世界文化遗产的保护是文物工作的重中之重》，载《中国文物报》，2006-12-27（1）。

后代把那些难得的、反映人类社会进程的文化遗产抢救下来，把更多的文化遗产列入保护之列[1]。文化遗产保护对象和范围的不断扩大，标志着城市文化的发展趋势，其蕴藏之丰富、品种之繁多、门类之齐全，必将深刻影响城市文化的发展方向，体现出城市文化所应提倡和践行的社会道德、社会责任和社会使命，也符合国际文化城市发展的潮流。

文化遗产是一个发展的概念。发展是集社会活动的一切方面的因素于一体的完整现象，是综合各方面的辩证统一，是人类生存质量及自然与人文环境的全面优化，而文化遗产保护事业的发展则应当作为实施这项伟大任务的积极力量。在城市化加速进程中，优秀的城市文化遗产也是城市现代化的重要内容，城市现代化不仅仅意味着具备完善的基础设施和良好的生态环境，更要求拥有深厚的文化底蕴和内涵。对文化遗产的继承、保护、弘扬和利用，将为经济建设和社会发展提供强大的精神动力、不竭的智力支持和丰富的经济增长资源，是经济和社会可持续发展的重要保证。在现实城市生活中，所有人都生活在过去城市的“文化积累”之上，文化遗产是一个城市生活人群的“集体记忆”。对于城市文化来说，一切发展和创造都建立在对过去文化、智慧的继承和总结之上，没有记忆就没有创造。有了这样的共识，就必然引发人们在城市现代化进程中竭力保护城市文化传统与文化遗产的渴望与努力。

文化遗产是一个开放的体系。文化遗产中所蕴含的哲学、历史、文学、宗教、艺术、天文、地理、经济、民俗等众多学科门类的内容，需要各类专家学者和民众共同参与才能得以诠释。文化遗产既是历史的，又是现实的，还是未来的，同时，文化遗产更是大众的。在城市化加速进程中，越来越多的民众进入城市，更多的人开始分享城市的一切文明成果，并参与到城市文明的传承和创造中来。在这一过程中，城市文化遗产扮演着非常重要的角色，成为公众的共同财富。文化遗产寄托了国家、民族或文化群体的普遍情感，它们是城市文化发展的证据，是活态的城市文

① 单霁翔:《从“功能城市”到“文化城市”》，载《世界建筑导报》，2005，4（23）。

化的组成部分。今天我们应当努力扩大文化遗产保护的专业视野与职业范围，以新的观念对待文化遗产保护事业的发展，探索更积极、合理、有效的途径，为保护文化遗产提供更广泛、更强大的舆论支持和更丰富的物质保障，使文化遗产真正为社会公众所共享，更有力地推动文化遗产所在地经济社会的和谐发展。

文化遗产是一个永恒的话题。祖先留给我们的文化遗产并非我们独享，我们还应完整地将它们移交给后代，未来世代同样有权力面对这些文化遗产，同样需要与历史、与祖先进行感性与理智的交流。“子子孙孙永保护”，这一保护过程要传之永远。因此，对于文化遗产，我们没有进行大肆利用、甚至毁坏的权力。我们只能不遗余力地保护，在传承与守望的同时合理地加以利用。城市在发展过程中应格外珍惜自己的文化遗产，只有保护和发展文化遗产两者并重，城市才能获得真正意义上的发展。“当历史的尘埃落定，一切归于沉寂之时，唯有文化以物质的或非物质的形

国子监（2009 年 3 月 30 日）

态留存并传承下来，它是我们民族独立品格的历史凭证，也是我们满怀信心走向未来的坚实根基和力量与智慧之源”[①]。遍布城市的文化遗产和蕴含于其中及传承于民间的非物质文化遗产是我们民族的宝贵财富。因此，要强调文化遗产保护“整体的观念”和“融贯的综合研究”，将传统的“文物学”扩展为全面发展的、兼容并蓄的、开放的“文化遗产学”。

第三节　新一轮城市总体规划修编中的城市文化问题

21世纪初，北京市重新审视城市发展方向，在开展城市空间发展战略研究的基础上，编制了新的一轮城市总体规划，找到了不同于一般城市的发展道路，如果顺利实施，将从战略上扭转50多年来城市发展所形成的单中心、摊大饼的被动局面。同时，北京市调整了已经坚持数十年的城市定位，重新明确为“世界城市、国家首都、历史文化名城、宜居城市”。这一城市定位具有极为深远的文化意义。

1. 城市总体规划重新审视城市发展方向

北京城市总体规划的调整，带动了全国新的一轮城市规划修编。但是，吴良镛教授对城市总体规划批准后出现的种种现象深表担忧：规划整体性与实施分散性的矛盾始终存在，城市未来发展是成功还是失败，现在还处于十字路口。一是旧城遭受大拆除的破坏，拆改之风并未停止，拆除的力量仍然顽固；二是旧城的拥挤情况未见疏解，一些大单位正在谋划向更大规模发展；三是市区大团继续膨胀，城市更庞大，交通更拥挤，资源更短缺，城市病更严重；四是新城建设中出现了变异，庞大的占地占去田野、湿地，规划中的绿地成为别墅用地。改革开放以来，我们的确创造了令世人自豪、令世界瞩目的城市建设成就，但是也必须承认在创造了丰硕的物质成果的同时，也令人痛心地失去了过多的文化遗存，让子孙后代啜饮我们不经意间酿造的苦酒。与此同时，在城市发展中由于缺少城市规划控制、土地资源控制

① 孙家正：《从故宫保护工程谈文化的作用及传统文化的保护与传承》，载《中国文物报》，2006-03-17（1）.

和开发尺度控制，城市问题成堆，“城市病”积重难返。反思我国城市发展过程中“城市病”所产生的系列病状及后遗症，病根在于我们缺乏应有的文化视野，思维模式与决策途径局限于片面理解城市发展，一味追求城市经济规模，城市规划的综合调控作用没有得到充分发挥。一些地方随意修改经批准的规划，“领导一换、规划重来”的现象相当普遍。同时，所制定的城市总体规划和发展政策中缺少城市文化发展战略，对于城市文化资源的保护与延续更缺少科学的定位。

“中国现行的规划体系主要是在20世纪50年代初期奠定的，属于物质规划（physical planning），更确切地讲，是一种（物质）建设规划。经过几十年的经验积累，它在一定程度上维护了急剧发展中的建设秩序，这是应当被肯定的。在另一方面，我们不能不承认当前规划思想、规划方法是不完善的、滞后的，已不能完全适应当前城乡急剧发展的迫切需要，亟待进一步深入研究、改进”[①]。一方面，今天无论是大专院校适用的城市规划专业的教材，还是建设部门举办的市长培训班的城市规划读本，其中从城市的定义到城市化的概念，从城市规划的任务到城市规划管理的方法，从城市规划的编制到城市规划的实施，内容可谓详尽，但是却缺少城市文化的基本内容，无论是城市文化规划还是城市文化建设均少有涉及。这样的教育结果只能培养出见物不见人的城市规划人员和重经济建设、轻文化发展的城市决策者。另一方面，城市文化建设的法律法规严重缺失，亟待建立。特别是我国自1982年建立历史文化名城制度以来，在国家层面的历史文化名城立法仍然是空白。由于相关法律法规的欠缺，在大规模城市建设中，历史文化名城保护受到极大的冲击，有的已经造成了文化资源不可挽回的破坏。所以，长期以来专家学者一再呼吁加快立法保护。今天面对新一轮总体规划修改编制，人们再次问道：21世纪的城市应该如何规划和建设？在解决城市居住问题、工作问题、出行问题、交往问题的同时，如何满足人们日益增长的文化需求？面对未来的城市发展应该拥有什么样的文化理念？

① 吴良镛：《人居环境科学导论》，124页，北京，中国建筑工业出版社，2001。

2. 城市“文化定位”成为城市关注的焦点问题

城市定位是城市总体规划编制的核心。但目前城市定位存在着一些不良倾向：一是不少城市定位盲目拔高，例如近年来有 183 个城市提出建立“现代化国际大都市”，由于明显脱离实际而受到专家的批评，这反映出在城市定位上的盲目性；二是不少城市定位盲目贪大，一座城市往往同时定位为经济中心、金融中心、商业中心、物流中心、制造中心、交通中心——林林总总，包罗万象，名目繁多的城市定位反而使城市性质变得模糊不清；三是不少城市定位更多地关注城市的经济活力和增长数量，而把城市的文化生活状态的改善和精神生活质量的提高放在很次要的地位，对城市发展缺乏长远的战略眼光。城市定位应该是构筑在原有基础上的定位，若全盘摒弃原有的文化基础，也就丧失了其本身的特色，所谓城市定位也就必然演变为“千城一面”的帮凶，毫无意义。而正确的城市定位原则是从城市文化的角度考察和分析，用文化意识指导城市规划和发展。今天，在全球化的背景下，世界各大城市都在努力突出各自的文化定位，突显其文化竞争力，这不但成为国际潮流，更成为保护城市个性、增加城市魅力、提升城市综合竞争力的重要手段。“城市即文化，文化即城市”，这是巴塞罗那为提升城市综合竞争力向世界提出的口号，反映了城市文化在城市发展进程中占有特殊重要的地位[①]。在我国，城市“文化定位”也正在悄然成为许多城市关注的课题，以文化为轴心的城市发展战略必将成为越来越多的城市的共同选择。例如，广州市提出“城市以文化论输赢”，把城市的综合竞争力定位于城市文化；苏州市提出“让文化成为苏州最大魅力和最强竞争力”的“文化强市”目标，突出“文化苏州”的定位，使苏州强劲的经济发展深深地打上文化的印记；厦门市突出开放包容的文化气质与富有活力朝气的城市精神，将城市的发展定位最终指向“艺术之城”的目标。独具特色的城市文化定位成为这些城市走向文化自觉的理性选择。

城市特色制约文化定位，文化定位体现城市特色，而文化定位一旦形成又必然

①李桂保：《走向文明城市——鲍宗豪教授在中宣部干部培训中心的讲演》，载《文汇报》，2005-06-26（6）。

会强化城市特色。因此，城市定位应该具有一定的前瞻性，既不可脱离实际，又应该有所追求，有明确的目标感和方向性，有可以提升和努力的空间。城市文化定位往往作用于城市个性的培育、城市形象的树立、城市魅力的增加和城市品位的塑造。今天，越来越多的城市管理者认识到，现代城市不应该只是建筑的叠加与罗列，不应该只是道路的延伸与交叉，而应该体现出城市的自然环境、建筑艺术和市民的素质，应该体现出城市的传统风情、现实生活和文化创造的和谐共生。人们日益感受到城市文化与自身生活的多方面密切关联，许多需要解决又难于解决的问题，实际上都与城市文化的进步与发展有关，内容极其广泛而深刻。特别在当前经济全球化的形势下，“城市文化危机”的现实客观存在，每一个城市都应该通过深入发掘城市文化内涵，进行融贯的综合研究，从而对城市文化发展战略做出积极回应，探索实现城市文化复兴之策。城市的可持续发展应该同时围绕物质环境与文化环境全面展开，城市不仅在物质领域，在文化领域也应追求可持续发展。如果文化发展完全服从于经济的发展，经济目标过强，则必然缺乏真正的“文化精神”和“文化关怀”，其苦果无疑是“文化危机”的加重。一个城市的发展可以“跨越”经济增长的阶段，但人文特色、人文精神的培育和塑造必然需要长时期的历史文化积淀，短期“包装”难以替代。

3.“文化规划”保障城市文化定位目标的实现

人类聚居学的倡导者道萨迪亚斯（C.A.Doxiadias）认为：“为了获得一个平衡的人类世界，我们必须用一种系统的方法来处理所有问题，避免仅仅考虑某几种特定元素或是某个特殊目标的片面观点。我们唯一可走的道路，就是不断地建立秩序以摆脱我们所处的混乱局面。”[①]随着文化在城市发展中的核心地位日益突出，城市发展的诸多规划理论和实践中出现了“文化规划”的课题，这是城市发展战略研究中值得重视的一个新领域。20世纪70年代开始，国际上已经有城市规划机构和设计人

① 吴良镛：《广义建筑学》，北京，清华大学出版社，1989。

员开始对“文化规划”的定义和涵盖内容进行界定。在 20 世纪 70 年代中期，美国就陆续地出现了文化规划实施案例。“文化规划”的正式提出始见于 1979 年，经济学家和城市规划师哈维（Harvey Perloff）在《用艺术提升城市生活》一文中将其作为一种方法推荐给社区建设，以达到社区文化认同和社区文化资源运用的双重社会目的。从 1982 年到 1990 年，文化规划得到快速发展。20 世纪 90 年代后，对于文化规划的讨论和研究在北美、澳大利亚和欧洲开始广泛兴起。“概括西方国家城市规划学科发展的历程，可大致分为以下六个阶段：一、注重物质规划阶段；二、注重经济规划阶段；三、注重环境规划阶段；四、注重社会规划阶段；五、注重生态规划阶段；六、注重文化规划阶段”[①]。我国城市目前大致处在第一至第三阶段。由此可以看出，注重文化规划阶段是国家城市规划学科发展的最高阶段，我国城市规划学科发展任重道远。但是随着城市发展战略重点的转换，城市关注的核心内容也必将迎来新的升级转化。

文化规划作为城市发展中对文化资源战略性以及整体性的运用途径，应坚持规划的科学性。一是科学定位。城市文化的定位科学准确，就会符合城市历史传统和现实状况，就能成为城市居民的共同价值，城市文化建设与发展也必然会卓有成效。二是科学论证，即对城市文化建设的各个方面进行可行性研究，特别是对城市文化的发展模式、发展途径、发展步骤等进行科学评估，使城市文化建设能够健康有序地进行。三是科学规划，即对城市文化建设进行统筹规划，不

美国旧金山美术宫（2011 年 10 月 26 日）

① 王承旭：《城市文化的空间解读》，载《规划师》，2006（4）.

仅包括长远规划，而且包括近期规划、详细规划，将规划细化到各个区域、各个部门、各个阶段。四是科学实施。城市文化建设是复杂的系统工程，在实施中必然涉及各方利益，需要调配各方资源，需要统筹协调文化发展与城市建设及其他领域发展之间的关系，以促进既定目标的实现。一个有远见的城市决策者，不仅应该具有文化资源的保护意识，而且应该站在城市发展的角度重视文化规划的制定和推广，以文化资源决定城市发展的思路，以文化特色作为城市价值的所在。一个具有清晰的文化规划的城市，是能够体现文化价值的城市，同时，这个城市的经济和社会发展也必然充满活力。城市文化是一个包含着从物质形态到观念形态的整体，城市的功能布局、街区风貌、建筑风格以及文化设施等，构成了城市文化的物质形态；城市的管理制度、组织方式，居民的生活形态、职业特征，社区的民间习俗、节庆活动等构成了城市文化的观念形态。通过制定城市文化规划，能够实现城市文化的物质形态与观念形态的统一协调，一方面关注城市文化对城市竞争力的提升以及对城市经济的发展的作用，另一方面关注城市文化对居民生活质量的提升以及对社会凝聚力的形成的作用。通过高水平的城市文化建设，优化生活环境，提高城市人口素质和物质生活及精神生活质量，从而促使市民增加对自身城市的认同感、满意度，进而产生自豪感、优越感，逐渐转化成城市的凝聚力、感召力，最终形成城市的综合竞争力优势。市民是城市的主人，参与文化规划是市民最重要的权利之一。管理者要从保障公民最基本的政治权利、文化权利和经济发展权利的高度，看待保障市民参与文化规划的重要意义，切实保障文化规划的坚实的社会基础。

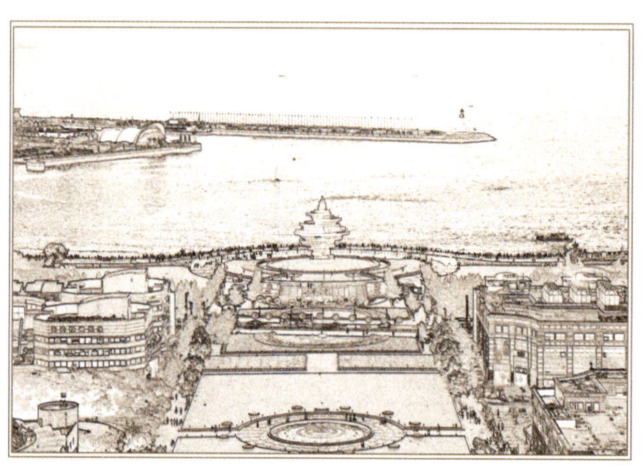

第二章 关于“城市”“文化”与“城市文化”的思考

今年，国家文化部门与建设部门将携手合作，共同推动城市文化问题的深入研究和探讨，这是意义重大的举措。“城市”与“文化”相辅相成。“城市即文化，文化即城市”，这是一些历史性城市为提升综合竞争力向世界提出的口号。正是由于城市和文化的结盟，城市文化才应运而生，并在城市发展进程中占据特殊重要的地位，产生出强大的辐射力，其影响力不仅局限于城市自身，而且波及整个社会，渗透到人类生活的方方面面。

第一节　对“城市”与“文化”的再认识

“城市”和“文化”都是相当宽泛的概念。由于它们对于人类的生存与发展异常重要，同时由于人们观察和分析问题的角度和重点各有不同，因此，关于它们的定义与内涵的讨论从来就没有停止过，并且至今尚无统一结论。但是，当我们通过来自各个方面学者的论述和来自不同领域专家的阐释汇集大量观点之后，再次对“城市”和“文化”分别进行考察，仍然可以获得新的认识，也为深入探讨它们之间的相互关系打下了基础。

1. “城市”

城市既是人类文明的成果和标志，又是人们日常生活的家园。一座城市各个时期的文化遗存像一部部史书、一卷卷档案，记录着这座城市的沧桑岁月。而唯有完整地保留了这些标志着当时文化和科技水准或者具有特殊意义的文化遗存，才会使一个城市的历史绵延不绝，才会使今日人类发展的需求不断得到满足，也才会使一个城市永远焕发出诱人的魅力和时代的光彩。

（1）古老而年轻的城市

与具有大约40多亿年历史的地球相比，人类的历史是短暂的。从早期猿人算起，人类历史至今大约有300多万年，仅占地球历史的万分之六七。与具有大约300多万年的人类历史相比，城市的历史更为短暂。从新石器时代算起，城市历史至今只有6000多年，仅相当于人类历史的千分之二[①]。

到目前为止，人类社会的绝大部分时间是在没有城市的环境中度过的。然而，人类一旦走进城市，人类社会便进入了快速发展的进程。“在远古时代，人类从茫茫的荒野之中走进城市，这是人类社会的最伟大的进步之一，正是人类从蒙昧到野蛮再到文明——走进城市，使城市文明成为划时代的界标”[②]。

城市是人类的伟大创造，是人类社会进入文明时代的鲜明标志。我们的原始祖先从穴居野处、构木为巢，到逐渐脱离原始状态时起，就开始形成了群居的聚落、村寨、城堡等原始的城市雏形。人类从“野蛮社会”发展进入了“文明社会”之后，城市发展经历了从原始社会的中心聚落，到设防城堡、城寨，到专为护卫统治阶层的王城、王都，再发展到政治中心、经济中心、商贸中心以及交通枢纽、重要港埠、军事重镇等各具功能的城市。城市的不断发展使人类发展的需求不断得到满足。

城市不仅具有功能，而且拥有文化。它既为人们遮风挡雨，供给人们衣食住行，还给人们提供四季迷人的城市景观、施展才华的人生舞台、志同道合的亲朋好友和

① 注：根据考古学和人类学的研究结果，人类文明的起源是多元的。早期文明的发展是一个缓慢的过程，直立人相当于旧石器时代早期，其出现大约在距今300万年至200万年；早期智人相当于旧石器时代中期，其出现大约在距今30万年；晚期智人相当于旧石器时代晚期，其出现大约在距今5万年。现代人类开始于距今1万年前，陶器制作、磨制石器的使用和农业的起源标志着人类步入了新石器时代。

② 张鸿雁：《城市形象与城市文化资本论——中外城市形象比较的社会学研究》，南京，东南大学出版社，2002。

智利瓦尔帕莱索城市景观（2007 年 4 月 12 日）

如歌如画的生活片断。在纵横交错的街巷中，每个人都可以前往自己走过的路，记录下有声有色的成长历程。在岁月蹉跎中，人们如遇到挫折与不幸，可以从这里获得来自四面八方的珍贵的人间真情。

对于久居城市的人们来说，城市就是他们的母亲。人们在城市的怀抱里出生长大，世世代代辛勤耕耘，所创造的不仅是城市宏大的规模、雄厚的实力和深远的影响，还有它非凡而独特的历史。对于任何城市，历史都是最具个性的非物质文化遗产，这一文化遗产的精华是包蕴其间的独特的城市精神。城市精神不仅写在历史书上，而且活生生地存在于市民的集体性格之中。

对于踏入城市的每一个人来说，这里代表着机会的多样性和选择的自由度，这是他们追求理想生活的前提条件。今天，城市的最大功能是在以更快的速度和更密集的方式聚集各种人才、技术、资金以及信息，使城市成为一个地区、一个国家的政治、经济和文化的中心。在社会的进步、经济的发展、文化的繁荣等方面，城市起到了巨大的作用。城市是人类创造的一种环境，因此人类必然还将根据社会经济的进步，对城市进行持续建设，以达到持续发展的目的。

（2）城市的基本系统和一般特征

城市是由众多子系统结合在一起的复杂结构，呈现出多样化的特点。任何城市有效的维系和发展都有赖于三个基本的系统，即政治系统、经济系统和文化系统。政治系统提供一个城市的基本脉络结构和制度框架以及相应的规则、秩序，以保证社会的稳定与正常有效的运作。经济系统提供市民赖以生存、发展的物质文明与物质成果。文化系统则负责维系社会共同的价值观、道德风尚、法律法规和文学艺术等。

城市是人类文明的成果和标志，它由城市中可感知的、有形的各类城市空间及设施所构成，包括城市布局、城市建筑、城市广场、城市道路、城市基础设施以及构成城市景观的各类要素，如河道、树木、草坪等。这些物质现象之所以被纳入城市景观的范围，不仅是由于它们体现了人类各项活动中产生的典型文化特征，而且也因为它们是一个城市风貌的最生动、最直观、最形象的呈现。

人类最先进与最美好的科学、文化、行为和观念等往往产生在城市里，而最落后与最丑恶的文化也同样产生在城市里。即使在世界最发达的城市里，我们所能够看到的“城市病”现象也有充分的表现。今天，“城市是社会全面发展的关键。全世界都在面对难以解决的城市问题。一方面，城市是人类聚居和创造公共财富的基地；另一方面，城市又是贫穷、社会分化、污染、交通堵塞的渊薮。人们认识到城市可能是主要问题之源，但也可能是解决世界上某些最复杂、最紧迫问题的关键”[①]。任何城市中的问题都不可能彻底被解决，老的问题完结，新的问题又将产生。伴随着经济全球化的形势，文化领域里的新与旧、优与劣、丑与美、善与恶以及科学与迷信、高雅与粗俗、普及与提高、进步与倒退的磨合、较量和斗争也将长期存在。

① 吴良镛：《人居环境科学导论》，北京，中国建筑工业出版社，2001。

（3）以城市为主导的世界

回顾数千年的城市发展史，自 13 世纪起，若干重要的城市中心开始在西欧和亚洲地区出现，18 世纪以来的世界上最大的城市，至今仍保持着全球大都市的地位。“联合国对世界城市化的展望显示，全球 287 个人口在 100 万以上的城市中，许多是文明没有间断的历史城市。城市作为人类文明的重要载体和大尺度的文化景观，是全人类的宝贵财富”[①]。

今日世界，是以城市为主导的世界。作为人类的一种生存和活动方式，城市生活已经逐渐取得统治地位。就地域而言，城市数量越来越多，城市规模越来越大，占据了地球上越来越多的空间。就人口而言，20 世纪初全世界有 1.5 亿人居住在城市地区，占世界人口不足 10%；到 21 世纪初，世界城市人口接近 30 亿，在 100 年间增加了 20 倍，几乎占到了世界人口的一半。就功能而言，城市日益成为人类活动的中心，城市生活深刻地影响着人类发展。

古今中外的发展进程证明：凡是经济社会发达的地区，必然是城市生活繁荣的地区。当工业化成为经济社会的主要生产形式，城市化便成为推动人类社会发展的主要形式。特别是近百年来，城市几乎创造了人类以往财富的总和。但是，“世界人口在上一世纪有了迅速的增长，随之而来的是城市化步伐的日益加速，这个过程已经在城市中造成严重的问题：拥挤、犯罪、住房、教育、污染、公用设施的超负荷和失业等等。这些问题对于所有发达国家和不发达国家都是共同存在的，只是特点和程度不同而已。这些问题在数量上和规模上不但不见减少，反而似乎是在增长之中”[②]。

在此形势下，人们自然会反思“城市是什么”这一基本问题，因为“人们普遍会接受下面这样的说法：若不了解‘城市是什么’，就不可能解释‘城市应该是什么’”[③]。

---

① 张松，周旋旋：《城市保护规划与可持续发展战略》，载《理想空间》，2006（15），4。
② ［英］K. J. 巴顿：《城市经济学——理论和政策》，上海市社会科学院部门经济研究所城市经济研究室，译，北京，商务印书馆，1984。
③ ［美］凯文林奇：《城市形态》，林庆怡，陈朝晖，邓华，译，北京，华夏出版社，2001。

（4）基本问题——城市是什么

刘易斯·芒福德（L. Mumford）在他的名著《城市发展史——起源、演变和前景》一书开篇即连续问道："城市是什么？它是如何产生的？又经历了哪些过程？有些什么功能？它起些什么作用？达到哪些目的？"[①]他还指出："如果我们仅只研究集结在城墙范围以内的那些永久性建筑物，那么我们就还根本没有涉及城市的本质问题。我认为，要详细考察城市的起源，我们就必须首先弥补考古学者的不足之处：他们力求从最深的文化层中找到他们认为能表明古代城市结构秩序的一些隐隐约约的平面规划。我们如果要鉴别城市，那就必须追溯其发展历史，从已经充分了解了的那些城市建筑和城市功能开始，一直回溯到其最早的形态，不论这些形态在时间、空间和文化上距业已被发现的第一批人类文化丘[②]有多么遥远。"[③]

根据经典定义："城市是以非农业活动和非农业人口为主，具有一定规模的建筑、交通、绿化及公共设施用地的聚落。城市的规模大于乡村和集镇，人口数量大、密度高、职业和需求异质性强，是一定地域范围内的政治、经济、文化中心。""现代城市内部结构、功能形态以及分类体系复杂，其生产更多地摆脱了土地和自然的束缚，活动的复杂程度和空间范围都大大超过了以往的任何时代。城市的发展也造成了交通拥挤、住房紧张、环境污染等一系列问题"[④]。然而，"城市是什么"的答案并非如此简单。

关于城市，中外学者进行了大量细致的研究工作。如张鸿雁教授曾详细归纳了各类学者如历史学家、社会学家、经济学家、城市规划学家等对于城市的不同理解[⑤]；刘传江先生从城市的发生定义、集聚定义、功能定义、景观定义、文化定义、生活方式定义、区域定义和系统定义等多方面进行了阐述[⑥]；徐康宁先生认为，"城市是政治、经济、科技、文化、教育的中心，是人类的聚居地，是生产力发展到一定阶

① ［美］刘易斯·芒福德：《城市发展史——起源、演变和前景》，宋俊岭，倪文彦，译，北京，中国建筑工业出版社，2005。
② 文化丘（Tells），中东地区一处古丘，积累了丰富的古人类聚落文化遗迹。——原译者注。
③ ［美］刘易斯·芒福德：《城市发展史——起源、演变和前景》，宋俊岭，倪文彦，译，北京，中国建筑工业出版社，2005。
④ 中国大百科全书总编辑委员会：《中国大百科全书（简明版）》，修订本，659页，北京，中国大百科全书出版社，2004。
⑤ 张鸿雁：《城市形象与城市文化资本论——中外城市形象比较的社会学研究》，南京，东南大学出版社，2002。
⑥ 刘传江：《中国城市化的制度安排与创新》，24～33页，武汉，武汉大学出版社，1999。

段的产物，是现代文明的标志；”[①]杨东平先生认为，“城市是一个自然和地理的单元，城市是人类一种聚集的方式，城市是一片经济的区域，城市是文化的空间，城市是一部打开的书，城市是一代又一代的光荣与梦想、期冀与抱负，城市是一种生活方式。”[②]

美国规划学家 K. 林奇（K. Lynch）先生认为：城市是独特的历史现象，城市是人类聚落的生态系统，城市是生产和分配物质产品的地点，城市是一个力场，城市是一个相互关联的决策系统，城市是一个矛盾斗争的舞台。因此“城市可以被看作一个故事，一个反映人群关系的图示、一个整体和分散并存的空间、一个物质作用的领域、一个相关决策的系列，或者一个充满矛盾的领域”[③]。还有国内外不同领域的学者从历史、地理、政治、经济、社会、文化、生态、景观等不同的角度对于“城市是什么”这一基本问题进行了大量生动的描述。通过这些关于城市问题的研究成果，我们今天可以轻而易举地查找到关于城市的数十种定义。

由此我们看到，“城市是什么”这一问题看似简单，其实不然。“在现有研究城市问题的文献中，人们难以找到一个能为多数人所认可的较为完整的定义。这种局面形成的一个重要原因，在于城市是一个十分复杂的社会系统，城市这一概念本身具有广泛性，经济学、社会学、人口学、地理学、历史学、文化学和城市学等不同学科的学者从各自专业视野进行研究，很难达成共识。”[④]虽然我们在深入了解各方面关于城市问题的论述后，仍然不能形成关于城市的清晰的定义，但是综合众多学者的观点，我们至少可以取得以下对城市的再认识。

（5）对“城市是什么”的再认识

城市是社会复杂的系统。城市不仅仅是各类人群——诸如工人、商人、教师、学生，男人、女人以及老人和孩子等的简单聚集；不仅仅是各种社会设施——诸如建筑物、院落、街道以及广场和公园等的简单堆砌；也不仅仅是各种服务部门和管理机构——诸如学校、医院、商场、宾馆以及政府机关等的简单设置。换言之，城

① 徐康宁：《文明与繁荣——中外城市经济发展环境比较研究》，南京，东南大学出版社，2002。
② 杨东平：《城市季风》，上海，上海三联书店，1998。
③ ［美］凯文·林奇：《城市形态》，林庆怡，陈朝晖，邓华，译，北京，华夏出版社，2001。
④ 刘传江：《中国城市化的制度安排与创新》，武汉，武汉大学出版社，1999。

市绝非简单的物质现象，绝非简单的人工构筑物。它是自然的产物，尤其是人类属性的产物。美国社会学家 R. 帕克（R. Park）指出："城市，它是一种心理状态，是各种礼俗和传统构成的整体，是这些礼俗中所包含，并随传统而流传的那些统一思想和感情所构成的整体。"城市经济学家 K. J. 巴顿（K. J. Button）则指出：城市"是一个相互交织在一起的网状系统"。鲍宗豪教授认为："城市不只是地理学、生态学、经济学、政治学上的一个单位，它同时还是人类文明的一部分。"[①]因此，城市不仅体现着它所具有的物质功能，而且体现着社会发展的复杂进程，包含着深刻的文化意义。

城市是人们精神的家园。城市的发展是人类居住环境不断演变的过程，也是人

上海徐家汇公园（2010 年 4 月 30 日）

① 鲍宗豪：《走向文明城市——鲍宗豪教授在中宣部干部培训中心的讲演》，载《文汇报》，2005-06-26（6）。

类自觉和不自觉地对居住环境进行规划安排的过程。城市已同其居民们的各种重要活动密切地联系在一起，人们的工作、居住、休闲、社交以及所有日常生活，与其所在的城市有机地融合在一个社会、文化和自然的系统中。城市生活反映了居民整体的心理状态，是各种传统与习俗、思想与情感所构成的整体。因此，城市的性格，对于人们具有什么样的素质和品行以及他们如何看待这个社会，都有重要的影响。正如张在元先生所指出的："城市记录人类思想、情感与成长过程的所有片断。"[①]文化人类学者 R. 雷德菲尔德（R. Redfield）则指出："城市的作用在于改造人。"因此，城市不仅要注重居民的物质生活，更要注重人的全面发展，真正成为全体市民"精神的家园"。

城市是人类文明的载体。城市是人类文明成果的聚集地，是历代思想、政治、经济、文化、艺术以及市民生活形态的积淀。城市的深层内涵是它的精神特质。马克思（Marx）指出："没有城市，文明就很少有可能兴起。"[②]人类建立城市的过程与人类文明的发展密不可分，六千年的城市史，就是六千年的文明史。考古成果证明，城市也是文明时代人类文化的聚集中心。正因为如此，在世界各地文明时代的同一文化区域内，人们都可看到以城市为中心的聚落形态。城市的发展还保存着各个历史时期的印痕，传承着民族文化的基因，保留着人类文明发展的脉络。"城市有包含各种各样文化的能力，这种能力，通过必要的浓缩凝聚和储存保管，也能促进消化和选择"[③]。城市是在人类历史活动的时空构架中，在文明与人类社会的发展进程中历史地生成的。因此，从某种意义上说，城市本身就是文化遗产。

2. "文化"

文化是由各种元素组成的一个复杂的整体，这个体系中的各部分在功能上互相依存，在结构上互相联结，共同发挥社会整合和社会导向的功能。人们在文化和价值观上的认同，是合作的基础和共同行为的基础。特别是当今时代，文化不仅是综

① 张在元:《城市发展的软道理》，载《中华儿女》，2005（3），66。
② 马克思，恩格斯:《马克思恩格斯全集》第 46 卷（上），499 页，北京，人民出版社，1979。
③ [美] 刘易斯・芒福德:《城市发展史——起源、演变和前景》，574 页，宋俊岭，倪文彦，译，北京，中国建筑工业出版社，2005。

合国力的重要组成部分，而且是一种核心力量。经济社会的发展越来越采用文化的形式，文化也越来越具有巨大的经济容量和社会功能。

（1）复杂而整体的文化

在我国的古籍中，“文”既指文字、文章、文采，又指典籍、制度、礼仪，还指做记号、留痕迹等。“化”既有教化、教行的意思，又有改变、生成的含义，指事物形态或性质的改变。“文化合在一起则是一个过程，既包含了主体对自然界的改造，也包含了主体自身的变化”①。“文化”一词在我国的出现可以追溯至西汉。汉代刘向在《说苑》中曰：“凡武之兴，谓不服也，文化不改，然后加诛。”此处“文化”一词与“武功”相对，含教化之意。南齐王融在《曲水诗序》中说：“设神理以景俗，敷文化以柔远。”其“文化”一词也为文治教化之意②。一般来说，古人对文化的理解，一是指典籍制度，二是指礼仪风俗，三是指文治教化。这样的理解一直保持到近代。

“文化”一词在西方来源于拉丁文 cultura，原义是指农耕及对植物的培育。自15世纪以后，逐渐引申使用，把对人的品德和能力的培养也称为文化。在近代，给“文化”一词明确定义的，首推英国人类学家 E. B. 泰勒（E. B. Tylor）。他被认为是国际上第一个全面为“文化”进行定义的人，并提出了文化为“最复杂的整体”的概念。他在1871年所著《原始文化》中认为：“文化是包括知识、信仰、艺术、道德、法律、习俗，以及作为社会成员的个人获得的其他任何能力在内的一种综合体。”③波兰人类学家 B. K. 马林诺夫斯基（B. K. Malinowski）发展了泰勒的文化定义，他于20世纪30年代所著的《文化论》一书中认为：“文化是对一群传统的器物、货品、技术、思想、习惯及价值而言的，这概念包容及调节着一切社会科学。”他还进一步把文化分为物质的和精神的，即所谓“已改造的环境和已变更的人类有机体”两种主要成分。英国社会人类学家 A. R. 拉德克利夫－布朗（A. R. Radcliffe-Brown）著有《社会人类学研究法》一书，他认为，文化是一定的社会群体或社会阶级与他人的接

① 孟晓驷：《文化经济学思维——物质与文化均衡发展分析》，11页，北京，人民文学出版社，2005。
② 中国大百科全书总编辑委员会：《中国大百科全书》（社会学卷），409～410页，北京，中国大百科全书出版社，1991。
③ 徐康宁等：《文明与繁荣——中外城市经济发展环境比较研究》，11页，南京，东南大学出版社，2002。

触交往中习得的思想、感觉和活动的方式。文化是人们在相互交往中获得知识、技能、体验、观念、信仰和情操的过程。他强调，文化只有在社会结构发挥功能时才能显现出来，如果离开社会结构体系就观察不到文化[①]。上述各种文化定义互有联系，反映了近代人类学家、社会学家对文化认识的历史过程。

1952 年美国人类学家 A. L. 克罗伯（A. L. Kroeber）和 K. 克拉克洪（K. Kluckhohn）在他们合著的《文化：一个概念定义的考评》中，列举出搜集到的文化概念 161 个，将文化依次界定为："一个民族的生活方式的总和"；"个人从群体那里得到的社会遗产"；"一种思维、情感和信仰的方式"；"一种对行为的抽象"；"就人类学家而言，是一种关于一群人的实际行为方式的理论"；"一个汇集了学识的宝库"；"一组对反复出现的问题的标准化认知取向"；"习得行为"；"一种对行为进行规范性调控的机制"；"一套调整与外界环境及他人的关系的技术"；"一种历史的积淀物"[②]。然后他们对文化下了一个综合定义："文化的特殊成就，这些成就包括他们制造物品的各种具体式样，文化的基本要素是传统思想观念和价值，其中尤以价值观最为重要。"[③]他们的文化定义为现代西方许多学者所接受。

半个多世纪过去了，随着人类学的发展，关于文化的定义也变得更加复杂。目前关于文化的定义究竟有多少更是无法统计。这些有关文化的概念和定义的不同解释，有的从词源学上立论，有的从人类学领域入手，还有的从文化结构上阐述，但都从不同的角度和侧面揭示了文化的本质。

（2）文化的广义和狭义理解

对文化的理解一般有广义和狭义之分。

广义的文化是指人类社会实践过程中所创造的物质财富和精神财富的总和，可以分为三个层次：一是物质文化，是指满足人类生活和生存需要所创造的物质产品及其所表现的文化，反映了人与自然的关系，是文化的表层，如城市建筑、雕塑、广场、文化设施、文化遗产以及文化景观等；二是制度文化，是指人类在一定历史

① 中国大百科全书总编辑委员会：《中国大百科全书》（社会学卷），409～410 页，北京，中国大百科全书出版社，1991。
② ［美］格尔茨：《文化的解释》，韩莉译，南京，译林出版社，2002。
③ 中国大百科全书总编辑委员会：《中国大百科全书》（社会学卷），409～410 页，北京，中国大百科全书出版社，1991。

条件下所形成的社会关系以及与之相适应的社会规范体系：反映了人与人、人与社会的关系，是文化的中层，如城市管理制度、行政制度、人事制度、法律法规体系以及行为规范等；三是精神文化，是指人类在改造和创造自然和社会过程中的思维活动和精神活动，是文化的内核，包括价值标准、道德风尚、精神风貌及人的文化素质、思想意识、风俗习惯、文化生活等。物质文化、制度文化和精神文化三个层次互动共生，构成一个有机联系的文化系统。就人类的城市而言，文化的“精神层是城市文化的核心和灵魂，是形成物质层和制度层的基础和原因”[①]。历史学、人类学和社会学通常在广义上使用文化概念。

狭义的文化主要指精神文化，它是人类所创造的与社会生活、政治、经济既相互区别，又相互联系的意识形态方面的成果，包括语言、文学、艺术、科学以及技能、知识、信仰、思想和感情等一切意识形态在内的精神产品总和。

文化是社会学与其他人文科学研究的基本问题之一。对文化的进一步研究还会涉及文化的分类。有的就文化构成的地域差异分为本土文化和外来文化、东方文化和西方文化；有的就文化在社会中的作用不同分为主文化和亚文化；有的就文化性质不同分为高雅文化和低俗文化、城市文化与乡土文化等。实际更重要的应是对文化形态的划分，一般划分为知识形态和观念形态两部分。知识形态文化，主要指人获得的自然科学和社会科学知识，一部分来自规范教育，一部分来自社会实践的自我总结；观念形态文化，主要指人在社会实践和生活中逐渐形成的世界观、人生观、道德观等。

（3）文化的基本要素和特征

文化具有以下基本要素。一是精神文化要素。其中价值观念是精神文化的核心，它决定人们赞赏什么、追求什么以及选择什么样的生活目标和生活方式。二是语言和符号要素。它们是文化积淀和贮存的手段，人类借助语言和符号进行沟通，只有沟通和互动才能创造文化。三是规范体系要素。它是人们行为的准则，调整着人们

① 徐康宁：《文明与繁荣——中外城市经济发展环境比较研究》，南京，东南大学出版社，2002。

的各种社会关系，规范着人们活动的方向、方法和式样。四是社会关系和社会组织要素。社会关系既是文化的一部分，又是创造文化的基础，而社会组织是实现社会关系的实体。五是物质产品要素。经过人类改造的自然环境和由人类创造出来的一切物品，都是文化的有形部分，凝聚着人的观念、需求和能力。

文化具有普遍的一般特征。首先，文化是由人类进化过程中衍生出来或创造出来的。自然存在物不是文化，只有经过人类有意或无意加工制作出来的才是文化。其次，文化是后天习得的。文化不是先天的遗传本能，而是后天习得的经验和知识。再次，文化是共有的。文化是人类共同创造的社会性产物，它必须为一个社会或群体的全体成员接受和遵循才能成为文化。最后，文化是一个连续不断的动态过程。每一代人都出生在一定的文化环境中，并且自然地从上一代人继承了传统文化。同时，每一代人都根据自己的经验和需要对传统文化加以改造，并在传统文化中注入新的内容。

文化还具有民族性、地域性和时代性。一般文化是从抽象意义上讲的，现实社会只有具体的文化。人类历史上曾出现过许多文化，一些史学家也进行过归纳，如英国历史学家 A. 汤因比（A. Toynbee）在其巨著《历史研究》中，从世界历史全局出发，共归纳了 21 个或 23 个文化，包括西方社会、东正教社会（又可以分为拜占庭和俄罗斯两个东正教）、伊朗社会、阿拉伯社会、印度社会、远东社会（又可以分为中国和朝鲜、日本两部分）、古希腊社会、叙利亚社会、古印度社会、古代中国社会、米诺斯社会、印度河流域社会、苏末社会、赫梯社会、巴比伦社会、埃及社会、安第斯社会、墨西哥社会、尤卡坦社会、玛雅社会、黄河流域古代中国文明以前的商代社会。民族形成以后，文化往往以民族的形式出现。一个民族使用一种共同的语言，遵守共同的风俗习惯，养成共同的心理素质和性格，此即民族文化的表现。同样，在不同地域、不同时代，由于所处的物质生活条件不同，思想观念不同，因而人们的价值观、信仰、习惯和生活方式也不同，具体文化受到诸多条件的制约，出现了明显的文化差异[1]。

（4）基本问题——文化是什么

尽管如此，关于文化是什么，仍然众说纷纭。

有人说文化是人。人与文化结合才是一个完善的人，一个占有人的全面本质的人。人作为社会的主体，同时也是文化的载体，因而，人的全面发展与文化发展的统一是人类社会发展的必然要求。有人说文化是家。文化是人们感觉到人生温暖的地方，是关怀，是生命的意义。一个地方有文化，就表明这个地方让人们流连忘返，像家一样温暖适意。反之，如果一个地方没有文化，人们就会感觉到漂泊无依，无家可归。有人说：文化是社会。社会是什么，文化就是什么。如果认为社会是由一群具有特定生活方式的人组成的，那么文化就是生活方式。有人说文化是根。文化是人们的胎记，是人们与生俱来不可抹去的生命记忆。人类的活动产生文化，文化则是人类生存的主要价值。也有人说文化是历史长河。它从远古流到现在，从现在还要流向未来。尽管千变万化，但是作为特定的文化，就像人们的血脉一样，总保留着祖先的基因。还有人说文化是梦。“文化是人类的一个梦，而我们就在不断追求、实现这个梦想的过程中向前发展”[2]。凡此种种。

关于文化，中外学者也进行了大量细致的研究工作。如刘梦溪教授指出：“文化应该指一个民族的整体生活方式及其价值系统，这是广义的用法；狭义的用法，可以指人类的精神生产及其成果的结晶，包括知识、信仰、艺术、宗教、哲学、法律、道德等等。”[3]吴良镛教授认为：“文化内容广泛，这里特别强调知识与知识活动，学问技能的创造、运作与享用。就居住环境来说，应为科学、技术、文化、艺术、教育、体育、医药、卫生、游戏、娱乐、旅游等活动组织各种不同的空间，这是十分重要的内容。”[4]台湾著名作家龙应台指出：“文化其实体现在一个如何对待他人、对待自己、对待自己所处的自然环境，它是代代累积沉淀的习惯和信念，渗透在生活的实践中。”[5]哈佛大学人类学教授克拉克洪（Kluckhohn）则主张：“尽管在习俗上千

① 中国大百科全书总编辑委员会：《中国大百科全书》（社会学卷），409～410页，北京，中国大百科全书出版社，1991。
② 孙家正：《文化境界：与中外友人对谈录》，154页，上海，文汇出版社，2006。
③ 刘梦溪：《百年中国：文化传统的流失与重建》，载《文汇报》，2005-12-04（6）。
④ 吴良镛：《人居环境科学导论》，北京，中国建筑工业出版社，2001。
⑤ 郭风学：《城市文化应以历史为本》，载《中国建设报》，2006-06-05（7）。

河南商丘市城市雕塑(2011 年 1 月 10 日)

差万别，但人的基本价值却为世界不同文化所共有，这是显而易见的。”[1]

（5）对“文化是什么”的再认识

文化是一种历史现象。文化不是人类头脑中固有的，而是由人的活动创造的，并有赖于人和社会生活而存在。文化是在一定的历史阶段和一定的地域环境，一定的人类种群的生存状态、生活习惯和思维方式的反应。我们研究文化，实际上是在研究人的生存状态，研究人的过去和未来。人类的活动产生文化，文化则是人类生存的主要价值。每个社会都有其相适应的文化，并随着社会物质生产的发展而发展。任何一种文化的形成和发展都是一个日积月累、潜移默化的缓慢过程，逐渐形成其“文化积淀”“文化底蕴”，不可能在短期内根本改变一种文化。文化部长孙家正先生指出：“文化是一个过程，是一个开放的体系，要随着时代发展和社会进步，不断进行调整、更新和重塑，使一个民族的文化永葆与时俱进的生机和活力，这就是文化

① 中美联合编审委员会：《简明不列颠百科全书》（第 4 卷），735 页，北京，中国大百科全书出版社，1986。

的发展和创新。”[1] “文化本身是不断形成的，发展的，动态的，永远在延续、创新的过程之中”[2]。任何资源都会枯竭，唯有文化才会永恒。历史往往淘汰了功能，而保留了文化。

文化是一种社会环境。文化是人类区别于其他动物最本质的特征。文化即人，是人的外化，文化的发展就是人的发展。人的文化过程受经济、政治、社会和自然条件的制约，它不是个体孤立存在，而是存在于社会群体之中。同时对于任何个体来说它都是无论何时何地的客观存在，都是必然耳濡目染、深受其辐射影响的环境和氛围。文化关系着民族素质，它的教育、启迪和审美等功能发生在潜移默化的变化之中，任何人都不可能规避或摆脱它。就人的生活状态和观念而言，意识支配行为，行为产生习惯，习惯形成态度，态度决定生活。人的生活态度最早是从他接受的意识和思想开始的。正如美国人类学家 L. 怀特（L. White）所指出：“每个人都降生于先于他而存在的文化环境中，当他一来到世界，文化就统治了他，伴随着他的成长，文化赋予他语言、习俗、信仰、工具等等。总之，是文化向他提供作为人类一员的行为方式和内容。”[3]因此，文化的中心是人。文化是由人而来，没有人就没有文化。文化反过来影响人的生存状态，影响人的生存方式和思维方式。

文化是一种发展力量。文化是推动人类社会由低级向高级发展的动力。文化不是化石，而是活的生命，只有发展才有持久的生命力，只有交流与传播才有影响力和持续的发展。所以，文化不仅需要积淀，还需要交流，需要创新。文化既是一定历史条件下经济、政治的反应，又反过来给经济、政治以能动的影响。文化不但是经济和社会发展的真正量度，也是科学与技术发展的方向，并且文化归根到底是人类进步的高级体现。“经济分强弱，文化论输赢”，已经为社会所普遍接受。经济的竞争，在很大程度上取决于文化的竞争。今天的文化就是明天的经济。哪里有文化，哪里迟早就会出现繁荣，而哪里出现繁荣，文化就会更快地向哪里转移。宗白华先生认为：“文化是人类向上的活动力和创造精神，受着‘理想’的领导和支配，着重

① 孙家正：《从故宫保护工程谈文化的作用及传统文化的保护与传承》，载《中国文物报》，2006-03-17（1）。
② 吴良镛：《广义建筑学》，台北，地景企业股份有限公司，1994。
③ 徐康宁：《文明与繁荣——中外城市经济发展环境比较研究》，南京，东南大学出版社，2002。

在不断的向前追求和精神的登高望远，”“所谓‘向上’‘理想’‘向前追求’‘登高望远’等等，都是对这种自觉性的最好注解；失去了‘自觉性’，人类就会迷失前进的方向。”[①]

第二节 “城市”与“文化”

“城市”与“文化”是两组既不相同又如影随形的概念，并在历史进程中发生着越来越密切的关系。但是，基于“城市”和“文化”各自内涵的复杂性和多样性，两者之间的关系也必然包含着多层面的意义和特征。而“城市”与“文化”的联姻则是历史进步的必然产物。今天，“城市”与“文化”二者共同滋养着城市建设和文化发展，形成对城市文化的深入理解。

1.“城市”与“文化”的联姻

E. B. 泰勒（E. B. Tylor）在提出“文化”的概念之后，首先开始了文化学领域的研究，并将文化学与城市学研究结合起来。其后，K. 林奇（K. Lynch）的《城市意象》、拉普普特（A. Rapoport）的《居住的文化与形式》、亚历山大（Alexander）的《城市不是一棵树》，和 R. 文丘里（R. Venturi）的“后现代主义”、C. 罗（C. Rowe）的“拼贴城市”、B. 希列尔（B. Hillier）的“空间句法”等理论以及 S. 佐京（S. Zukin）在《城市文化》一书中提出的“谁的文化？谁的城市？”等问题，均对城市空间环境与文化环境之间的关系进行了积极的探索[②]。

2.“城市”对于“文化”的作用

（1）城市是文化的沉积

自古以来，人们总是在不断地修建房屋、开辟道路、拓展自己的聚居地，世代相传，经营不息。因此，各时代的建设成果均是人类建筑文化创造的过程，今天的

---

① 武廷海，鹿勤，卜华：《全球化时代苏州城市发展的文化思考》，载《城市规划》，2003（8），62。
② 卢涛，李先逵：《城市核心可持续发展研究的多学科调适理念》，载《城市发展研究》，2002（1），28。

传统建筑、历史城区乃是过去城市文化的主要沉积。对此，人们常说“城市是石头的大书”“城市是印刷所”“城市是一面镜子”“城市是文化的橱窗”等等。吴良镛教授说：“我记得德国的G.阿尔伯斯（G. Albers）教授还说过：‘城市好像一张欧洲古代用作书写的羊皮纸，人们将它不断刷洗再用，但总留下旧有的痕迹’。我很欣赏这个比喻，因为它更生动、更形象地说明我们人类聚居的建设活动，建筑和建筑群是它的文字、符号、语言和辞章。随着时代的变化和新陈代谢，它也在不断地被涂改，但城镇的组织，街区的结构，个体文物建筑，每每被遗存下来，这就是文化的沉积。”[①]

（2）城市是文化的容器

L.芒福德先生对城市与文化的关系也有诸多形象的比喻。诸如“城市是一种贮存信息和传输信息的特殊容器”[②]；“城市应当是一个爱的器官，而城市最好的经济模式应是关怀人和陶冶人”[③]；“如果说博物馆的产生和推广主要是由于大城市的缘故，那也意味着，大城市的主要作用之一是它本身也是一个博物馆：历史性城市，凭它本身的条件，由于它历史悠久，巨大而丰富，比任何别的地方保留着更多更大的文化标本珍品”[④]。关于城市是“特殊容器”“爱的器官”和“博物馆”等一系列鲜明的观点，都说明城市不仅是人类为满足自身生存和发展需要而创造的人工环境，而且是一种文化的载体和容器，它的变迁和发展，就是与城市有关的人类文化的变迁和发展本身。特别是“城市是文化的容器”之说，准确地提示出城市在人类文化进化方面的积极意义。

（3）城市是文化的载体

作为人类发展的产物，城市标志着人类文明的程度。人类文明的主要成果基本上都是由城市创造和发展的。由于城市对人类社会进步所贡献的集聚效益，使它从产生之日起便成为一定地域或具一定性质的中心。城市的中心作用既体现为文化的

---

① 吴良镛：《广义建筑学》，40页，台北，地景企业股份有限公司，1994。
② ［美］刘易斯·芒福德：《城市发展史——起源、演变和前景》，宋俊岭，倪文彦，译，106页，北京，中国建筑工业出版社，2005。
③ ［美］刘易斯·芒福德：《城市发展史——起源、演变和前景》，宋俊岭，倪文彦，译，586页，北京，中国建筑工业出版社，2005。
④ ［美］刘易斯·芒福德：《城市发展史——起源、演变和前景》，宋俊岭，倪文彦，译，573页，北京，中国建筑工业出版社，2005。

辐射作用和推动作用，也体现为对文化的吸引作用和消纳作用，不断推动着文化在城市的进一步集聚和发展，而城市的文化集聚又再度增强了城市的中心作用。由此，城市作为一个有机复合体，在该地域的政治、经济、文化，以及科学技术、交通、信息传播方面发挥出更加突出的作用。城市的不断发展使人类发展的需求不断得到满足，从满足人们最基本的物质生活需要，到进一步满足人们高层次的文化生活的需要，从而履行城市作为文化载体的重要职责。

（4）城市是文化的舞台

城市既是文明的生成地，又是文明发达程度的集中体现。文明孕育了城市，又创造了各具特色的城市形态，可以说城市本身就是文化的产物。“L. 芒福德说得好：‘城市是地理的织网的工艺品，是经济的组织制度的过程，是社会行为的剧场，集中统一的美的象征。一方面，它是一般家庭及经济活动的物质基础；另一方面，它又

湖南桔子洲头（2011 年 7 月 3 日）

是重大行为和表现人类高度文化的戏剧舞台。城市在培育艺术的同时，本身就是艺术，在创造剧场的同时，本身就是剧场’”[①]。城市发展的重心是文化，城市是文化的舞台。当获得各种知识的人们相聚在城市进行交流时，可以迸发出巨大的能量，演绎出激动人心的活剧。由此，城市使人类的能力提高了千百倍，促进了文化的高度发展，呈现出文化的多样性。

3.“文化”对于“城市”的作用

（1）文化是城市的内核

在城市这个复杂体系的诸多要素中，文化是核心资源。所谓核心资源，关键是城市的文化特征、文化内核以及城市的诚信度和综合素质。文化对城市发展所起的作用是内在的而不是表面的、是长远的而不是暂时的。只有文化才能够真正展示城市的价值品位和可贵的风尚，也只有文化能够成为一座城市的凝聚力和自信心的源泉。文化是城市的身份，因为文化的本质是整个社会所广泛认同的价值观，它决定着人们的行为方式，是一种自觉意识和共同行为。文化的本质还告诉人们，文化是一种无形的约束，并与有形的制度约束形成互补，共同构成一个城市运转的基础，形成遵守制度的氛围。文化呼唤诚信，而诚信是人类社会的美德，是城市发展的重要基础。独具特色的文化更是城市品格的具体价值体现。良好的城市文化还有利于保持社会的稳定，缓解各阶层的矛盾，加强社会凝聚力，促进人们之间的沟通和交流，为城市的发展节约社会成本。

（2）文化是城市的灵魂

如果将经济比做城市的血肉和躯架，那么文化则是城市的灵魂。缺少文化的城市，是残缺的、畸形的、粗俗的。有灵魂的生命体才有活力，在文化支配下的城市才具有生命力。城市的魅力和吸引力，主要来自文化，文化决定城市发展的本质特征，是城市内在的美。城市正因为有了文化，才能有源源不绝的活力，才能有鲜活

① 吴良镛:《广义建筑学》，128 页，台北，地景企业股份有限公司，1994。

智利瓦尔帕莱索城市景观（2007 年 4 月 12 日）

生动的灵气，才能增强城市的综合竞争力，才能不断地提升城市的素质与品位。失去灵魂的城市只具有物质的空壳，而缺乏向前发展的后劲，因此必须用灵魂去指挥行动，用文化去指导城市发展。

市民是城市物质财富和精神财富的创造者，良好的城市文化有助于在市民中形成向上的精神风貌，有助于减少危害自身和社会的行为，有助于引导城市健康持续地发展。生活在一个健康的文化环境中，可以使人身心愉悦，安居乐业，发挥出更大的潜能，为城市进一步发展做出贡献。

（3）文化是城市的实力

文化凝聚着城市发展的动力要素，是一个城市生存的基础和进化的动力。文化是城市健康、积极发展的内在品质和力量。健康向上的文化能够鼓舞人、激励人、引导人，提高市民对所居住城市的了解、认识、认同、关心，以至热爱自己的城市文化，热爱自己的家园。对于一个城市，这种认同可以为城市经济和社会的发展凝聚科学技术、人才和各类艺术。现在，越来越多的城市认识到，城市之间在经济、社会等所有领域的竞争，最终是文化的较量。文化擦亮城市面孔，思想决定城市战略。一个城市的价值不仅仅取决于它丰厚的物质积累和充足的现实财富，更取决于它能在什么样的高度给自身的发展打上永恒的印记，而文化正是这种永恒印记的承载者和记录者。因此，城市这种先进文化内涵才是城市的本质特征，才能成为城市的真正魅力和竞争力，它是城市良好发展的基础，决定着城市的未来。

（4）文化是城市的形象

文化无疑是控制城市空间的一种有力手段。衡量一座城市健康发展的标准首先不是规模，而是保持城市文化特色的程度。城市文化特色，是指一座城市的内涵和外在表现明显区别于其他城市的个性特征。可以认为，个性和特色，既是城市文化的魅力所在，也是城市文化的生命力所在。城市如人，既有外在形象，又有内在气质。文化既塑造城市的形象，又体现城市的气质，是城市文明程度、精神面貌和人们综合生活质量的重要标志。独具特色的文化形象和气质更是城市品格的具体价值体现，是对人类文化多样性的贡献。城市失去了自身的文化，就失去了自身的个性特征，乃至失去了城市精神。世界城市发展成功的经验证明，一个城市在其发展建设过程中，如能注重自身的文化内涵，重视自身文化特色的保护和弘扬，打下坚实的文化基础，就能成功建设一个未来的理想城市。

第三节 “城市”和“文化”共同创造“城市文化”

通过以上对于“城市”和“文化”作用的初步分析和理解，我们看到，城市是人类劳动大分工的产物，是人类为满足自身的生存和发展需要而创造的人工环境，其发展不仅是一个长期的物质环境的建设过程，同时也是一个长期的文化积淀的过程。在不断演进与更替的过程中，城市通过自身集中的物质和文化的力量加速了人类交往活动的进程，并通过城市中的各种有形的物质形态载体和非物质的意识形态载体把城市的文化一代一代进行传承，形成被称为城市灵魂的“城市文化”。

1. 城市文化保存城市记忆

一般来说，城市在发展和延续过程中，必然会形成一些被人们有意或无意间保留下来的历史遗存，留下其所处时代的文化印痕，令人们可以直接读取它们的“历史年轮”。随着时间的推移，这些历史遗存的文化内涵会更加丰富，其文化价值也更加突出，并与当代城市文化和城市生活建立起千丝万缕的联系，其中有的成为城市的文化标志，有的则融入了社区居民的日常生活。尽管这些历史遗存的价值表现形式多种多样，但都是维系一个城市生命的重要细胞。可以说，城市既是物质的果实，也是文化的结晶。

一座城市各个时期的文化遗存像一部部史书、一卷卷档案，记录着一个城市的沧桑岁月。每个时代都在城市中留下了各自的记忆，包括古代遗址、传统建筑、历史街区以及民间艺术和市井生活，都是构成一个城市记忆的重要因素。哲学家 R. W. 爱默生（R. W. Emerson）指出：城市“是靠记忆而存在的”。冯骥才先生也认为：“城市和人一样，也有记忆，因为它有完整的生命历史。从胚胎、童年、兴旺的青年到成熟的今天——这个丰富、坎坷而独特的过程全部默默地记忆在它巨大的城市肌体里。一代代人创造了它之后纷纷离去，却把记忆留在了城市中”[①]。从这个意义上说，一座城市从它诞生之日起就有了生命。越是历史悠久的城市，其文化积淀越是深厚，生命体系越是完整。正如生命体的发展离不开遗传信息的传递一样，城市的发展也离不开它的历史文化传统。城市的生命与性格、历史与记忆就存在于城市的每一寸肌理、每一方土地、每一座建筑、每一条街道、每一片城市空间。保存城市

① 冯骥才：《思想者独行》，22 页，石家庄，花山文艺出版社，2005。

的记忆、保护历史的延续性和保留文明发展的脉络，是现代城市发展的需要。

城市的历史告诉人们，城市不是历史教科书中枯燥的数字和资料，而是有内涵、有个性、有感情，是活生生存留于城市空间和时间中的生命的热度、岁月的痕迹、文化的积淀。“人类的每一种功能作用，人类相互交往中的每一种实验、每一项技术上的进展，规划建筑方面的每一种风格形式，所有这些，都可以在它拥挤的市中心区找到。”①城市文化也就是经过长期的历史演进，在各种文化融合中逐步发展，并以其独有的历史背景和人文传统给城市留下难以抹去的文化烙印。其中文化遗产及其生态环境是城市文化的重要载体，人们对故乡的记忆与认知，与故乡的传统文化紧密相连。从可持续发展的角度，一座城市既要保护好自然生态环境，也要保护好文化生态环境，保护好文化多样性。这样，城市中的人们才有一种归属感和自豪感。

2. 城市文化明确城市定位

每一个城市从最初形成就呈现出其功能特征，但是在城市化加速进程中，明确城市文化定位是每个城市发展的首要任务。城市文化的定位科学准确，就会符合其历史传统和现实状况，就能成为城市居民的共同价值，城市发展也就会卓有成效，否则就会失去方向，困难重重。今天，越来越多的城市将文化城市作为城市发展的目标，相继提出“用文化塑造城市”“建设文化城市”的城市发展理念，在城市发展和建设中紧紧抓住文化这一永恒主题。特别是那些拥有灿烂文化的历史性城市，以博大精深的文化来定位未来，必将引发全体市民对城市悠久历史的追怀和对城市美好未来的进取。

就城市政府而言，城市的功能在政治、经济、文化、交通等方面都具有十分重要的意义；而对其城市居民而言，城市主要功能就是生活。城市对政府的功能与其对居民的功能应该是统一的，当两者出现矛盾时，则要以满足城市居民的需要作为根本的价值标准。城市要让人们的生活更加美好，因此，城市的定位只有不脱离城

---

①［美］刘易斯·芒福德:《城市发展史——起源、演变和前景》，573 页，宋俊岭，倪文彦，译，北京，中国建筑工业出版社，2005。

市居民本质的生活状态和精神追求，才可能具有生命力和活力。以人为本的城市文化必须具有广泛的民众基础。只有认真挖掘城市文化的传统和特色，根据实际情况，发展具有民众基础的文化，才能使城市文化具有源源不断的动力。

城市中重要的物质文化遗产便是一处处古代遗址、一座座传统建筑和一片片历史街区。“它们纵向地记忆着城市的史脉与传承，横向地展示着城市宽广深厚的阅历，并在这纵横之间交织出每个城市独有的个性。我们总说要打造城市的‘名片’，其实最响亮和夺目的‘名片’，就是不同的城市所具有的不同的历史人文特征”[①]。一个有远见的城市决策者，不仅应该把文化遗产的保护作为自觉意识，更应该站在文化发展的高度看待文化遗产保护与城市发展的关系，以文化资源决定城市发展的思路，以文化特色作为城市价值的所在。当然，任何一座城市都有自己的历史文化，即便是一座新建的城市。如我国的深圳、巴西的巴西利亚、以色列的特拉维夫等，这些 20 世纪建设和发展起来的新兴城市正是由于它们所具有的发展经历和城市特征以及突出的普遍价值而成为世界文化遗产。

3. 城市文化决定城市品质

城市的产生和发展来自于聚集效益。有了聚集，就有了专业化的社会分工，有了专业化的社会分工，才能使人的知识积累速度大大加快。在这一进程中，城市集中了更多的高等学府、科研机构和文化设施。高文化层次机构和设施的聚集，带来高文化层次人才的聚集，其实质是城市文化的塑造，并且有力促进了城市品质的提升。人类生活的内涵十分丰富，概括起来可分为物质生活和文化生活。物质生活是人类最基本的需要，文化生活则是人类最基本的价值。当前，文化成为城市社会生活的重要组成，是一个城市赖以生存和发展的重要智力资源和精神动力。而文化作为城市生存和发展的方式，能够使人们的生活更有质量、更有品位、更有档次，能够更加关怀人的幸福、爱护人的生命、维护人的尊严、保障人的自由。以此作为城

① 冯骥才：《城市为什么需要记忆？》，载《人民日报》，2006-10-18（11）。

市文化发展的根本目标，从满足人们最基本的物质生活需要，到进一步满足人们更高层次的文化生活的需要，则是城市文化的时代追求。

现代城市是现代文明的聚集地。但是，任何城市的文化品位和精神风貌都不是一蹴而就的，更不能等待经济发展、物质丰富以后再重视文化问题。事实上，市民们每时每刻都在创造着城市文化，城市里经过人们创造的一切事物和成就都是人们文化意识追求的结果，人的文化追求在其艺术的、知识的、科学的和观念的作用下有着无数的突出表现。城市科学技术的进步和经济实力的增长都离不开人文创新的引导，离不开文化的繁荣。同时，城市文化的地域性，构筑了文化的多样性。正是文化多样性的存在才构成了不同城市各具特色的文化生态。人们在浓郁的城市文化氛围中耳濡目染，熏陶其脑，浸润其心，这些文化氛围也培育着每一位市民对城市文化的眷念。

重庆三峡沿线景观（2010 年 9 月 23 日）

文化的力量深深地熔铸在城市的创造力和凝聚力之中，一个不重视文化保护和文化建设的城市是不可能持久生存和发展的。因此，在追求经济建设与生态环境协调发展的实践中，每一个城市应更加关注人的生存环境，提高生活质量，在追求城市建设与人文环境协调发展的实践中，更应关注城市的文化品位，提升人文素养。“像中国这样一个历史悠久的国家，除列入保护名册的历史名城与历史地段外，可以借题发挥、大做文章的城市、地段几乎所在皆是，就看你如何去因借创造。有了丰富的历史、地理、文化知识，就好像顿生慧眼，山还是那个山，水还是那个水，但一旦你发掘出李、杜题韵，东坡记游，立即光彩照人”[①]。

4. 城市文化展示城市风貌

城市文化是城市人群生存状况、行为方式、精神特征及城市风貌的总体形态，是属于这个城市生活的完整价值体系。城市文化隐含在城市的方方面面，造就着扑面而来、鲜明可感的印象和记忆，赋予城市特有的品格和气质，折射出城市居民的价值共识、生活态度、审美水准。城市文化形态的构成，包括城市的物质环境和城市的人文环境。城市文化是指城市外在形象与精神内质的有机统一，是历史文化与现代文化的有机统一，并且在物质环境和人文环境二者之间互为依存、双向互动中展现出完整的城市风貌。因此，不仅城市中的那些有形的物质实体鲜明地呈示了城市的精神风貌，而且一个城市的布局、城市的空间结构也形象地反映了一个城市的文化特征。

城市是一个文化空间，有其发生、发展、衰落的过程，有着过去、现在、将来漫长的历史。不同社会环境、历史环境、自然环境中的人有不同的生活方式，从而使城市风貌呈现出不同的文化特征。城市文化是反映一个城市历史传统和精神世界的窗口，文化交流是增进不同城市相互了解和友谊的重要桥梁。城市不能只是各类房屋的布置与罗列，不能只是各种交通的叠加与交叉，它应是建筑艺术和环境优美

① 吴良镛：《论中国建筑文化研究与创造的历史任务》，载《城市规划》，2003（1），15～16。

和谐的结合，应该体现城市的历史传统风情。从某种意义上讲，城市的文化形象决定了人们对一个城市的第一印象和整体印象。

城市特色是在一定时空条件下，城市社会为了自身的生存和发展，以当时所达到的文明手段所创造的有别于其他城市的、包含物质和精神成果的外在表现形式。城市特色与社会生活和历史风貌息息相关，它蕴含着人与社会的内在素质，反映了人类文明的历史积淀[①]。只有突出个性和特色，我们的城市才会生机勃勃、丰富多彩。城市的魅力在于特色，而特色的基础又在于文化。也可以说城市魅力的基础在于文化，而城市魅力的关键则在于文化特色。文化特色既是城市景观中极具活力的视觉要素，又是构成城市形象的精神和灵魂。特别是历史性城市经过几百年、上千年的积淀，逐渐形成了独特的城市文化特色，这尤为珍贵。世界上没有完全一样的城市，我们研究城市和建设城市，首先就是要发现这些城市的文化特色，并在城市发展中保持这些特色。失去文化特色的城市是没有生命力的。

5. 城市文化塑造城市精神

城市文化分为三个层面：表层的文化是可视的城市形态，中层的文化是城市特有的习俗，深层的文化是城市的集体性格。如果说表层那可视的文化可以再造，那么深层而无形的文化则是历史的积淀。城市一旦形成深层的文化，形成市民的集体性格，这个城市便有了灵性，有了魅力，也就有了城市精神。在挖掘城市文化特色时，不但要研究城市外貌、建筑特征以及文化遗产等能给人直观感受的文化，更重要的是研究城市的精神和特质。城市精神体现在城市社会生活的方方面面，它能在城市街道、广场、车站、商场、剧院、音乐厅、博物馆、图书馆和居民社区中触摸到，能在城市市民的淳朴、善良、勤劳、智慧、诚信、友好、爱国、守法的优秀品质中体会到，能在城市的作家、画家、雕塑家、表演艺术家的作品中领略到，能在人与自然、人与社会、人与人的协调发展的氛围中体验到，能在世代相传的物质和

---

① 张兰，李文墨：《天津城市特色的历史分析》，载《理想空间》，2006（15），57。

非物质文化遗产中感受到。正如E.沙里宁（E. Saarinen）的名言："让我看看你的城市，我就知道你的人民在文化上追求什么。"①

城市文化是不断更新的动态文化，随着城市的不断发展而向前推进。一般来说城市文化所反映的是整个社会的前沿文化，是一种最能体现时代特征、具有强烈时代感的文化，如先进的科学技术、发明创造等都能直接反映出城市文化。世界上任何城市的文化都有其民族性和地域性，具有能够反映民族精神、地域特性的思维方式、生活品性、人格追求、伦理情趣等城市文化的本质特征。对于城市文化的发展状况，也需要高屋建瓴、远见卓识地加以引导并给予有力的政策回应。以人为本的城市文化必然是积极、健康、向上的和促使人们进步的文化。

城市在发展的过程中同时也在孕育着城市文化，丰富着城市精神，所以也应注意研究现实，研究文化对社会的作用，研究文化对民众的整合以及文化对人们生活方式、审美趣味、价值观念的影响。城市文化会通过对个人思想和情趣的净化、对心理及行为的渗透影响市民整体的素质，正如我们肯定环境对人的影响一样，文化对人的发展同样具有潜移默化的作用。现代城市应成为高尚文化的沃土，主流文化应贴近生活、紧扣时代脉搏，应将每一个城市单元都融入主流城市文化之中。深厚的文化积淀是城市发展、进步的重要源泉，也是城市的重要资源。现代城市应在发展中进行长期和持久的文化复兴，并在文化复兴中丰富新的城市文化内容。同时，优秀文化产品是城市文明健康向上的动力，亦应给予高度重视。

6. 城市文化支撑城市发展

城市的可持续发展与城市文化有着非常密切的关系。城市文化与城市经济、城市管理，成为决定城市发展的三项要素，而城市文化的发展则推动着城市经济的发展和城市管理水平的提高，成为解决城市发展的重要因素。在城市化加速进程的今天，城市文化更成为重要的社会资本，支撑和决定着城市的发展进程。城市文化的

① 方可：《当代北京旧城更新：调查·研究·探索》，126页，北京，中国建筑工业出版社，2000。

印度尼西亚巴厘岛圣泉庙（2008 年 1 月 25 日）

发展水平往往代表着一个城市文明程度所能达到的最高水平，城市文化的提升则是城市发展的最终任务。优秀的城市文化是城市健康向上的动力，是市民共有的精神家园，它深深地熔铸在城市的生命力、创造力和凝聚力之中。城市文化承载着人们的家乡情结。通过了解城市文化，可以提高市民对于所在城市的认同感、满意度，进而产生自豪感、优越感，逐渐转化为城市的凝聚力，产生更大的感召力，最终形成人们热爱城市、建设城市的热情，使城市居民积极加入到城市发展进程中，这些是城市文化发展的根本动力，也是城市文化发展的根本价值。

城市文化代表着一个城市的精神核心、一个城市的创造力品质、一个城市的社会价值观念和一个城市的行为方式。城市文化又是一种强大的力量。一个蓬勃向上的城市不仅需要有旺盛的经济活力，还要有深厚的文化底蕴和高度文明的成果。文化对城市的发展、城市的综合竞争力的形成具有重要的地位和作用，显示出其对社会发展和经济实力日益重要的影响。随着时间的推移，城市文化能够客观反映出对城市发展的肯定与否定，也就是说，某一城市文化如果经过长时间的洗礼仍然存在和发展，说明它必然是具有价值的，是值得保存、延续的优良文化；如果排除保护不利等因素而被湮没在历史发展的长河中，则说明它反映的只是当时某个特定阶段的特征，已落后于城市经济、社会的发展，是有悖于社会文明进步的。随着社会的不断进步，城市产生出大量新的文化内容，其中有些是能够与传统文化和谐共生的，有些是与文化传统相矛盾的，但是只要经过时间检验是正确的，是代表了人类文明进步的，最终会得到历史的肯定。

文化遗产资源是一个城市最为宝贵、最为独特的文化优势。今天，当我们环顾世界众多综合实力雄厚的城市时，会发现它们中的绝大多数拥有非常深厚的历史文化积淀。作为一种不可复制的稀缺资源，文化遗产不仅使这些城市享誉全球，也为其城市文化的繁荣提供了永不枯竭的艺术营养。要提升城市文化就必须对现存城市文化的底蕴、特点进行认真分析和研究，找到切实有效的途径进行精心保护与弘扬。当前，不仅城市文化遗产的保护应该更加引起人们的重视，城市文化的创新也应放在突出重要的位置，应深入研究城市现实的文化生产力，对城市文化发展做出总体规划安排。

综上所述，从城市诞生之日起，城市文化经过长期历史过程，在原有基础上不断积淀和发展形成。城市文化忠实反映城市发展脉络，有着多种内涵和表现形式。一座城市能够延续和发展，越来越取决于城市文化的延续。我们要用新的先进的城市文化理念引导城市今后的发展，不断丰富城市自身特有的文化内涵，找到属于城市自己的文化发展路径，努力创新和发展属于城市自己的城市文化，使城市永葆鲜明的特色，永葆鲜活的灵魂，永葆蓬勃的生机。

第三章 城市文化与传统文化、地域文化和文化多样性

第一节　传统文化是城市文化发展的源泉

传统文化是一个流动于过去、现在和未来的开放体系。虽然人类社会已经进入快速发展、不断更新的21世纪，但是处于城市中的人们仍然在既定的历史传统、民族习俗、文化氛围和社会环境中生活，并在这些因素的交互影响下成长。尽管人们有时想摆脱旧的传统、抹去旧的烙印、创造新的生活和形成新的经验，但是却不能完全摆脱传统对自身的影响。因此，如何正确地对待传统文化，即如何革除传统中的消极内容，保护传统中的积极方面，弘扬优秀传统文化，就成为我们今天研究城市文化时应当特别注意的问题。

1. 中华文明的若干特点

人类、农业、文明的起源是人类历史上意义最为重大的三个变革，对这三个变革的研究被称为人类历史研究的三大课题。中华文明是世界几大古老文明之一，在人类文明史上占有重要地位。这一古老文明是如何起源、形成和发展起来的？这一问题是中国历史上最重大的问题。研究人类文明的起源和发展，不能不重视研究中华文明的起源和发展。经过长时间的探讨，学术界对中华文明的一些基本问题逐渐

达成了共识，尤其近年来，中华文明特点的问题越来越引起学者们的关注，成为讨论的热点之一。

（1）中华文明的原生性

中华文明是在欧亚大陆东部产生的一支原生文明。近代以来，历史学者通过对考古学、古人类学、古文字学、民族学等文献资料的综合研究，逐渐揭示出中华远古历史在中国大地上发展的基本脉络。从目前的材料来看，人类至少在100万年前就已经在中国广大的区域内活动。比如重庆巫山人距今200万年，云南元谋人距今约170万年，陕西蓝田公王岭和湖南郧县学堂梁子发现的人类头骨化石也都距今接近或早于10万年。而河北阳原泥河湾发现的一些早更新世地点，虽然没有人类化石出土，但是测定的年龄十分古老。比如小长梁遗址大约距今160万年，近几年发现的沟底遗址更早，有可能接近200万年。[①]从上述的云南元谋人、陕西蓝田人、湖北郧县人等“猿人”，到广东韶关马坝人、山西襄汾丁村人、广西柳江人等“古人”，再到北京山顶洞人、四川资阳人等“新人”，三个阶段构成原始人类时期。

根据考古成果研究发现，我国稻作农业文化可推进到1万年前。“从人类结束漂泊生涯在大地上定居下来，开始从事农业活动算起，到现在仅仅大约500代人的时间。500代对所有生命形态而言，只是演化历程中微不足道的一瞬间，即使最精细的生物学家也难以发现物种特征的变化。对人类自己创造的世界而言，则完全不是这样。生活在今天的人们，已经难以想象1万年前祖先的生活方式。”[②]经过仰韶文化和龙山文化时期的发展，中华文明经历了从起源到逐步形成的过程，社会的复杂程度更加明显，从夏、商、周时期开始逐渐进入高度发达的阶级社会，再经过秦、汉及其以后两千多年的封建社会的发展和衰落，中华文明经历了漫长的历史过程。

在中华文明起源的研究中，夏鼐先生和苏秉琦先生都提出过十分重要的见解。夏鼐先生认为，“文明的起源应该追溯到新石器时代”[③]。苏秉琦先生认为，“中国文明的起源是一个非常复杂的过程，应该有不同的模式，有原生型，还有次生型和续

① 陈淳:《人类探源的新进展》，载《中国文物报》，2006-11-17（7）。
② 张开逊:《理解发明就是理解未来》，载《新华文摘》，2006（6），121。
③ 夏鼐:《中国文明的起源》，96页，北京，文物出版社，1985。

生型，最后才形成以汉族为主体的多民族统一国家”[1]。

他们这些论述的正确性不断被新的考古发现和学科研究成果所证明。特别是考古发掘资料表明，公元前3500年左右，在我国新石器时代考古学文化中，渐渐出现一些新的现象。北方地区在分布于内蒙古东南部和辽西地区的红山文化晚期遗址中，发现了代表红山文化最高层次中心聚落的大型祭祀建筑群、积石冢及以玉雕龙为主的随葬玉器群。南方地区在长江下游的杭嘉湖地区发现了面积达30多平方公里的浙江余杭良渚文化遗址群，遗址群中心有莫角山大型宫殿建筑基址，其周围数平方公里范围内分布有反山、瑶山、汇观山等良渚文化大墓、祭坛以及随葬的琮、钺、璧等精美玉礼器。这些发现进一步证明了考古学前辈的科学论断，也以无可辩驳的事实进一步说明了中华文明扎根于中华大地的原生性特征。

（2）中华文明的可信性

我国古代文献中把黄帝和炎帝时期作为中国历史的肇始期，把夏代作为第一个王朝。中华文明被认为具有五千年的历史，作为历史依据，见于我国传统意义上的正史，即二十四史。二十四史的第一部是司马迁的《史记》，而《史记》的第一篇是《五帝本纪》，五帝的第一个就是黄帝。在《史记》里面关于黄帝的记载带有一些神话色彩，可是也有很多看起来符合历史事实的内容。今天，海内外的华人都将黄帝和炎帝作为中华民族的共同祖先，即“人文初祖”。但是，文献中对黄帝和炎帝乃至尧、舜、禹时期的记述都属古史传说的范畴，对夏代历史的记载也极其简略，且均为后代的文献，很难据此全面地研究当时的历史，更无法判断当时的社会形态。正因为如此，国内外学术界有人怀疑中国是否真正拥有五千年的文明史，部分国外学者甚至怀疑夏朝是否真正存在过。要解决这一问题，消除学术界存在的种种疑虑，仅仅依靠古代文献是远远不够的。近30年来，中国考古学取得了举世瞩目的成就，大批重要的考古发现为我们研究中华文明的悠久历史提供了重要实物依据。以大量的考古资料为证据，研究中华文明起源、形成和发展过程，科学地论证中华文明的

① 苏秉琦：《中国文明起源新探》，107～140页，香港，商务印书馆，1997。

悠久历史，对于消除对中华文明的种种怀疑以及确立中华文明在世界文明史上的地位，无疑具有重要意义。

20世纪80年代，夏鼐先生在其名著《中国文明的起源》中提出，用考古学研究我国文明起源这一学术课题需要着重探索三种标志性遗存，即作为政治、经济、文化各方面活动中心的城市、文字记载、冶炼金属，被称为“文明三要素”。一是关于城市。我国已经发现不少古代城址，其中较大规模的城址至少在仰韶文化的晚期已经出现，如河南郑州西山古城遗址、湖南澧县城头山古城遗址，始建距今已超过6000年。而更多的古代城址出现于龙山文化或相当于稍晚的龙山时代，地点包括今天的内蒙古、山西、山东、河南、湖北、湖南、四川一带。二是关于文字记载。人们对我国古代文字的起源虽然存在争议，但是诸如大汶口文化、良渚文化等出现的一些符号，普遍被认为与文字有关。大汶口文化带有符号的陶器，出现在公元前2500年左右。良渚文化陶器上和玉器上的文字，则出现在公元前3000年到公元前2300年。三是关于冶炼金属。冶炼金属在我国出现很早，如在陕西姜寨遗址发现的半圆形黄铜铜片是目前发现的最早的铜器；在甘肃林家遗址发现的小铜刀属于马家窑文化，年代在公元前3000年左右，是目前发现的最早的青铜器。

早在1959年，考古学家徐旭生先生就根据古代文献记载的夏王朝主要活动区域进行考古调查，在河南豫西发现了偃师二里头遗址。经过近50年来对遗址的发掘工作，在近4平方公里的范围内，发现有纵横交错的道路，大型宫殿建筑遗迹，青铜器冶铸、烧陶、制骨等手工业作坊址和各类墓葬，出土了高等级的青铜礼器、玉器及各类陶器等，反映了我国历史上真正意义上的王权政体的形成。

从1899年金石学家王懿荣首次发现甲骨刻辞，到1928年我国学术机构首次组织对殷墟的发掘，再到1999年考古学家又在殷墟保护范围的东北部发现洹北商城，考古发现和科学研究成果使河南殷墟遗址具有了“文明三要素”的典型特征。在城市方面，殷墟作为晚商都邑遗址，它的文化遗存可与文献中的商王朝相联系，进一步证实了文献中只有零星记载的商王朝的存在，更使《史记·殷本纪》等文献所载内容成为信史。在文字记载方面，甲骨文是世界古老的文字体系之一。殷墟出土的15万余片甲骨不仅证明古老的汉字是独立起源的，还提供了我国古代独立的文字造字法则，对3000年以来的我国文化产生了根本性的影响，至今仍为世界上1/4的人口所使用。在冶炼金属方面，殷墟是出土商代铜器最多的遗址，共出土约6000件，其所展示的高度发达的创造文明成果的技术手段是独有的。最典型的例子是块范法青铜器铸造技术，正是这种技术铸造了包括重达832.84千克的司母戊鼎在内的巨型青铜器。

虽然说这些古代文明因素的发现还不够完整、不够系统，但是通过对这些文明因素的综合研究，可以断定我国古代文明起源的时间相当早，不晚于古史传说的年代。也正是由于上述大量文明因素的存在，才构成了中华文明的可信性，并为最终形成更为完整、系统的结论奠定了坚实的基础。

（3）中华文明的整体性

中华文明的形成既是多元的，也是一体的，即“多元一体化”。秦汉以后形成的中华民族，既是指生活在中国的各民族共同建造的国家，又是在中国领域内56个民族的总称。“中华民族的主流是由许许多多分散孤立存在的民族单位，经过接触、混杂、联结和融合，同时也有分裂和消亡，形成一个你来我去、我来你去，我中有你、你中有我，而又各具个性的多元统一体。”[①]中华文明的演进过程，首先是多元文明的融合，是互相整合，而不是互相灭绝。“中国地域辽阔，民族众多，方言隔阻，如果不是靠文化思想和文字为联系纽带，中国不知道将要分裂成多少个独立小朝廷。”[②]各个地区的文化通过相互竞争、碰撞、融合，最终形成了完整的中华文明。无论当初各个地区的文明发展得多么辉煌，其文化成就多么显赫，最后都以百川归海的态势，注入中华文明的长河之中。

探讨中华文明延续不断的原因有二。一是中华文明本身的规模因素，即地域的

① 费孝通：《中华民族多元一体格局》，北京，中央民族学院出版社，1989。
② 任继愈：《皓首学术随笔——任继愈卷》，210页，北京，中华书局，2006。

广阔和整体规模的巨大，形成了一种难以征服与分割的力量。中华文明在政治、经济、文化等方面已经形成了完整的相互关联的文化整体。曾经对中华文明构成威胁的其他文明最终都被这一规模巨大的文化整体所吸收和同化。二是中华文明本身的文化因素，以血缘为纽带的关系发挥着巨大的维系文明的作用，如对中华民族共同始祖炎、黄二帝的崇拜影响深远，使中华文明在多元发展的同时，一以贯之地保持了完整性。

戴逸先生分析了“对我国文化影响较大的诸项因素，包括经济条件、政治结构、社会结构、地理环境，这些都对中国文化的发生、发展有所影响。首先，我国是农业社会。至少6000年以前，我国就种植农作物，自给自足的小农经济长期占统治地

河南黄帝故里拜祖大典（2006年3月29日）

位，商品经济不发达。在这样的一个农业社会里，民族性格既有勤劳朴实的一面，也造成了稳定保守的一面。其次，我国几千年的政治体制、政治结构是长期的封建专制主义，从秦代算起已有2000多年历史。专制主义、官僚结构对我国的传统文化打下了很深的烙印。再次，我国是个宗法、家族制度普遍盛行的国家。过去人们从小到老，生活在一个宗法结构中间。宗法意识、家族意识非常强烈，传统文化普遍在这样的社会结构中形成。最后，地理环境也对我国文化产生了较大影响。我国处在亚洲东部的大陆，东面是海洋，西北是高山、沙漠，将近1000万平方公里的领土形成了一个相对封闭的环境。与其他文化发达地区相隔较远，交流较少。在这样一个相对封闭的地理环境中形成了中华文明独立而完整的，完全不同于西方的文化系统”①。

铸成我国文化顽强的生命力和横亘千古的再生力的条件，是中华文明本身所具备的内聚力和感召力。祖先崇拜的底蕴是强烈的本根意识，是对自身本源之探究、认同、尊重与返归。《老子》十六章有“夫物芸芸，各复归其根”，《淮南子・原道》有“万物有所生，而独知守其根”。归根、守根与现在常说的寻根，都体现了同一种本根意识，成为维系中华文明使之延绵不断的一个重要原因。与祖先崇拜相关，以家庭和宗族为基本单位的社会模式，家庭、宗族与国家的同构性，以及宗族作为国与家的中介，都发挥着协调关系、维系国家、延续历史的作用，也使中华文明与其他文明相比具有更加鲜明的整体性特征。

（4）中华文明的连续性

人类四大古老的文明都是沿着江河发祥的。从公元前3500年到公元500年间，世界各地先后出现了尼罗河流域的古埃及文明、幼发拉底和底格里斯两河之间的巴比伦文明、印度河与恒河流域的古印度文明以及黄河和长江流域的中华文明，之后还有地中海东部的爱琴海文明、迈锡尼文明和希腊文明、罗马文明。然而除中华文明之外，几乎所有这些古老的文明都曾在其文化发展史上出现过中断现象。在历史

① 戴逸：《关于中国传统文化的几个问题》，载《学习与研究》，2006（8），50。

上，古代埃及是文明出现最早的国家之一，但是古代埃及和现代埃及之间的关系非常曲折和遥远，无论是人种还是文化都有很大的距离；古代的两河流域，包括苏美尔、阿卡德、亚述、巴比伦等几个古国，和今天的伊拉克的关系也很少，它们的文明在很早以前，可以说在希腊、罗马时代就被断绝；即使希腊、罗马这样文明兴起比较晚的古代国家，它们的文化到中世纪也已经中断，所以才有后来所谓的文艺复兴。英国历史学家A. 汤因比（A. Toynbee）在其著作《历史研究》中分析了各种文明的循环发展和衰落规律后指出，自有人类历史以来，有20多种文明已经消逝，而今天存在于世界上的几种古老文明，都是在历史长河中经过筛选、淘洗而传衍下来的。纵观世界，俯仰古今，数千年来，世界不少文明古国都曾有兴盛一时的文明，但终因丧失了传统文化，文明也就走到了尽头。

虽然中华文明与其他三大古代文明相比，起源不算最早，但是中华文明却是唯一从未中断过的文明。在数千年的发展历程中，中华文明虽然历经磨难，饱受风霜，然而其文化传统却始终一以贯之，未曾中绝。中华文明同根同种同文完整地保留下来，延绵不绝，传至今天，这在整个世界人类历史上是很独特的现象。对此袁行霈教授认为："我们可以从地理环境中找到一些答案，前三种文明都是在相对集中的一个较小范围内展开的，回旋的余地不大，一旦遭到强悍的外族入侵和战争的破坏或自然灾害，就难以延续和恢复。而中华文明则是在一个很大的范围内开展的，回旋的余地很大，便于将不同民族的势力和文化加以吸纳与整合，也不致因地区性的自然灾害而全体毁灭，所以能够传承数千年而绵亘不绝。"[①]

自从文明的曙光初照神州，中华各民族的祖先就在这片古老而辽阔的土地上生存、繁育。今天生活在这片土地上的人们就是创造古老文明的先民之后裔，在这片土地上是同一种文明按照自身的逻辑演进、发展并一直延续下来。同时，中华文明在发展过程中显示了巨大的凝聚力，既没有中断也没有分裂，只有新的文明因素不断增加进来。苏秉琦先生指出："世界上没有哪一个像中国如此之大的国家有始自

① 袁行霈，严文明，张传玺，等：《中华文明史》，北京，北京大学出版社，2006。

百万年前至今不衰不断的文化发展大系。”①

中华文明的连续性是举世罕见的，它不仅表现在语言文字方面的承传不辍，也表现在我国古代的学术传统和文化精神只有一以贯之的发展，而绝无中绝或转向，现代研究认为其连续发展是从夏商周三代开始的。孔子曾说，“殷因于夏礼”，“周因于殷礼”。这就是说，周代沿袭了夏、商的文化并又进一步加以发展。孔子“述而不作，信而好古”，专门整理了周代典籍，修订了鲁史《春秋》，创立了儒家学说。到汉代，董仲舒继承《春秋》研究经学，司马迁也继承了《春秋》，但专治史学。从此，经学与史学作为中国古代传统学术的主要支柱一直没有中断。即使在中国社会处于南北分割时，传统也未曾中绝。“例如在西晋以后的公元4~6世纪期间，北方经学仍然遵循汉儒传统，其繁荣的程度甚至超过了南方。就以北方最乱的十六国时期来看，其史学不仅未断，而且还相当繁盛，这在古代世界史上是十分罕见的”②。

（5）中华文明的先进性

技术发明是一切人类活动的共同基础，它深刻地影响着人类的生活方式、经济发展和文化价值取向。帝国兴衰、王朝更迭和战争胜负，虽然各有其复杂的原因和背景，但是无一例外都与人类的技术发明活动有着直接或间接的渊源关系。“中国为人类贡献了不可缺少的许多重大发明，在相当长的历史时期，中国发明家引领着技术创新的潮流。从春秋时期到宋代，1800年间中国发明家走在世界前列。”③

中华民族经过五千多年的迁徙、演化和融合，成为世界上人数最多的民族，创造了独具特色、灿烂辉煌的传统文化。影响深远的诸子学说、浩如烟海的历史古籍，气象万千的诗词歌赋、匠心独运的书画雕塑以及泽被后世的四大发明等，都令世人推崇备至，令世界惊叹不已。“正如黑格尔所说，当黄河长江已经哺育出精美辉煌的古代文化时，泰晤士、莱茵河和密西西比河上的居民还在黑暗的原始森林中徘徊”④。

我国古代四大发明对欧洲文明进程具有深远影响，无论是地理大发现、文艺复

① 苏秉琦：《中国文明起源新探》，176页，上海，上海三联书店，1999。
② 王会昌：《中国文化地理》，217页，武汉，华中师范大学出版社，1992。
③ 张开逊：《理解发明就是理解未来》，125页，载《新华文摘》，2006（6），125。
④ 赵启正：《文化复兴是强国的基础》，载《学习与研究》，2006（8），8。

兴，还是走出中世纪进入现代社会，我国的古代发明都起着至关重要的作用。如公元前 600 年，我国发明了液态生铁冶炼技术，使铁矿石源源不断地变成铁，并且直接铸造成型。这项发明解决了困扰人类千年之久的难题，促进了世界范围金属工具和兵器的更新，使人类迅速进入铁器时代。“公元前 300 年，古代中国人发明了深井钻探技术，使人类能够获取深藏在地下的财富。古代中国人发明的瓷器取代了陶器，为人类抹去了石器时代留下的最后一道痕迹，成为我们这个星球上每个家庭必不可少的用品”[①]。在公元前 1 世纪到公元 15 世纪期间，中国文明在获取自然知识并将其应用于人类的实际需要方面比西方文明要有成效得多。盛唐时代，中国就已是世界各国取经、朝拜和交流的主要目标国。1700 年时，中国和印度这两个东方大国的经济收入各占当时世界总收入的 23%，与整个欧洲相等[②]。

近二三十年来，我国传统文化特别是传统哲学已经为许多西方学者所重视。1988 年，许多国家的几十位诺贝尔奖得主聚集法国巴黎并发表宣言，指出“人类要在 21 世纪生存下去，必须回首 2500 多年前，去汲取孔子的智慧”[③]。这就是说，西方学者在对自身文化进行反思的同时，开始重视中国传统文化。实际上，孔子和老子早已是历代欧洲哲学家们心中最伟大的思想家；法国的伏尔泰、狄德罗和德国的莱布尼茨等也都非常推崇中国的哲学和美学思想。与西方有苏格拉底、柏拉图、亚里士多德一样，中国有孔子、孟子、老子、庄子和墨子。今天，人们看到在联合国大厅里，赫然写着“己所不欲，勿施于人”的中国格言，说明中国传统文化在整个人类社会发展中的重要地位和深远影响。

（6）中华文明的包容性

我国文化虽然在一个相对封闭的环境中成长，但它也有过与外来文化的广泛接触。其中大规模的接触、交流有三次。第一次是佛教的传入。从东汉起历经几百年，经过长期的消化和文化的整合，到唐代发展到高峰并产生了中国化的佛学——禅宗。到宋代，在佛学影响下产生了儒学。佛教的传入经过了几百年的过程，这是中国与

① 张开逊：《理解发明就是理解未来》，载《新华文摘》，2006（6），125。
② 卢铿：《重建本土文化的国际地位》，载《中国建设报》，2006-04-05（6）。
③ 刘延东：《伟大的文化推进伟大的复兴》，载《人民日报》，2005-10-13（9）。

印度文化的一次大交流，对中国传统文化影响极大。第二次中外文化交流是明清之际，从利玛窦到汤若望、南怀仁等西方传教士到中国来。从明末到康熙的100多年期间，到中国来的传教士数以百计，带来了西方的宗教，也带来了西方的文化，包括天文、历法、数学、武器、地图、建筑、绘画和其他自然科学。第三次文化交流是在鸦片战争以后，外国的枪炮打开了中国的门户，中国被动地吸收西方文化，形成中西方文化冲突与交流。“从某种意义上说，这样的吸收、交流、冲突，到现在还没有结束。当然，现在封闭的局面已打破了，不可能再回到历史上那样的闭关状态。中国已进入世界历史的潮流中，中国的社会主义新文化将在批判地吸收传统文化的同时，随着全人类文化一起前进”[①]。

列入世界文化遗产的澳门历史城区，保存着中国历史最悠久的欧洲人聚居地和亚洲早期贸易港的完整面貌。在漫长的历史进程中，中葡两国居民在这片城区内合力营造了不同风格和特色的生活社区。在这里供奉中国海神的妈阁庙与葡萄牙人航海主保的圣老愣佐教堂前后呼应，中国商人聚会交流的关帝庙与葡萄牙人的慈善机构仁慈堂面对统一广场，中国富商大宅卢家大屋与天主教主教座堂垂直相对，精致小巧的哪吒庙与巍峨的大三巴牌坊并立。在当今因经济利益或者价值信仰而纷争不断、暴力不断的世界，澳门提供了一个不同族群、不同文化、不同宗教、不同信仰之间和平共处、多元发展、共同进步的典范。澳门历史城区小但具有中西文化多元共存的独特景观，而且是集合不同种族、思想、信仰、文化和居民生活习惯的文化空间，它不但展示了中、西式建筑艺术特色，更展示了中葡两国不同宗教、文化以至生活习惯的交融与尊重。这片历史城区见证了中华文化永不衰败的生命力及其开放性和包容性。

事实上，传统不是一个凝固的概念。传统文化在某种程度上是不同种族、年龄、区域的人们共同创造、交流、融合的结果，从未有一种传统文化可以完全不受外来文化的影响，“纯之又纯”的本土文化基本不存在。中华文明就是由组成中华民族的

① 戴逸：《关于中国传统文化的几个问题》，载《学习与研究》，2006（8），51。

各个民族的文化经过不断冲突和融合、形成和发展而成的。中华民族对外来文化从来不采取盲目排斥，而是有选择地吸收、改造，使之为我所用。“数千年来，中华文化还吸收了佛教、伊斯兰教、基督教等各种外来文化因素，不断被赋予新的内容。其中佛教传入中国的过程，是中国文化吸纳、消融外来文化的先例，是中华文明的伟大之处。它的特点是充实主体、融化客体、思想再生、铸造新文明”[①]。中华文明具有海纳百川、地承万物的气魄，历来以博大的胸襟面向世界，因兼容并蓄而丰富多彩、因推陈出新而永葆活力、因特色鲜明而远播四方，成为世界四大古文明的仅存硕果。中华民族以自己非凡的智慧和创造力，为人类文明进步做出了不可磨灭的重大贡献。

2. 传统文化的价值认定、保护与弘扬

我国传统文化历史悠久、民族特色鲜明，集中反映了中华民族的思维方式和精

天安门（2011 年 3 月 1 日）

① 刘梦溪：《百年中国：文化传统的流失与重建》，载《文汇报》，2005-12-4（6）。

神追求，蕴藏着中华民族的生命力和创造力。这一延绵数千年的文化呈现出独特的智慧和特色，可以为今天人们探索和解决诸多城市发展问题提供一种新的文化方式和思维选择。因此，我们应该注重传统文化的价值认定，保护传统文化的丰富内涵，弘扬传统文化的人文精神，这样对于今后国家的发展、社会的进步都具有重要的意义。

（1）注重传统文化的价值认定

什么是传统？这是一个有着各种不同看法和争议的问题。罗国杰教授认为："传统就是已经过去了的事物，是长期以来积淀在社会生活和人们的心理中，并在今天的现实中仍然发挥着影响和作用的一种现象。"[①]传统不是陈旧的、落后的东西，传统是指一个民族中具有生命力的一直在起作用的因素。虽然有些民族的传统会被一些陈旧的、落后的形式所包裹，但它并不是内容本身。传统之所以能够源远流长而且一直起着作用并主宰着民族的精神，就在于它具有容纳新的文化因素的功能。传统与文化密不可分，其表现形式可以是物质的，也可以是精神的。但是，传统文化与文化传统是两个不同的概念。

什么是文化传统？一般来说，文化传统是指同精神、思想、文化道德有关的传统，是对人类过去所创造的精神现象的总称，其内容主要包括从一定价值导向出发的哲学的、政治的、经济的、法律的、艺术的、宗教的等各种思想观念的总和。文化传统不具有物质的实体，看不到摸不着，却无所不在，既留存于传统文化之内，又表现于现实文化之中。文化传统的核心是人们对幸福美好生活的追求和对高尚道德品质的向往。文化是构成一个民族的基本因素，而文化传统就是民族精神。在整个人类的各种传统中，文化传统对社会发展、社会进步和社会安定有着特别重要的意义。

什么是传统文化？顾名思义就是指传统社会形成的文化，往往对应于当代文化或外来文化等。传统文化不仅包括历史上存在并延续至今的种种物质和精神的文化

① 罗国杰:《中国传统文化与21世纪人才培养》，载《学习与研究》，2006（6），50。

实体，例如民族服饰、地方戏曲、古典诗歌、生活习俗等，还包括价值观念和文化意识。刘梦溪教授认为："广义地说，中国传统文化就是指中国传统社会中华民族的整体生活方式及其价值系统。"[①]传统文化产生于历史过程，带有明显的时代烙印；传统文化形成于民族传承，带有独特的民族色彩；传统文化成长于当地环境，带有浓郁的地域特征，因此，传统文化的时代性、民族性和地域性表现得最为鲜明。

今天之所以要继承和弘扬传统文化，就是因为它包含着值得人们借鉴、吸收和弘扬的因素和内容。张岱年先生指出："在现今时代，作为一个中国人，最重要的是具有爱国意识。而爱国意识有一定的思想基础，必须感到祖国的可爱，才可能具有爱国意识。而要感到祖国的可爱，又必须对于中国文化的优秀传统有正确的理解。"他认为，我国几千年来文化传统的主要内涵是四项基本观念，即：一是天人合一；二是以人为本；三是刚健自强；四是以和为贵[②]。这些是中华民族在共同生活中所孕育、崇尚、提倡的文化传统，不断得到鼓励和推崇，规范着人们的思维方式，制约着人们的价值取向，支配着人们的行为习俗，影响着人们的审美情趣，而且相互影响、互相激荡，形成巨大的精神动力和物质力量。代代相传的传统文化是从传统社会到现代社会的天然纽带，是全社会共同的文化遗产，在不同的历史阶段始终保持着连续性。

传统文化既是历史发展的内在动力，也是文化进步的智慧源泉。因此，有必要对传统文化加以系统的、科学的挖掘和研究，以充分体现其积极的价值。虽然近年来陆续出版了众多研究我国传统文化的文章，丰富的学术思想散见于各种学术论文、学术专著、文学作品及各类志书中，但是总体来看研究成果依然十分薄弱。宋健先生在 2002 年 4 月的一次国际学术研讨会上曾指出："研究和借鉴历史，不仅是历史学家的任务，也是科学界、知识界的责任。历史上写着中国人的灵魂，指示着中国将来的命运。现在世界上有人不喜欢中国人研究自己的历史，这是没有道理的。清人龚自珍曾注意到：'绝人之才，灭人之国，败人之纲纪，必先去其史。'我们和后人

① 刘梦溪：《百年中国：文化传统的流失与重建》，载《文汇报》，2005-12-4（6）。
② 张岱年：《中国文化的基本精神》，载《学习与研究》，2006（1），60.

都应小心，不能上当。”这一忠告发人深省。

（2）保护传统文化的丰富内涵

进入21世纪以来，更多的西方学者把目光转向了东方，转向了中国。更有一些国外的研究机构开始对我国传统文化进行系统的、全面的研究，希望我国传统文化能对他们国家和人类社会的发展做出更大的贡献。特别在当今世界，虽然和平与发展是时代主题，但是环境的破坏、战争的灾害、贫富的差距等对世界文明发展提出了严峻挑战，这一情势也彰显出弘扬我国传统文化的时代意义。

我国传统文化是维系几千年社会发展的精神支撑。在源远流长的历史长河中，传统文化储蕴了丰富的内涵，对社会发展的进程产生过重要作用。即使在今天乃至未来，其积极的内涵仍然有着不可替代的作用。正是传统文化中积极因素的长期熏染、代代相承，使整个中华民族在思维方式、价值取向、伦理观念、审美情趣等方面渐趋认同，形成了中华民族卓越的品格和精神，并逐步发展成为中华民族强大的向心力和凝聚力。中华文明中强烈的爱国精神、高尚的民族气节，使中华儿女在国家和民族的危难关头能够迸发出巨大的力量，维护国家民族的生存，并延续自己的文化。

传统文化是文化国力的源泉，而民族精神是文化国力的支柱，是中华民族生生不息发展壮大的精神维系。秦汉以后，中华民族不断融合，两千年来形成一种共同的文化思想和民族意识，这是十分珍贵的精神遗产。中华民族有了博大精深、源远流长的传统文化，才能融入亿万民众的血脉，孕育出勤劳勇敢、自强不息的民族精神。由此可见，我国传统文化包含着极其丰富的内容，具有鲜明的特点。罗国杰教授对我国传统文化从以下三个方面进行了考察。

一是在我国传统文化中，伦理思想贯穿其始终。追求崇高的思想品质、向往理想的道德人格、涵养美好的情操是我国传统文化的主导思想。在人和人的相处中，一个人既要有自强不息、奋发有为的创造精神，又要有设身处地为他人着想和爱人如己的博大胸怀。“天行健，君子以自强不息”，“地势坤，君子以厚德载物”，早在两千多年前我国古代名著《易经》上的这两句话，鲜明而又生动地表现了我国传统文化中的人生态度、立身精神和理想境界。自强不息的精神是中华民族的脊梁，是中华民族几千年来所以能够不断发展、壮大的一个重要的精神支柱。厚德载物的精神则表明一切万物都是人类的朋友，人类不仅要爱护自身，而且还要保护人类生活其中的生态环境。

二是我国传统文化，注重对于真理的追求和辨证的思考，有着浓厚的思辨传统。先秦的儒、墨、道、法几个最著名的学派都十分强调理智和智慧的重要，强调人们对真理的认识的重要意义。我国传统文化中辩证思维的一个突出特点，是把自然界和人类社会现象看作一个统一的整体，并力求从整体的相互对立和相互联系上来观察和分析这些现象。因此，人们在了解、观察、分析和认识自然界和人类社会现象时，就一定要从一个统一体的视角来考察它们之间的相互联系。

三是我国传统文化有着独特的审美意识和人文精神，在文学和艺术的各个方面创造了辉煌的成就，是全人类文化中最重要、最灿烂的瑰宝之一。在中华民族的发展历程中，出现了用诗歌来表达人们的思想情感、人生理想、价值观念和生活情操的空前繁荣的时期。在文学艺术上，仅仅流传下来的唐诗，就有五万多首，其中著名的有一万多首。继“唐诗”之后，又出现了“宋词”“元曲”和“明清小说”等几个文学艺术的发展高潮，创造了绚丽多彩、辉煌灿烂、具有永久魅力的文学艺术传统；而且形成了高潮迭起的文学艺术的高峰，并以其独特的方式，形成了一种独特的审美意识和人文精神，熏陶和孕育着中华民族特有的人文素质和民族意识①。

（3）弘扬传统文化的人文精神

传统文化并非一成不变，这是由于一方面时代在前进，世代在交替；另一方面经验在积累，知识在更新，传统文化必然要接受外部世界的影响以调整自己的内容。传统文化是人们共同生活的产物，也会随着共同生活的变化而更新，其中某些成分

① 罗国杰:《中国传统文化与21世纪人才培养》，载《学习与研究》，2006（6），51—54。

会逐渐被淡化，新的成分会逐渐加入。特别是在信息化时代，不同民族的不同传统文化只要存在，就不可避免地有所接触；只要相互接触，就不可避免地进行交流；只要相互交流，就不可避免地产生影响；只要相互影响，就不可避免地发生变化。但是，传统文化的变化往往是缓慢的、渐进的，不同传统文化相互接触、相互交流和影响是一个复杂的过程。同时，通过接触所取、交流所得、影响所获的内容，都必然要经过消化、吸纳和整合的过程，才会在传统文化中加入新的成分，带来文化传统的变化，“不会发生一蹴而就的奇迹”。

我国传统文化是一个宏富的整体，是人们长期实际生活经验的概括，承载着中华民族的基本价值追求，深深地影响着我们民族精神的形成，是中华民族之所以能几千年生存发展、没有中断而在今天又能重新为世界所重视的重要原因。“位卑未敢忘忧国”的爱国情怀，“人生自古谁无死，留取丹心照汗青”的民族情怀，是我国面向未来、面向世界的厚重的精神动力。“从典美博奥、汪洋捭阖的秦汉文章，到情致缥缈、新制迭出的盛唐气象；从清深瘦劲、鞭辟入里的宋代风骨，到张扬俗趣、市井勾栏的明清景观……”“作为炎黄子孙，我们有发扬本民族文化传统，自立于世界民族之林的历史重任。一个民族的文化，既是历史的延续，又是由各个地方文化共同融合、汇集而成的，它是经纬交织，继往开来，富有生命活力的。”[①]

中华民族这清晰的文化脉络，经过了漫长岁月的变迁，已经成为世界文化的宝贵财富。

2004 年 10 月在纽约大都会博物馆开幕的“走向盛唐”展览，展现了从公元 3 世纪到 8 世纪这一重大历史阶段我国文化艺术的发展历程，这是中美合作举办的规模最大的一次展览。展品内容既重视艺术价值，又考虑历史内涵，每件作品不仅是艺术精品，而且是在不同程度上反映该历史时期的哲学思想、宗教信仰、社会习俗以及其他非视觉艺术的变革。展览反应热烈，盛况空前，从 2004 年 10 月到 2005 年 1 月的三个多月里，来自美国本土和世界各地的观众达到几十万人，最多时每天有

---

① 吴良镛:《城市规划设计论文集》，192 页，北京，北京燕山出版社，1988。

五六千人。很多观众表示通过展览更多地了解到中国古代的文化和艺术，深刻地感受到中国古代自由开放的活力以及由此产生的中外文化交流。在我国改革开放的今天，回顾一千年前盛唐时代的繁荣，人们或许会感到有所启迪，即强盛的国家要有开阔的胸怀、包容多元的文化。

我国国际地位的提高，不仅表现为经济竞争力的增强，还表现为文化影响力的提高。抓住我国和平发展的机遇，将汉语语言与我国传统文化推向世界，是增强我国文化国力的重要举措。如今，在世界范围内出现了学习和使用汉语的风气。例如在加拿大、澳大利亚，使用汉语的人口增长最快，汉语成为使用人口最多的第二种语言；在美国，中文被列为关键外语，并且位居第二；在英国，政府批准资助英国

山东曲阜孔子研究院（2009年4月7日）

人学习汉语，许多公立和私立学校都积极安排教授汉语课程；在法国现有近300所学校开设了中文课程。汉语热的出现，既有我国经济发展的时代背景，又有中华传统文化的深厚基础。截至2006年9月，我国已在46个国家和地区建立了108所孔子学院和12所孔子课堂。自2004年11月全球首家孔子学院在韩国首尔成立至今，孔子学院已成为传播我国传统文化、推广汉语教学的一个重要载体。汉语在世界的影响越来越大，更多的人能通过学习汉语了解中国，继而了解我国的传统文化和文化传统。

3. 城市文化是传统文化的特殊产物

在我国，历史性城市遍及各地，数量众多，特色丰富。这些城市不但拥有优美的自然环境和各具特色的历史建筑，而且它们的存在体现着中华民族灿烂的传统文化。因此可以说，城市本身就是我国文化遗产中最宝贵的一部分，城市文化是我国传统文化的特殊产物。今天，如何历史地、科学地评价城市传统文化？现代化要不要优秀传统文化的支撑？怎样将优秀传统文化同时代精神结合起来？今天，我们研究城市文化有责任对这些问题做出回答。

（1）城市传统文化的现实困境

自古以来，人们重视物质利益，为生存而奋斗。“路人问渔夫：你打这么多鱼干什么？渔夫答：赚钱买船。买了船干什么？打更多的鱼。打更多的鱼又干什么？买更大的船，打更多更多的鱼……”人类从动物界脱颖而出，但是在相当长一个时期依然受食物短缺之困。生计问题一直束缚着人们的手脚和灵魂，思维沿着惯性滑行：劳作，不停地劳作。今天人们的生活状况有了很大改善，绝大部分地区早已解决了温饱问题。但是在以经济发展为主导范式的社会价值追求中，物质财富的积累和经济发展的指标又成了唯一的评价标准。“路人问老板：你盖这么多房子干什么？老板答：赚钱买地。买了地干什么？盖更多的房子。盖更多的房子又干什么？买更多的地，盖更多更多的房子……”“发展”问题又一次束缚住人们的手脚和灵魂，思维继续沿着惯性滑行：建设，不停地建设。这种片面的社会追求和评价标准，严重地冲刷和遮蔽了人类的精神世界。

在今日世界，城市处在严重的文化矛盾和冲突之中。这是一个对经济发展乐观展望和对文化发展悲观期待并行的时代，是一个物质的满足与精神的焦虑并行的时代。2003 年的 8 月 3 日，法国《费加罗杂志》刊载 G. 杜铭那克（G. Domenach）的一篇文章，其中写道：中国传统文化令人迷惑。对于一个经常接触中国传统文化的人来说，这种文化有时会给人以垂死的印象，有时又会让人感觉到它的活力。这种矛盾现象产生的原因何在？现在是什么使得中国与自身脱离[①]？G. 杜铭那克文章中提出的问题带有现实普遍意义。原因主要在于，多年来我们自己在对待传统文化中出现的一些偏差，例如批判多于继承、否定多于肯定，导致一些人对自己民族传统文化的无知、缺少自尊与自信、未能使传统文化在城市发展中得到应有的弘扬。“尽管情况错综复杂，其共同点则可以归结为对传统建筑文化价值的近乎无知与糟蹋，以及对西方建筑文化的盲目崇拜，而实质上是‘世界范围各种思想文化的相互激荡’，是所谓全球化与地域文化激烈碰撞的反映。”[②]

目前我们一些城市还没有形成健康合理、积极向上、特色鲜明的文化理念，在单一的经济价值观念下，他们片面地强调经济的快速发展而忽视了自身传统文化的消失，忽视了文化资源与文化生产力的创造价值。在城市中，一方面是城市风貌的日新月异，呈现出物质财富的增长和经济的繁荣；另一方面，则是传统文化的黯然失色，呈现出文化财富的锐减和文化生活的浮躁。人们在失去了丰富的文化资源和广阔的文化空间的同时，失去了形成文化共识的基础，也失去了文化创造的能力。人们常说中华文明是绵延不绝、没有断裂的，是具有强大生命力的，可是在现实中却对传统文化视而不见、没有自信、缺乏应有的认知。面对当前传统文化的发展和延续受到的种种威胁，2006 年 6 月冯骥才先生在部级领导干部历史文化讲座上大声

① 刘梦溪：《百年中国：文化传统的流失与重建》，载《文汇报》，2005-12-04（6）。
② 吴良镛：《论中国建筑文化研究与创造的历史任务》，载《城市规划》，2003（1），12。

疾呼："我们的后代将找不到城市的根脉，找不到可以自豪的个性化的文化凭借。当他们知道这是我们的所作所为——是我们亲手把一个个沉甸甸的城市生命，变成亮闪闪的失忆者，一定会斥骂我们这一代人的无知。"现在人们看到更多的是传统文化的沦丧和为捍卫传统文化而进行的抗争。

影响传统文化传承的另一个重要因素是一些人将传统文化与封建文化相提并论。于是，面对经济全球化的浪潮，置身于城市化加速进程之中，很多人在对待传统文化上存在着一种矛盾的心态：一方面为中华民族拥有的悠久历史和传统文化而感到自豪；另一方面又感到传统文化似乎是今天前进道路上的羁绊，成为一种沉重的历史包袱。毋庸讳言，作为一个复杂的系统，传统文化在数千年的发展中也逐渐积淀了某些不良因素。传统文化中也有消极的、同现代生活不相适应的内容，这些内容应当剔除或逐步改造。但是，事实上我们传统文化的主流，不但不是封建文化的产物，而且是先进文化的代表，是现代城市建设与发展的资源、财富和动力。

（2）城市传统文化的时代责任

"神州大地是中华民族世世代代衍生栖息的地方，五千多年来，尽管自然灾害、战乱频仍，但经过世代经营，我们的祖先建设了无数的城市、村镇和建筑，也留下了中国非凡的环境理念。这是中国传统文化的重要组成部分。"[①]我国的古代城市大多是按规划建造的。据科学考古和史料证实，从春秋战国一直到明、清时代，无论是古代的都城或地区统治中心，还是重要的边防城镇，都是事先经过周密的规划，按照一定的建设程序和规律进行营造，同时在营造理念中体现了非凡的环境观念和朴素的人文精神。在环境观念方面，我国古代文献中记载了基于山水文化理念的环境设计观，各具特色的环境意境的创造及其所表现的城市文明，这是我国传统城市文化体系的重要组成部分，在世界城市史上也占有光辉的一页。在人文精神方面，我国古代城市规划基本上遵循了儒家传统思想，因而一脉相承，独具特色。特别是我国的历史性城市都曾具有重要的文化职能，遗存至今的文化遗产仍然传承着传统

① 吴良镛：《人居环境科学导论》，26页，北京，中国建筑工业出版社，2001。

北京规划展览馆展陈（2008年8月19日）

人文精神。

今天我们的面前存在着两个不容回避的问题：一是如何重新认识我国传统文化的价值；二是对我国传统文化的认同。前者比较好理解和接受，要继承传统文化，就必须认识传统文化的价值，通过认识深化使传统文化得到传承。后者可能不被人理解和接受，难道我们对自己的传统文化也需要认同吗？然而今天这一问题不但确实存在，而且矛盾日趋尖锐。当前确有一股潮流，抛弃自己的传统文化，一切唯西方文化是举，并且在某些领域愈发严重。居住在历史性城市中的每一位市民，最重要的是具有热爱城市传统文化的意识，而树立这一意识必须有一定的思想基础，必须感到自己城市的可爱。要感到城市的可爱，又必须对于优秀的城市传统文化有正确的理解。

城市是完整的生命体系，它有内涵，有个性，而其中的物质与非物质文化遗产是城市传统文化的重要载体，人们对城市传统文化的认知与城市的文化空间和生态环境密切相连。例如江苏自古以来是我国经济发达地区，其文化底蕴极为丰厚，人杰地灵。据史料载，二十四史中有传者 2 万多人，其中 6000 余人为江苏籍，约占 1/3；清代 114 名状元中有 49 人为江苏籍，占 40% 以上。由此可见，江苏的传统文化对江苏的经济社会发展有着不可估量的作用。又如苏州的传统文化主要体现在拥有 2500 年文化积淀具有突出的历史价值和艺术价值的历史城区，使其在中国城市发展史上也占有着极其重要的地位。今天，我们依然可以从 2500 年前吴越之争的“卧薪尝胆”中得到新的启迪，从 1000 年前宋代苏州知府范仲淹抒写的“先天下之忧而忧，后天下之乐而乐”中汲取新的营养。近年来，江苏的经济社会持续健康发展，苏州的城市发展的速度和质量在全国领先，这些均与其深厚的传统文化底蕴，即正确处理保护与发展的关系密切相关。因此保护城市传统文化，就是继承优秀的文化传统，就是保护城市的生命之根，对每一座历史性城市来说都是一份重要的责任。

城市文化承载着人们的家乡情结。了解城市文化可以提高市民对所在城市的认同感和满意度，逐渐转化为城市的凝聚力和吸引力，最终形成人们热爱城市和建设家乡的热情。例如，二战后，日本一些城市纷纷制定《市民宪章》。各个城市的宪章名称和内容虽然不尽相同，但是总的目的都是号召市民热爱故乡、热爱城市的传统文化，把自己的城市建设成舒适、幸福并具有文化特色的魅力城市。这一运动使众多日本城市走出了那一段最困难的年代。在经济发展以后，很多日本城市仍然沿袭这一传统做法，如东京在 1979 年发起“我的东京城”（My Town Tokyo）运动，引导市民更加热爱自己的城市。这一运动产生了较好的效果，并为国际社会所关注。在意大利也有“我们的意大利”学会（Italia Nostra），这是一个保护意大利文化遗产的社会团体，有众多的会员加入，热心于文化遗产的保护工作。

（3）城市传统文化的永续传承

千百年来，人们长于斯、居于斯，创造了独特的城市传统文化，构成了中华文明特有的人文景观，更出现了西安、洛阳、开封、杭州、南京、北京等辉煌的城市，体现了一脉相承的城市文化传统。我们不应该在走向现代化的路途中丢失自己的传统文化之根。但是，要真正传承和弘扬曾经辉煌的传统文化，第一个要战胜的困难就是我们自己。谢辰生先生指出："我国著名历史学家陈寅恪曾经有一个非常精辟的观点，我是很赞成的。他在《唐代政治史论稿》这部书里讲道，在南北朝的时候，存在一种现象，即判断一个人的族别，不是看他的血统，而是看他的文化。那时的北魏、北齐、北周，有汉化了的胡人，也有胡化了的汉人。汉化的胡人忘记自己是胡人，胡化的汉人也只知道自己是胡人，而非汉人。这给我们一个很好的启示，就是一个人的文化要是变了以后，他对自己过去的历史什么都不知道了。这充分说明了保护民族传统文化的重要性。"[①]

历史上在一些国家或民族曾经出现过所谓的文化危机、精神危机、信仰危机的时代，究其根源都是因为文化传统发生了问题，危机的消除也都是由于文化传统重新得到了重视。当今世界，现代化的浪潮使经济全球化、市场一体化，无论哪个国家都希望在世界舞台上保留住自己的位置，都需要面对国际形势不断重新认识自己传统文化的价值、强化对自己传统文化的认同，都需要捍卫传统文化的根基。刘梦溪教授曾形象地比喻说："文化传统的更新与重建，是民族文化血脉的沟通，如同给心脏病患者做搭桥手术，那是要慎之又慎的。如果我们能够做到，不是只把传统视作时髦的'怀旧情绪'，而是当做'生存的必要'，传统就能够活在我们中间，使我们每个人既是现代的又是传统的，它的优秀者必成为涵含传统意味的现代人。"[②]今天一些国家比以往更加注意捍卫自己的传统文化，如法国禁止其国内的商店使用英文标识，甚至禁止其互联网站上出现"只使用英语"的网页。亚洲一些发展中国家也积极制定政策，加倍保护自己的传统文化。

① 谢辰生：《拯救最后的老北京》，载《瞭望》，2004。
② 刘梦溪：《百年中国：文化传统的流失与重建》，载《文汇报》，2005-12-04（6）。

E. 希尔斯（E. Hilles）曾指出，“传统无所不在”，“现代永远跳不出传统的如来佛手心”。从发展的阶段性来看，我国传统文化又是一个不断发展、丰富并自我更新的过程，既有古代传统文化，也有近代传统文化。就我国古代传统文化而言，刚健有为、贵和尚忠、仁民爱物、义以为上、天人合一等都反映了当时的文化精神；就我国近代传统文化而言，爱国主义、民族主义、科学精神、民主精神、自由精神等反映了新的时代的文化精神。传统文化在传承的过程中，不仅需要增添新的内容、新的典范，而且需要对异质文化的吸收和融合。继承文化传统决不能无视政治、社会、经济和文化上的新形势、新局面，更不能作茧自缚，排斥一切外来的新成果、新经验。对于文化孤立对中华民族的危害，我们曾深有体会。正是闭关锁国和盲目拒斥造成了中国现代化进程的阻滞，影响了中华传统文化的振兴和发展。对不同质的传统文化的吸收和融合，可以使固有传统文化因注入新的血液而勃发生机，并变得更加健康、更有免疫力。也只有在新的时代不断为既存的传统文化增添新的内容，传统文化才会更加充实、更有价值，才有可能融入今天的社会生活，成为活着的传统文化。

每一个有生命力的民族总有其自身的文化特质，这种特质保留在人们的风俗习惯和价值观念中，世世代代地延续、凝固成一些规范、标准和模式，并通过城市与建筑等形式，最广泛、最直观和最可体验地表现出来。城市发展的步伐固然能够把一些陈规陋习抛到历史车轮之后，经济与社会发展也能使一些城市更充满活力，但是，只有优秀的传统文化与科学人文精神才永远是城市的灵魂。一个社会的变迁决不应该把业已存在的传统文化彻底根除，而应该找到使传统文化与当代新的因素融会贯通的契合点，丰富传统的内涵并赋予它新的形式，形成新的文化体系。因此，城市是一个民族发展的有形“史书”，任何传统的继承与现代的创新都会在城市这个载体上留下刻痕。城市中对历史要素的保护与继承不是为了陶醉与迷恋在过去的辉煌中，也不是为了因循守旧而自缚手脚。

城市是流动的空间，时间是流动的记忆，任何人类积极的发展要素都应该在城市中找到应该属于它的位置，得到应有的尊重和延续。一个有信心、有意识去传承自己历史的城市，也完全应该有自信心去接受创新、接受现代化。当然，这种意识上的融合并不是简单地表现为城市文化空间上的叠加与城市文化形象上的冲突，城市文化保护与延续的先进理念已经为我们找到了可以解决问题的途径。在历史与现代、发展与继承的交叉路口，传统文化是个充满魅力而又让人感到沉重的话题。如何在进行城市现代化建设的同时传承传统文化，如何既无愧于祖先又对得起子孙，值得每一个城市和她的人民去思考和探索。正因为城市文化与传统文化密切相关，这一基本关系时刻影响着城市文化的走向，也就使城市文化和传统文化的研究具有了更加深刻的内涵、更加广阔的天地和更加现实的意义。

第二节　地域文化是城市文化发展的基础

地域文化集中体现城市发展脉络，而城市在一定时期形成的文化特色往往又会积淀、留存下来，成为城市文化的表征，并进一步强化城市地域文化的特性。一座城市的传统文化能够延续，在很大程度上取决于地域文化的延续，特别是在城市物质环境发生剧烈变化的同时，地域文化表现出相对的稳定性和生命力。因此，一座城市的发展应从地域文化的深层结构中去寻找根脉，探索规律，获得启发。

1. 中华文明形成的地域文化特征

我国各地的地理条件、自然环境、历史变迁、经济形态和文化传统各不相同。因此，各个地区的文化发展和迈向文明的过程也往往具有不同的特点。地域文化有着多种内涵和表现形式。要研究一座城市文化发展的特点，必须探讨其所在地域文化的特点，进而分析产生这些特点的背景与原因及其在城市形成过程中的作用。

（1）中华文化多元一体的格局

我国历史久远，民族众多，地理和人文环境差别很大。由于历史资料的局限和受古代史学家的影响，在20世纪70年代之前，我国不少学者都把中华文明的起源和发展的历史看做是中原地区一枝独秀，即“中原中心论”，同时将夏商时期的王朝国家看做是大一统的疆域国家，将周围地区视为文化相对落后的蛮夷之地。但是，早在20世纪30年代，民族史学者林惠祥先生在讨论中华民族的起源时就曾指出，“中国文化盖以上古时华夏系之文化为基本要素，此种文化依次与其他文化接触而吸收之，吸收以后经一番错综混合而归于融化”。这些为华夏系吸收的其他文化，林氏列举有黎苗文化、东夷文化、荆满文化、百越文化、山狄文化、氐羌文化等[①]。

近30年来，大量的考古发现犹如点点繁星镶嵌在辽阔的中华大地上，越来越多的考古资料证明，中华文明的发祥地不只是黄河流域，还包括长江流域。正是黄河和长江这两条横贯中华大地的河流，哺育了古老的中华文明。越来越多的考古资料还证明，除了黄河流域和长江流域这两个主要的发源地之外，还有许多文明的遗存散布在各地。

中华文明的组成既包括定居于黄河、长江流域的较早以农耕为主要生活来源的华夏文明，也包括若干以游牧为主要生活方式的少数民族文明，揭示出我国统一的多民族国家合而不同、相互依存、长期发展的文化根源，即中华文明起源不似一支蜡烛，而像“满天星斗”。应该说，中原地区在中华文明形成过程中的核心地位是不容否认的客观存在，但是，中原文化也是在历史发展的过程中广泛吸收周围地区先进文化因素的基础上逐步形成的。在我国的东、西、南、北、中都有早期文明的生长点，呈“多元一体”状态，使中华文明起源与早期发展呈现多元性，这在国内学术界得到了一定程度的共识。

20世纪70年代，我国考古学界便开始了对所谓“区系类型”这个概念的探索。在1981年第5期的《文物》上，苏秉琦教授和殷玮璋先生建议把全国考古学文化进

① 张光直:《论“中国文明的起源”》，载《文物》，2004（1），75。

行区、系、类型的详细划分，他们认为，“从全国范围来看，我们可以将现今人口分布密集地区的考古学文化分为六大区系，它们分别是：①以燕山南北长城地带为中心的北方；②以山东为中心的东方；③以关中（陕西）、晋南、豫西为中心的中原；④以环太湖为中心的东南部；⑤以环洞庭湖与四川盆地为中心的西南部；⑥以鄱阳湖—珠江三角洲一线为中轴的南方”①，并且指出“这六个地区都曾起到民族文化大熔炉的作用”，“很多地点考古文化面貌上反映的我国民族文化的多样性和文化渊源的连续性”，说明了中华文明的起源是多元的而不是一元的②。

虽然至今有关争论仍在继续如有的学者提出，夏代及其之前是以各地先进的文化因素向中原地区汇聚为主；商周时期则是中原王朝以礼制为核心的政治制度和包括青铜冶铸技术在内的文化因素向周围地区辐射为主；“汇聚与辐射”是中国古代文明起源与形成的重要模式之一等，但是，越来越多的学者认识到，不同地区都有自己向文明社会迈进的过程。“黄河文化、长江文化、草原文化作为中华文化的三大源头，共同铸造了中华文化多元一体的格局。我们要把研究视野放得宽一些，角度要更新一些，深入进行比较研究。”③“尤其像中国这样一个历史悠久的国家，从区域的发展来看，从来就有文化上的分野。一方水土养一方人，哺育并形成了独具特色的地域文化；各具特色的地域文化相互交融，相互影响，共同组合出色彩斑斓的中国文化空间的万花筒式图景。除列入保护名册的历史名城与历史地段外，拥有文化传统的城市和地段几乎所在皆是，‘落花流水皆文章’，可以涌现出无穷的想象力，以生花之笔勾画出情理兼容的大块文章。”④

（2）传统文化的地域性特征

正如不同的国家有不同的地域文化一样，同一个国家在发展过程中也由于各个地区的历史沿革、民族构成、地理环境、功能作用等诸多因素的影响，从而形成千差万别的地域文化特征。而就地域文化特征的内涵来说又大致可以分为地域历史性特征、地域民族性特征、地域空间性特征和地域功能性特征等。

---

① 苏秉琦：《中国文明起源新探》，35页，北京，三联书店，1999。
② 张光直：《论“中国文明的起源”》，载《文物》，2004（1），75。
③ 罗豪才：《弘扬传统文化推进文化创新》，载《人民政协报》，2006-02-02（2）。
④ 吴良镛：《论中国建筑文化研究与创造的历史任务》，载《城市规划》，2003，27（1），12。

①地域历史性特征。在漫长的历史变迁中，人们生活在特定的历史条件下，世代生息繁衍、耕耘创造，形成了不同的历史文化区域，共同创造了极其绚丽多彩的中华文化。越来越多的考古发掘成果证明，历史久远的中华文化实际上是不同时代历史文化区域的镶嵌。文化是有时代刻度的，随着时代的发展而发展。这个过程往往可以用时间来进行记录，例如通常根据“过去”“现在”和“未来”的划分，把文化分成“传统文化”“当代文化”和“未来文化”。如果进一步细分，还可以用时间区分出各个时期的文化，如商周文化、秦汉文化、隋唐文化、辽金文化、明清文化等。这些文化概念很明显地把时代文化特征和地理文化概念联系起来，以探索不同的地域历史性特征。

②地域民族性特征。我国是个多民族的国家，56个民族都有自己的文化背景和文化特色，彼此交融共同创造了中华文化，形成文化的普遍性和特异性、一致性和多样性。“中华民族从一开始就是多元的，在漫长的发展过程中，汉族不断与周围的民族相融合，形成由56个民族组成的大家庭。在这过程中，只有加入进来的，没有分裂出去的。因此，中华文明的发展史从一个侧面看来就是民族融合的历史，中华民族的灿烂文明是56个民族共同的创造。”[①]中华文明的形成过程，也就是各民族间进行文化交流的过程。尽管民族之间文化交流形式多样，但主要是通过人口大量流动和民族大迁徙来进行的，因此，文化的新发展往往与民族大融合重叠在一起。每一次民族大融合往往会出现一次文化大发展，然后由统一的国家再把文化大发展推向新的更高阶段。

③地域空间性特征。我国地域辽阔，幅员广大，山地占全国总面积的三分之二。东低西高的山地环境、自东向西的三大阶梯缔造了主要江河西水东流的基本态势，汹涌澎湃的江河之水把中华民族紧紧相连。特殊的自然地理环境孕育了中华文化，形成了中华民族特有的性格与伦理体系，造就了“天人合一”的历史环境观和鲜明的地域文化色彩。我国从青藏高原到东海之滨、从大兴安岭到天涯海角的各个地区，

---

① 袁行霈，严文明，张传玺，等:《中华文明史》(第一卷)，13页，北京，北京大学出版社，2006。

自布达拉宫鸟瞰拉萨（2005 年 8 月 27 日）

沿海与内地、南方与北方、东部与西部，无论是地理条件、经济水平，还是城市化的程度，社会、文化开放性的差别很大，城市与乡村之间更是如此。公元前 300 年左右，先秦时期的《尚书·禹贡》根据地理环境各要素的内在联系与差异，以华夏为中心将全国分为“九州”，表达了古代的区域观念。

④地域功能性特征。“西汉时，司马迁《史记·货殖列传》根据地区的山川、物产、风俗民情等将天下分为 4 个大经济区，进而细分为 12 个小区，从中分析 19 个中心城市的经济特征。”[1]在数千年封建经济和文化的发展过程中，我国城市在数量上和种类上都超过了世界上任何一个国家。如曾经作为都城的西安、洛阳、开封、南京等；曾经作为商埠中心城市的扬州、临清、九江、淮阴等；曾经作为手工业中

① 吴良镛：《人居环境科学导论》，21 页，北京，中国建筑工业出版社，2001。

心城市的苏州、杭州、景德镇、佛山等；曾经作为海外贸易城市的广州、宁波、泉州、扬州等；曾经作为地区性中心城市的成都、太原、武昌、昆明等；曾经作为军事重镇的大同、宣化、榆林、山海关等，各类城市都有各自独特的地域功能和文化特征。

（3）城市文化地域与“文化时空”

城市生长于特定的地理环境，也处于不同的城市文化地域之中。城市文化地域用于阐释文化在地理上的分布状况，是指一种文化传统所占有或影响的地理空间。同时，文化是运动、变化和发展着的，是随着时间变化而发生变化的动态性概念，而时间作为文化的一个属性，反映出文化的过程性、连续性和变化性。因此，特定的城市文化地域具有特定的时间和空间相统一的特征，也称为特定的“文化时空”。一般来说，城市文化地域往往是以中心城市为核心、以村镇为依托所形成的城市地区，再由若干城市地区构成文化地域。城市文化地域包括影响文化的自然环境、社会条件和历史传统等要素，即每一个城市文化地域都有自己独特的地理环境、人口构成和特殊的形成与发展过程，因而形成了特定的地域文化。

“文化时空”是变化中的时间与空间的综合构成，文化本身纵横交织在纵向性与横向性之间。纵向性是指历史性的时间领域，横向性指地域性的空间领域，二者共同构成动态的文化体系。人们已经注意到，人类的居住环境是包括社会环境、自然环境和人工环境的整体。任何事物的空间和时间都具有相关性，城市文化也是如此。将时间性与空间性分割开来谈城市文化，只能是抽象的、片面的文化概念，而只有“将源远流长的文化，融入时间的积淀与空间开发的变革之中，显现智慧与文明的继承与创新姿态，才能创造异常灿烂的民俗与人文的景观，实现历史文化与现代文化的对话”[①]。关于“文化时空”的讨论目前还在继续，并启发着我们对地域文化的进一步理解。

首先，城市文化地域是一个时间上的文化概念，它体现着时间延续的文化历程

①谭仲池：《文化：照耀城市发展的光芒》，载《光明日报》，2005-03（11）。

和积累。从时间的维度对地域文化加以考察，人们就会发现不存在一种永远凝固不变的文化形态，地域文化往往随着历史条件的变化而不断地被重新组合建构。所以，一种地域文化应该只是某一时期内、在特定的历史条件下逐渐形成并发展的文化。例如无锡，商代周太王长子泰伯奔吴带来了中原文明，使之与本地文明相结合而凝结为吴文化；东晋时期北方人群大量南迁，又为无锡带来中原的文化和技术，中原文明再度与吴文化融和而奠定了“江南文化”的总体格调；上海开埠以来无锡受其辐射和影响，使无锡的地域文化中又逐步增加了一种开放吸纳、包容谦和、审时度势、把握机遇的文化性格，有力地推动了城市文化的发展。

其次，城市文化地域是一个空间上的文化概念，它代表着空间关系的文化分类。当我们探讨某类文化区域时，一定是指那些特定区域空间范围内具有某些文化特质的地域文化，如北京和天津、上海与南京、广州和香港等。同样在一个省域内，东西南北不同地域也可以分为不同的地域文化，以江苏为例，大致就有以太湖流域为中心的吴文化、以徐州为中心的汉文化、以扬州为中心的淮扬文化和以南通为中心的江海文化等。再如北方的地域生活造就了北方城市开敞明朗的空间布局，江南的生活方式则衍生出江南深弄幽巷的地域文化空间。这些地域文化空间形成的原因往往十分复杂，时间也较为久远，但是对于今天城市文化的演进具有不可替代的影响。

最后，城市文化地域是时间与空间组合的文化概念。“在考古学中也经常使用‘文化’这个词，它的内涵同一般人文科学和社会科学所使用的‘文化’不尽相同，作为考古学的特别术语，某‘文化’是指某个时期、某一分布地域内具有明显特征的一群遗迹和遗物共同体的总称”[①]。如考古学上按地域分布的考古文化有中原地区的仰韶文化、东北地区的红山文化和江浙地区的良渚文化等，这些不同的地域文化是原始部族文化的产物，是对应于公元前4000年至公元前2000年时间段的空间布局；以方国辖区命名的齐鲁文化、燕赵文化、荆楚文化、吴越文化和巴蜀文化等，是相对于从夏商周至秦汉这一历史时期的方国文化的空间布局；以行政辖区命名的

① 邹衡:《夏商周考古学论文集》(续集)，89页，北京，科学出版社，1998。

地域文化，如陕北文化、胶东文化、晋南文化、闽南文化等，则主要是相对于从汉唐到明清两千年来逐渐形成的地域文化的空间布局。

综上所述，城市文化地域和“文化时空”是城市文化和地域文化研究的一个重要内容。我们应重视城市文化地域的时间性与空间性，充分考虑某个特定时空范围之内的地域文化演变、发展的过程。同时，时间与空间密不可分，地域文化的研究与考察，必须充分考虑时间性与空间性双重因素。通过建立时间与空间坐标体系，可以把握城市文化在时间发展上的流动性和多样性，在空间发展上的层次性和差异性，对地域文化发展有一个更为具体的、综合的认识。

2. 城市文化是地域文化的集中体现

地域文化是城市生存和生长的土壤，不同的地域之间存在着深层次的文化差异。我们应该看到地域文化差异是永远存在的。在经济全球化和信息化时代，城市既要有意识地汲取世界先进的科学技术文化，又要注重基于地域不同的自然地理、历史文化、经济社会条件，探索科学的地域文化发展道路，自觉地对城市特色和地区特色加以保护、继承和创新，形成具有民族传统、地方特色和时代精神的城市文化。

（1）地域文化体现城市发展脉络

在漫漫的历史长河中，城市里留下了大量历史街区、传统建筑、园林风景以及民间风俗，所有这些构成了一座城市独特的地域文化，是城市特色的具体体现和宝贵资源。在挖掘城市的特色时，我们不但要研究城市风貌、建筑特征以及文物古迹等给人们直观感受的文化，更要透过这些物质层面的文化遗存来研究城市地域文化的特质和精神，并融会贯通地在相互结合上下工夫，综合分析城市自身优势，实现城市中的文化遗产与人文精神的紧密结合。

城市具有动态的特征。只要在城市中生活，随着思想、情感、认识和观念等的不断变化，人们多种多样的生活要求就会不断产生，城市变化就不会停止，城市面貌也随之变化。“城市不但是成千上万不同阶层、不同性格的人们在共同感知（或是享受）的事物，而且也是众多建造者由于各种原因不断建设改造的产物。”[1]不同民族、地区、经济水平、文化程度以及不同群体的人们对于城市的要求也不尽相同。城市作为人们多种多样文化活动的载体，必然也要适应多种多样的发展变化的需求。城市在不断发展，其经济、文化、政治的历史也在不断地交错变化，正是如此造就了一个城市的鲜明文化特色。同时，如果对这种变化加以正确引导，城市文化将具有一种动态的美，并可以在后期的发展中通过逐步改善缺点而更加完美。但是由于这种变化的存在，一个经过历代营造所形成的良好环境也有受到破坏的危险。因此就要求加强对城市文化类型、文化特质和文化个性的综合研究，对城市发展和建设

日本东京浅草寺（2004 年 9 月 26 日）

① ［美］凯文·林奇:《城市意象》，方益萍，何晓军，译，北京，华夏出版社，2001。

进行正确的控制和引导。

（2）地域文化体现城市设计理念

我国的历史性城市在一代又一代市民的智慧创造中展现出丰富的文化传承，如街巷、溪流、建筑，空间变化有致；木构、砖墙、石地，色调朴素淡雅；木雕、石雕、砖雕，装饰丰富精美。所有这些都来源于当地居民对美好生活的追求和对文化的感悟，他们结合各自的生活经验与感性认识，酝酿艺术空间形象，创造出不同的环境意境，从不同的角度和内容反映了五千年文化传承不断的丰富内涵。城市不同于一件艺术作品，在一般情况下不存在特定的创作周期。尽管在一个时期内，一些建筑物处于相对静止的状态，一些局部地区处于缓慢变化的过程，但是从总体上来说，城市永远处于设计建造的动态之中，而人是其中最活跃的因素。客观地讲，无论大小，每一片地域都会由于自然、地理、历史、社会等原因，形成自身独有的地域文化特色，由于地域文化特色的载体是富有活力的人，也就使这种地域文化特色具有了人格化的性格。

我国的历史性城市从规划理念到城市形态都有着自身独特的文化特征，同时集建筑艺术、古典园林以及工艺美术、书法艺术等各种艺术精华，具有很高的审美价值和深厚的技术、文化内涵，堪称绝妙的城市设计创造，在世界城市文化史上占有光辉的一页。“城市如同建筑，是一种空间的结构，只是尺度更巨大，需要用更长的时间过程去感知。城市设计可以说是一种时间的艺术，然而它与别的时间艺术，比如已掌握的音乐规律完全不同。”[①]良好的城市环境艺术在于其既有内在的有机秩序，又有综合和谐的整体精神。城市设计在较大尺度的空间范围内，在漫长的时间过程中，汇聚了千百种各具表现力的艺术要素，形成了整体协调的城市环境艺术。这种整体效果的实现需要城市中每一艺术要素的配合。正是由于城市中不同地点、不同时期、不同内容的地域文化要素相互契合，构成有序的系统组合，在整体上取得和谐统一效果，才给人以整体协调的城市文化特征。

① ［美］凯文·林奇：《城市意象》，方益萍，何晓军，译，北京，华夏出版社，2001。

（3）地域文化体现城市文化底蕴

每一座具有世界影响的城市，都必然有自己的文化传统与艺术流派。如提起维也纳人们就会想起音乐，提起巴黎人们就会想起绘画，提起洛杉矶人们就会想起电影，提起北京人们就会想起京剧。“美好的城市总闪烁一种特色之美。”建设特色城市要体现地域文化，而传统地域文化又深刻影响着今天人们对城市发展的思考。不少历史性城市自古以来留下的诗词书画等艺术作品，向人们长久地表达着该城市独特的地域文化特征，给人们以新的启发。例如南京作为六朝古都，人们熟知的“朱雀桥边野草花，乌衣巷口夕阳斜”，历朝历代都在虎踞龙盘之地留下城市文化的深厚积淀。又如绍兴是有着2500年建城史的悠久古城，它那“三山万户巷盘曲，百桥十街水纵横”的格局构成典型的江南水城特色，水网纵横，山清水秀，风光秀丽，被称为一座“漂在水上的城市”。再如《清明上河图》则记载了当时开封的情景：店铺商肆，酒店茶馆，行人车马，熙熙攘攘，一幅太平盛世的景象。

在文化类型方面，一些城市聚集着区域文化、地域文化、民族文化的精华。如华北古城的凝重、江南水乡的灵秀、徽赣民居的厚朴、客家土楼的奇特，这些渗透在名城古镇中的环境文化信息，体现了人与自然的和谐相处。如丽江地处青藏高原、云贵高原及川西谷地交界地带，位居喜马拉雅横断山和三江并流民族走廊腹地，是汉、藏、印、缅文化交界地带，是汉、藏、白、纳西、彝、傈僳、普米等多种民族、多元文化交汇地区，也是汉传佛教、藏传佛教、道教、伊斯兰教与彝族等民族原始宗教相互影响、渗透、并存的多元宗教文化生态区。同时由于丽江地处边界，山高谷深，过去经济社会发展缓慢，现代潮流冲击干扰较少，使得丽江的民族文化珍贵资源得以较完整地保留和存活，体现出较纯正的城市文化底蕴。

（4）地域文化体现城市环境意境

我国古代城市多临水靠山，与地理环境浑然一体。各赋特色的环境意境的创造及其所表现的城市文化，在城市建设中形成了具有独特山水文化审美特征的众多城市。这些城市不论是在城市人居建设还是在城市文化等方面，讲求顺应自然，强调人与自然的和谐相处，人与城市的协调发展，创造了富于传统特色、符合地理环境、人文景观优美、文化氛围浓厚的城市人居环境，并形成了良好的人居建设传统。这些传统城市空间的特点，集中体现了诗性文化的理念。例如“四面荷花三面柳，一城山色半城湖”的济南，“片叶沉浮巴子图，两江襟带浮屠关”的重庆，“群峰倒影山浮水，无山无水不入神”的桂林和“借得西湖水一圜，更移阳朔七堆山”的肇庆等，都是很好的例证。

同时，“天圆地方”和天人感应学说、五行、阴阳思想和易学说、相土、形胜思想和风水学说等文化观念，均对我国传统城市选址和空间结构的形成产生重要影响。特别是江南自然条件优越，“山水形胜”，众多江南古城的城市布局和设计巧妙地利用了当地的自然地理条件，在人居环境建设中所表现出来的思想、模式、城市形态等，则更趋于人性化和自然美。如江南地区“据龙盘虎踞之雄，依负山带江之胜”的南京城，“万家前后皆临水，四槛高低尽见山”的苏州城，“两岸花柳全依水，一路楼台直到山”的扬州城，“水光潋艳晴方好，山色空蒙雨亦奇”的杭州城，“七溪流水皆通海，十里青山半入城”的常熟城以及“花有繁红识京口，树成嘉阴出城头”的镇江城等。

上述这些城市显现出人文与自然的融合性。水中建城，城中有山，山、水、城和谐相处，形成一座座山水城市。人们把人文景观与自然景观这两大优势叠加起来，使城内山、水、路、园林、古迹、民居等融为一体，使自然环境融入城市中的家家户户、融入城市的人居环境之中，得到“不出城廓而获山水之怡，身居闹市而有林泉之致”的意境。“仁者乐山，智者乐水”，古人通过体味自然和生活中美的情趣，享受自然环境对性格的滋养和精神的安顿、净化和提升自己的心灵，协调自己的情感，调剂自己的生活，取得人格理想的平衡[①]。同时从大量褒赞这些城市“山水形胜”的诗句来看，在古代文人心目中，作为一个优美的、适宜人居的城市而言，除

① 吴昌珍，刘洪波：《从传统美学中发掘构建和谐社会元素》，载《光明日报》，2006-09-08（7）.

了良好的自然与人工环境外，还需要历史与文化，两者缺一不可，即所谓“江山虽好，亦赖文章相助”，使城市进一步彰显出“人文、生态、宜居”的特色。

（5）地域文化体现城市建筑特色

在城市中，建筑物数量偏多，比重偏大。单体建筑需要具有本身的完整性，而构成建筑群体时，每幢建筑的形态又作为群体组合的一部分而存在，需要进一步考虑建筑与群体的完整性。拥有众多建筑群体的完整性才能构成城市和谐统一的建筑环境。因此，任何单体建筑或建筑群体都不应完全脱离城市整体环境而独立存在。例如2005年列入世界文化遗产的澳门历史城区，包括妈阁庙、港务局大楼、郑家大屋、大三巴牌坊、圣安多尼教堂、东方基金会会址、东望洋炮台等二十多处历史建筑以及之间相邻的广场和街道。从上述建筑的名称功能不难看出，这在我国的历史城区中是极具地域文化特色的建筑组合。澳门历史建筑群的价值，首先体现在它有着大量中国最古老的西式建筑群和独具特色的民间建筑，表现出在空间结构概念、建筑风格、美学观念、建造技术等方面东西方文化交流的深刻影响。整个澳门历史建筑群中西兼容、相互尊重、互相渗透、相映成趣，构成完整和谐的建筑环境。再如西藏地区的藏式传统建筑是青藏高原地域文化的集中表现，其中优秀的文化理念值得借鉴。例如人、建筑与自然有机融合，“自然融入建筑，建筑归于自然”，形成共生整体，无论是传统建筑的选址，还是建筑材料的选用，都较好地适应雪域高原的自然环境和气候条件。正是由于长期以来勤劳智慧的西藏各族人民对自然巧为利用，又赋予其丰富的文化内涵，才使西藏建筑的生态与文态相辅相成，相得益彰。

传统的建筑形象受自然条件影响较大，特别是气候条件。我国北方寒冷，建筑物敦厚稳重、色彩浓艳；南方湿热，建筑物轻盈通透、色彩淡雅。尽管现代建筑有趋同的倾向，但地域差异仍将存在。在建筑形式方面，我国有黄土高原的窑洞、皖南的民居、开平的碉楼、闽西的围屋、侗族的鼓楼、西双版纳的竹楼、川东的吊脚楼、北京的四合院以及上海的石库门等。在建筑构造方面，各地传统建筑中都有许

北京宛平城（2010 年 5 月 5 日）

多精神空间和艺术语言，诸如内院、天井、影壁、拱廊、骑楼、花池、壁龛、斗拱、柱础、窗格等，形成了不可多得的地域建筑艺术。例如晋东南地区是我国早期木结构建筑的宝库，据不完全统计，在该区域五万多平方千米的范围内有元代以前早期建筑 165 处，不少于全国早期建筑总量的三分之一，包含其中的建筑艺术、雕塑艺术、绘画艺术以及宗教信仰、民间信奉等丰富的历史文化信息，已经被公认为我国独特的文化遗产。

3. 重视地域文化的研究与保护

一个城市文化的民族性和地域性，反映出区别于其他城市的文化心理和文化结构，具有超越时代的内容。地域文化的多样性直接导致了城市文化的特色。城市特色是一个城市地域文化的外在体现，更是城市发展的根基。由于历史沿革、文化积淀和经济发展等多方面的差异，不同的城市形成了不同的城市特色，这成为这个城市的生命体现，成为城市的灵魂。

（1）地域文化保护面临的问题

千百年来，由于生产力水平低下和地理环境的制约，城市之间处于相对隔离状态，各自具有较强的地域文化特色，成为今天城市文化的资源。但是随着城市化的发展，物资、交通、通信等条件的改善，人流、物流、信息流大大加强，地域文化特色随之逐渐削弱。为了使城市面目“日新月异”，不少城市都在进行着大规模的建设与改造。遗憾的是，由于一些城市决策者缺乏对城市历史的全面认识，缺乏对本土文化的应有感情，在大规模建设之前又很少能够深入调查和思考城市自身原有的地域文化基础，挖掘和体会城市历史文化精髓和特色，在开发建设中缺少对地域文化的继承，反而淡化地域文化特色，将高楼大厦视为现代化的代表，将西方文化看做现代化的标志，由此相互攀比，流弊甚深，引发了诸多问题。特别是一些历史性城市的原有格局发生了巨大的变化，使地域文化特色面临灾难性破坏，甚至使一些文化品位极高的历史文化名城也向毫无特色的城市行列滑去。更为严重的是，不仅城市在建设中割断了地域文化的连续性，同时以这种概念建造的城市正在潜移默化地影响着人们对传统文化的态度，造成了目前地域文化保护面临的困境。

毫无特色的“千城一面”的开发模式，是当前我国城市规划建设中的一个突出问题，不仅是沿海城市，而且在内陆城市甚至少数民族地区也出现了同样的问题。例如近年来西藏拉萨的城市建设，无论其建设规模还是速度都进入了史无前例的高潮。尽管各方面成绩很大，原有城市的特色却在逐渐消失。“现在，拉萨市区的建筑与内地城市区别不大，众多的援藏项目未能按保持西藏地方特色的要求去设计，只是简单地把沿海平原的房子式样搬到拉萨。”“对拉萨城市建设出现的问题，联合国教科文组织提出：如果拉萨的城市继续这样建设下去的话，布达拉宫没有几年时间就会被包围在一堆没有任何特色的现代建筑中间，这样一来布达拉宫风貌的整体性就会遭到彻底破坏。”[①]同时，“银川市市长就认为他现在最大的烦恼，就是在作为回族自治区首府的城市里找不到代表伊斯兰风格的建筑，现在到处是高楼大厦”[②]。上述情况，一方面说明这些地区城市建设正在加快展开，另一方面也说明城市地域文化特色正在慢慢消退，原本特色鲜明的城市正在退化成为“失去记忆的城市”。

杨东平先生在《城市季风》中指出：“当工业文明以其不可阻挡之势改变着世界的面貌时，由不同的国家、民族和历史形成的文化特色和独特的文化遗产正在迅速消灭。”

在全球化的文明演进中，城市的面貌和生活方式从没像今天那么雷同和千篇一律。因而，保存和营建城市独特的文化魅力，不仅是一种属于历史的、地域的、民间的文化的自我拯救，也是城市现代化建设中的一个严肃课题，一个重大的挑战。”[③]目前，抄袭和模仿似乎成为我国城市规划建设的主要方式。哪里的建筑群有名气就去哪里“考察”，什么样的建筑形式新颖时尚就去“学习”，国内没有可参照的对象，就到国外去搬“新、奇、怪”的方案加以仿制，全然不顾及项目所在地域的气候特征、地形地貌、城市文脉以及生活习惯。许江先生曾有些不解地问，“早年间不少城市没有什么规划，但是很有特色。可惜的是，现在很多城市都在改造中越来越趋同，规划是有了，但是特色没了”[④]。新加坡规划师刘太格先生则感慨地说：“你们中国是千篇一律的城市风貌，基本上走过一个城市，其他城市就不必再看了。城市规划设计最重要的是尊重城市的身份，就像老人、小孩、主妇等各有各的身份一样，小孩固然活泼可爱，但老人脸上的皱纹也同样很有个性。”[⑤]

（2）重视地域文化的差异与特色

城市文化虽然随着历史的发展而发展，但历史并未割断，历史在城市建设的空间上不断被物态化和凝固化的同时，地域文化仍在延续。如不同城市的风土人情、生活习惯以及民间风俗等，体现着城市文化的生命力和传承性，特别是有着悠久历

① 仇保兴：《城市经营、管治和城市规划的变革》，载《城市规划》，2004（2），12。
② 仇保兴：《面对全球化的我国城市发展战略》，载《城市规划》，2003（12），5。
③ 杨东平：《城市季风》，上海，上海三联书店，1998。
④ 许江：《城市建设应补一堂美术课》，载《人民日报》，2006-08-18（11）。
⑤ 伍文龙：《规划设计应尊重城市身份》，载《中国建设报》，2006-05-10（6）。

史、民族风格和地方特色的城市更加如此。也正是因为如此，我们看到了许多城市体现着不同历史时期的文化、不同地域的文化和不同民族的文化的相互交融。如前所述，经过八百多年都城历史洗练而成的北京“京味文化”和由中外文化融汇而成的上海“海派文化”，都是城市文化的宝贵资源。地域文化的差异是文化多元的重要因素，重视地域文化差异就是重视文化多元的保护。

不同地域文化背景的城市文化往往存在较大差异，同时，具有不同城市文化背景的市民在思维、行为、观念、价值取向等方面也必然存在各种差异，构成不同的文化模式。这些都需要我们从多学科领域对城市文化的发展模式及其地域文化的变异状况做出科学的研究。今天我们对于地域文化的研究显然是不够的。虽然长期以来人们在历史研究、考古学研究、古代建筑史研究、城市规划史研究等方面已经做了大量的开创性工作，但是在地域文化研究方面则相对不足，甚至有经缺纬。地域文化内涵十分广泛，仅地域建筑文化，就包括从建筑到城市、从人工建筑文化到山水文化、从文化生态到自然生态的综合内容。因此，地域文化有待我们发掘、学习、光大。“凡此可见，世界文化真是源远流长，或涓涓细流，或大江大河，时而交汇，时而分流，文脉相承，洋洋洒洒，最终百川归海，每一种文化有它赖以成长的肥沃土壤，有缔造它的伟大人民，还有杰出的代表人物，当然也必然有其杰出的城市建筑与园林作品。这些杰作的背后，更蕴有智慧、哲理，反映着民俗、风情……所有这些，真是天外有天，看不懂，也学不完。但自觉认识到这点与不认识它很不一样，了解了这些，进一步认识了世界文化渊源及对中国与客观世界的关系，思想可更开阔，对何去何从可以有一个轮廓概念。”①

对我国当前城市文化发展来说，我们必须研究各个地域、各个城市的特殊性，探索各自的城市文化特点和规律，我国城市目前所普遍存在的“特色危机”正是由于对地域文化的忽视和简单化所导致。由于城市发展的背景千差万别，具有不同地理、历史、经济、社会、人文环境以及沿海、山地、丘陵各有不同的规划条件，与

① 吴良镛:《广义建筑学》，44页，台北，地景企业股份有限公司，1994。

此同时城市还有不同功能和历史条件。因此，城市发展的途径也应当是千差万别的，应该把对地域文化特殊性的认识作为城市发展的起点。面临全球化进程，在学习借鉴先进的科学技术和文化理念、创造当代城市文化的同时，对地域文化的挖掘、继承和创新更需要有一种文化自觉的意识、文化自尊的态度和文化自强的精神。

（3）实现地域文化的传承与弘扬

随着科学技术的发展、信息传媒的进步，全球经济一体化的到来，从积极的意义来说，其经济方面可以促进文化交流，给地域文化发展以新的内容、新的启示、新的机遇，地域文化与世界文化的沟通，也可以对世界文化发展有所贡献。但是，城市化的加速发展必然带来文化的趋同，需要重视城市文化的历史渊源。《北京宪章》认为：过分钟情于全球性的科技文明，并不符合世界各种民族文明应多元共存的可持续发展新的生态伦理，这种共存的重要性就是人类文化的“生物多样性”的体现。区域文化的差异是文化多元的重要因素，重视区域文化差异就是重视文化多样性的保护。季羡林先生认为：“探讨中国文化问题，不能只局限于我们生活于其中的这几十年、近百年，也不能局限于我们居住于其中的960万平方公里。我们必须上下数千年，纵横数万里，目光远大，胸襟开阔，才能更清楚地看到问题的全貌，而不至于陷入井蛙的地步，不能自拔。总之，我们要从历史上和地理上扩大我们的视野，才能探骊得珠。”[①]

任何城市的诞生和发展都有特定的自然条件，都受自然环境的影响。自然环境的影响愈是多样化，城市的整体特性就愈复杂、愈有个性，深层次的文化差异就愈明显，因此需要对地域文化各具特色的个性进行提炼和概括。特别是对于一些具有特殊文化背景的历史性城市，如西安、洛阳、拉萨、丽江、曲阜等，这些城市的城市化发展更不应该追求统一的形象和风格，必须研究它们的特殊性，突出它们的特色与个性。对于这些城市而言，城市化进程必须遵循其地域文化脉络和自然格局，千方百计地保护和传承其精华，同时城市建设要格外慎重，避免造成对地域文化不

---

① 季羡林：《关于人类文化交流与十六七世纪以后中国文化的大量西传及其对欧洲的影响（上）》，载《文献与研究》，2005（17），5。

可挽回的破坏。同时，各个地区、各个城市都应该探索各自的规律，拟定各种不同发展模式。

地域文化本身是不断发展的，而不是一成不变的，不能简单理解为纯之又纯。随着时代的发展，地域文化也要发展变化。“在城市化迅速发展的今天，建筑面临的任务已不仅是盖房子，简直就是‘盖城市’‘设计城市’，而在当今城市中之所以出现许许多多重大的问题，其原因在很大程度上就在于没有把它当做内容广博的人居环境建设。”吴良镛教授强调：“现代城市设计是将人居环境及其相关部分进行四维的设计，‘将人工构造物与自然环境相结合服务于现代生活的艺术’。”[①]只有正确驾驭今日城市发展面临的城市功能与城市文化、现代观念与传统理念、科学技术与营造艺术等之间的关系，在功能性的城市建设中注重历史文脉对于城市的价值，才能做到在城市的规划设计和建设中坚持对地域文化的传承与弘扬。1986年，东京大学建筑系教授、日本著名建筑师大谷幸夫先生来我国进行学术交流，分别在北京、天津、上海和西安等地作了题为“关于传统与现代化问题”的学术报告。笔者受中国建筑学会委派全程担任翻译，因此留下了深刻印象。在几场报告中他始终强调地域文化的传承与弘扬问题。他认为今天建筑师们并不需要挖空心思去“寻找”特色，更不应不遗余力地“发明”个性，而只要尊重本地域的自然环境、文化传统和风俗习惯，遵循本民族的传统文化进行创作，那么设计作品中的每一笔线条、每一个构思都一定不会是别国、别地的文化表现，建筑创作的成果就一定是对地域文化的传承和弘扬。

第三节 文化多样性是城市文化发展的动力

21世纪是人类文明获得发展的世纪，也将是人类文明冲突加剧的世纪。随着经济全球化的不断加快、科学技术的迅速发展以及交通信息的日益便利和综合国力竞争的日趋激烈，各种文明的互动也在不断加强。在此背景下，城市文化面临着前所

① 吴良镛：《人居环境科学导论》，26页，168页，北京，中国建筑工业出版社，2001。

未有的机遇与挑战。同时，文化的交流和传播也成为今天城市与城市之间相互联系的桥梁，各具特色的文化在交流和传播过程中相互影响，呈现出既相互对照又相互融合的发展态势。

1. 世界文化发展的潮流与文化危机

在全球化进程中，一方面强势文化以经济优势和政治实力为支撑，企图形成对弱势文化的控制与统治，形成文化霸权；另一方面现代信息传媒的发展、网络科技的普及使人们过多地注视荧屏，而西方文化中一些腐朽消极的内容也借助这些现代传播手段在全球到处泛滥。这一情势使人们的文化生活与本土的优秀传统和鲜活的民间艺术渐行渐远，造成传统文化和地域文化基因逐渐萎缩，直至消亡。

（1）文化信息传播的加速

经济全球化极大地推动了世界各国的商品流通，而商品往往带有自身的文化属性。例如流行世界的牛仔裤、可口可乐和麦当劳都被视为美国文化的代表。同时，经济全球化导致人口更大规模地流动，大量的移民将其民族文化和传统习俗带至移居国，加速了不同背景文化的互动。例如伦敦是一个人口结构极其多样化的城市，目前几乎 1/3 的伦敦人属于少数民族，而这一数字在今后 5 年内将增加到 50%。经济全球化也促进了信息产业的高速发展，加快了全球的信息流动，仅 2002 年全球由纸张、胶片及磁、光存储介质所记录的信息生产总量就达 5 万亿兆字节，这足以填满 50 万座美国国会图书馆。

经济上的强势和政治上的强权衍生出文化霸权主义。跨国娱乐服务行业正在以前所未有的规模和速度，向世界每个角落推广全球文化一体化，传播占经济统治地位的最富有社会所特有的知识、技能、文化趣味以及价值标准等。如今，一款时尚服装、一首流行音乐、一部首映电影甚至一个新颖的建筑设计方案都会迅速地向四方传播，在极短的时间内为人们所欣赏和模仿。这一趋势直至扩大到文化和思想领

英国泰晤士河（2009 年 2 月 18 日）

域，扩大到认识世界和改变世界的方式。在快速融合的世界文化潮流中，传统文化和地域文化面临着前所未有的危机。

随着资本运动的全球化及跨国公司的发展扩大，西方经济强国借助对商品输出的主导权，实际上支配了全球以信息或影视为载体的文化产品的输出。美国的电影占世界市场份额的 50% 以上，电视产品占 70% 以上。1985 年，美国影视和音像产品产值在国民经济中排行第 11 位，1994 年跃居第 6 位，并成为仅次于飞机出口的第二大出口产品，2000 年前后则又超过航天航空业成为第一大出口产品。当今世界的全球信息流量中，90% 以上的新闻为西方发达国家所控制。在文化产品中，欧美国家在全世界占有率达到 86% 以上。这种严重的不对称性，导致全球文化产品的单一化。

文化遗产保护也正面临着一个前所未有的危险境况，每一天就可能有一首民歌、一种技艺、一种语言永远地从地域文化中消失。例如语言，20 世纪 70 年代全世界通用的语言有 8000 多种，可是 30 年以后的今天已有 2000 余种消失，互联网的普及使语言的灭亡以加速度飙升。“据专家预测，如果按目前的消失速度，在未来 100 年间，世界上现存的 6700 多种语言将有一半消失，另有 2000 多种语言的生存也将面临极其严重的威胁。”[①]19 世纪中期，J. 格林（J. Grimm）曾经呼吁建立语言的法则，因为“构成民族界限的，不是河流，也不是山脉，而只能是跨越河流和山脉的语言”。美国杜克大学教授 F. 詹姆逊（F. Jameson）认为，“语言的灭亡意味着民族文化样式的消逝，在语言丢失的同时，以这种语言为载体的文化也可能丧失。那些丢失文化家园的民族，不得不为了生存，加入到全球化的潮流中”。“我们不难想象，一个只存有一种语言的地球，一个只流行一种文化的地球该是何等的枯燥和贫瘠。”[②]

（2）强势文化侵蚀的加剧

文化霸权主义以自我文化价值为尺度，以主宰世界文化自居，压制、否定并试图改变其他文化，以便在事实上控制、削弱和消灭其他文化和价值观念。文化霸权主义拒绝对话，要求所有“弱势”文明附属于其所谓的主导文明。美国前国家安全顾问布热津斯基（Brzezinski）认为，美国在军事、经济、技术和文化等四个方面的力量居于全球首屈一指的地位，而“美国的民族文化绝无仅有地适宜于经济的增长”。美国学者 S. P. 亨廷顿在《文明的冲突》中坦承：西方的普世主义信念断定全世界人民都应当信奉西方的价值观、体制和文化，因为它们包含了人类最高级、最进步、最自由、最理性、最现代和最文明的思想。这一理论的潜在逻辑是，世界文化和文化多样性所需要的和平共存的土壤根本不存在，弱势文化和文明只能接受被淘汰的命运。他还提出一个颇具影响的观点：苏联解体后，伊斯兰和儒家文明正成

① 李慎明:《让玫瑰花和紫罗兰散发不同的芳香》，载《求是》，2006（2），55。
② 李舫:《文化多样性：全球化中的中国立场》，载《人民日报》，2005-12-23（14）。

为西方文明的最大威胁。这种将其他文明看做潜在威胁的观点，实际上也是文化霸权主义的表现。

当今世界强势文化对弱势文化的侵蚀正在逐步加剧。经济强国的文化产品在所谓自由贸易的旗帜下，伴随资本在全球流动和扩张，波及世界的每一个角落。它造成的后果是文化产品的标准化和单一化，致使一些国家的文化基因流失。目前强势文化正在逐渐包围越来越多的人类活动领域，“原因是它企图促进所有符合它的东西，而破坏所有抵制它的东西。它对某些思路获得的知识给予优惠，而损害其他形式的知识；它使某些价值占优势，无论它们是属于美学范畴，还是伦理范畴；它激起某些领域的活动的飞跃，鼓励某些才华和感情的发展，而无视其他一切。这样，整个的创造性领域遭受压制，社会的个性和独特形态遭到破坏”[①]。当然，人类历史不会完全按照他们的逻辑和愿望发展，但是不能回避的是，世界文化交流的不平等现象确实严重存在。

由于我国的文化遗产价值观在近代以来曾经发生过多次断裂，一个时期以来曾把中华传统文化看成是封建、落后、愚昧的东西，一度还以政治运动否定文化遗产的多重价值。进入城市化加速发展阶段，传统文化、地域文化的载体在急遽消失，特别是十分丰富却又十分脆弱的文化遗产消失得更快。对于任何民族特别是对于那些弱势民族来说，失去了自己民族文化的特性，就等于失去了自己民族的文化根脉、失去了自己民族的精神家园。如果文化的多样性受损，世代积累的人类文化和精神世界无疑将因此受到威胁。

近年来社会上流行的单纯的物质消费观念又导致了对城市文化传统的放弃，许多城市都用“现代化”这个单一体系取代中国文化在数千年文明发展过程中形成的传统文化、地域文化等文化多样性。同时西方文化的渗入不可避免地使我国的传统观念和行为习惯发生动摇，尤其传统文化和它所赖以生存的环境面临新的危机。大街上随处能闻到肯德基、麦当劳、比萨饼的油酥香味，而小巷里“桂花糖粥、酒酿

① 吴良镛：《广义建筑学》，52页，台北，地景企业股份有限公司，1994。

圆子”的吆喝声却随风殆尽。”[①]

（3）城市文化趋同的加快

目前，由于各国之间的经贸合作、社会交流的普遍开展，城市文化在其物质层面上已经达成了不少共识，但是在精神层面上，由于各个城市的文化传统与社会发展进程的差别以及社会制度与意识形态的差异，更由于旧的国际文化秩序的存在，城市文化话语权掌握在少数发达国家手中，使得现实的文化交流具有极大的不平衡和不对等性。人们普遍担心全球文化一体化推广的结果，使社会的“非地方化”日益增强，使各个城市的传统文化和地域文化失去其自主性，甚至被外来文化所同化。

事实上这种担心正在成为现实，不同文明、文化之间互动的加速过程对不同文明和文化产生不同程度的影响，文化多样性面临着越来越严峻的挑战，全球文化一体化的发展与所在地地域文化日趋脱节。面临席卷而来的强势文化，处于弱势的传统文化和地域文化如果缺乏内在的活力、缺乏明确的发展方向和自强意识，不自觉地保护与发展，就有可能丧失自我的创造力与竞争力，被淹没在全球文化一体化的大潮中。这种潮流可以称之为世界范围内城市文化的“趋同现象”。

虽然人类社会的发展实践已经证明，西方社会的发展模式和文化范式，并非是所有国家实现社会发展的唯一道路和文化发展的唯一模式，西方社会的价值观念也绝非唯一的价值判断标准，但是，目前一些发展中国家为了在西方文化领域中占有一席之地，取得对方的认同与对话资格，便自觉或不自觉地放弃了自己的文化理想和价值体系，转而以西方文化为楷模，努力在文化理念与实践等诸多方面进行所谓“重新整合”，其结果是本国传统文化个性和地域文化特色的丧失，人类文化多样性遭到破坏。这已成为发展中国家普遍面临的严重问题。

保护文化多样性不仅仅是对文化本身的保护，更要注意对文化的原生态环境进行保护。时有古今，地有南北，每一种文化现象都会因时间的不同和空间的差别而发生质或量、内容或结构的变化。俗话说“橘逾淮则变枳”，自然界物种的变异是这

① 胡印彭：《关于保护多样性文化的思考》，载《东南文化》，2006（4），75。

样，人类地域文化的变异也同样如此。这些年全国地方戏剧种退化萎缩的速度非常快，根据目前的调查，20世纪60年代还有360多个剧种，现在已锐减到267个；体现黄河文化、中原文化的河南地方戏曲原有40种，至2007年仅有豫剧、曲剧、越调等六七个剧种存活在舞台上，其余大部分都已经萎缩或者消亡。

2. 文化多样性的国家战略与国际共识

在经济全球化背景下，当前国际形势正在发生深刻的变化，安全问题不再仅仅是单纯的军事、政治问题，已经涉及文化、经济、金融、科技等诸多领域，文化安全就是在这一背景下提出的一个重要课题。同时，越来越多的国家认识到，经济全球化不等于文化全球化，经济的强势不意味着文化上的霸权，尊重和承认文化多样性已经成为当今世界大多数国家所普遍接受的国际关系准则。

（1）文化多样性维护文化安全

就国家而言，文化安全主要是指国家的文化主权神圣不可侵犯。“一个国家的文化传统和文化发展选择权必须得到尊重，包括国家文化立法权、文化管理权、文化制度和意识形态选择权、文化传播和文化交流的独立自主权等。”[①]由两极对抗的意识形态战略转变为“文明的冲突”的世界，不以国家制度为标准发展国家关系成为许多国家的现实选择。于是，文化安全就成为国家战略的重要存在方式。同时，“文化软实力”作为一种重要的国家力量被提到国家战略的高度，更使文化获得了在全球化背景下的一种战略身份和地位，成为国家战略不可缺少的重要组成部分。

面对经济全球化，各国相互依存性日益加深，而互补性源于文化多样性。相互依存性存在于文化多样性之中，并通过文化多样性表现出来。没有文化多样性，就没有相互依存性，所以坚持世界的相互依存性就必须承认和尊重文化多样性。任何一个国家和民族，如果站在自己文化的背景上对异己文化指手画脚，或自恃实力强大而把自己的意志强加于其他国家和民族，都很容易趋向文化殖民主义。同样，如

① 杨建新：《全球化背景下国家文化安全的战略思考》，载《中国文化报》，2006-07-06（3）。

果片面强调世界的相互依存性和统一性，无视或忽视文化多样性和特殊性，或因弱小而自卑自弃，放弃自主自立而依附于别的国家，都将使其自身的文化利益受到损害。而出现这种现象的根源就在于世界上存在着不平等的经济秩序、政治秩序，同时，还存在着不平等的文化秩序。我们必须看到，在当今世界，以国际垄断资本为主导的经济全球化绝非一个纯粹的经济过程，它同时又是一个通过经济扩张而推行文化扩张的过程。经济上的单边主义也是文化上的单边主义。因此，文化多样性的重要意义在国际社会已被提升到抗衡强权、抵制霸权以及人类多元文化生死存亡的高度。人们在经过无数深刻教训后意识到：世界文化的发展决不能像世界经济一体化那样实现全球文化一体化，而以西方所谓的“先进”文化取代、统一全球不同民

法国巴黎城市景观（2003 年 10 月 12 日）

族的文化，那无疑是人类的灾难。

目前，在多边贸易谈判中，越来越多的国家提出并坚持“文化例外论”，反对无限制开放本国文化市场。从经济全球化大潮中提出“文化例外论”到形成成熟的“文化多样性”理念，国际文化领域始终存在着剧烈的冲突。法国 J. 希拉克（J. Chirac）总统曾经指出：21 世纪的世界是一个多极化的世界，但当今世界正面临着单一文化的威胁，很多民族文化和语言正处于边缘化的危险。由此可知文化多样性是多数国家的共同愿望，而文化霸权主义所带来的全球文化一体化的危险，也已经成为越来越多国家的共识。例如，同为移民国家的加拿大竭力保持自己国家区别美国的独立的文化形象，韩国也在努力营造着在亚洲的新形象。

人类文化本来就是由多样性的文化所组成。文化多样化是对每个国家和民族文化选择权利的尊重，同时也赋予了他们尊重其他国家和民族文化选择的责任。因此，人类文化多样性的存在是人类社会的福祉，也是人类文化生生不息的生机所在，我们要像保护生物多样性一样尊重文化多样性。“今天，一方面，是世界文化的一体化趋势日益加深；另一方面是世界文化多元化趋势更加突出，而后者正是对前者的有力反击。人类文明本来便是由不同文明共同组成的，但在西方强大的文化工业和现代传媒帝国挤压下，在‘西方文明中心论’面前，其他文明都面临着边缘化的危险，甚至面临着被覆盖吞噬、彻底丧失文化个性的危险。这是当今中华文化所面临的国际文化背景，也是我们在进行国内文化建设和对外文化交流时必须保持清醒的现实。”①

中华民族悠悠五千年的文化和文明波澜壮阔，也曾跌宕起伏，甚至几度危难当头，但始终得以传承并正在展现出新的风姿，这也是我们为世界文化多样性做出的独特贡献。我们必须认识到，当目前我们这个地球上的许多地区充满着不同民族、不同宗教、不同信仰、不同文化间的敌视、仇恨乃至旷日持久的战争的时候，维护文化多样性、尊重不同民族的文化遗产与文化选择，便不仅仅是文化的问题，它实

① 孟晓驷：《“和谐世界”理念的文化意蕴》，载《光明日报》，2005-12-09（7）。

际上关系着人类的前途。我们必须从维护民族团结、国家统一的高度，从维护民族传统、维护国家文化主权的高度，辩证地、历史地看待文化多样性，在全球化、现代化的过程中保住我们民族的精神、民族的血脉、民族的根。

（2）文化多样性维护文化生态

“1879 年德国植物病理学家 A. 培里（A. de Bary）最早提出‘生物共生’的思想，他在非常广泛的意义上把‘不同生物一起生活’称之为‘共生’，‘多样共生’即是生物之间的一种互利关系，也是人与人之间、文化与文化之间相互依存、和谐统一的共存关系。”[1]人类仿佛生活在两个世界之中，一个是各种生物共享的自然界，另一个是人类缔造的文明世界。我们享受的一切文明成果，都是人类创造发明的结晶。今天，世界的差别主要是后者的差别。一个物种从基因的多样性中汲取力量，生态系统从生物的多样性中汲取力量，人类则从文化的多样性中汲取力量。如同生物多样性维持着生物的平衡和生命的延续，文化多样性维系着人类的文明赓续绵延。

文化生态学认为文化多样性、差异性是人文环境的主要特征。世界各个国家、民族丰富多彩的传统文化、地域文化构成了世界文化的多姿多彩、互相依存、互相竞争、互相协同和互补发展。美国人类学家博克（Bock）说：“多样性的价值不仅在于丰富了我们的社会生活，而且在于为社会的更新和适应性变化提供了资源。”一种文化如同一种基因，多基因的世界具有更大的发展潜力[2]。反之，如同物种基因单一化造成物种的退化，文化单一化将使人类的创造力衰竭，使文化的发展道路变得狭窄。事实上，文化多样性是当今世界最大和最基本的现实。目前国际社会有近二百个国家实体，它们之间不仅在地理区位、领土面积大小和人口多少等方面各不相同，同时，它们的历史、民族、文化、语言和宗教也存在极大的差异，另外经济和科技发展水平、社会政治制度和意识形态更是差别显著。总之，无论哪个方面都充分体现了文化多样性。也正是这种文化多样性构成了我们今天丰富多彩的世界，对此无论哪个国家、民族都不应提出异议。因此，文化的地域性和民族性构筑了文化的多

① 胡印影：《关于保护多样性文化的思考》，载《东南文化》，2006（4），75。
② 郑园园：《尊重文化多样性》，载《人民日报》，2005-10-23（3）。

样性；正是文化多样性与差异性的存在，构成了人类文化生态。尊重文化多样性，就是尊重文化的差异性，而保护文化多样性与保护生物多样性同样重要。

在全球化日益向纵深发展的今天，不同文明间是固守文明冲突论还是尊重不同民族、不同国家、不同文化的差异性，这不仅是文化选择问题，而且关系人类未来的命运。文化差异是最根本的差异，拥有不同文化的人群如何实现交往、如何相互对话、如何在同一个“地球村”里和睦相处，是 21 世纪人们最关注的话题。事实上，目前我国众多少数民族地区虽然在经济上是欠发达的，但是他们在文化上却是极其富有的。同时，中华民族的传统文化也不是 56 个民族的传统文化加在一起的总称，而是各民族、各地区文化在数千年的历史发展中逐步交融、整合而形成的有机的文化整体，这一整体大于部分之和。各民族、各地区在长期的文化互动、交流中，形成一体化现象，并逐步整合成具有共同价值取向的中华民族的传统文化模式。保护中华民族的传统文化，不仅要保护汉民族的传统文化，更要保护少数民族的传统文化，保护各民族的宗教信仰、风俗习惯、文学艺术、工艺技术等物质的与非物质的文化遗产。

在文化遗产保护领域，文化多样性的理念被普遍接受，这拓宽了人们的视野，增进了不同国度、不同族群人们之间的相互了解、尊重与平等交流，并以健康的文化心态认同与尊重不同文化存在的合理性与合法性。法国高度重视自己国家的文化遗产，不遗余力地捍卫自己的文化特征，并不断以此加强文化合作；被称为“睡在祖先遗产上”的意大利，通过不懈的努力使全世界都对其所拥有的每一处文化遗产深怀敬意。几个月前笔者与意大利总理 R. 普罗迪（R. Prodi）先生会谈时，他不无骄傲地表示，意大利的文化遗产保护技术具有世界最先进水平，在中意文化合作中具有广阔的发展空间。把文化遗产问题提升到全球化背景，事关国家意识的重建、国家文化软实力建设、民族文化的复兴。文化多样性也为各国开展文化遗产保护相互借鉴，加强合作与协调及实现共赢提供了基本的依据。

（3）文化多样性维护文化传统

就本质来说，文化是同各民族、各地区的历史传统紧密相连的，其中包括各民族、各地区的语言文字、文学艺术、思维方式、伦理道德、风俗习惯、心理素质等。文化多样性是客观存在的，是人类社会的基本特征，也是人类文明进步的动力，是可持续发展的源泉。它涉及以下基本认同，即每种文明和文化都是在特定的地理环境和特定的人群中产生和发展的，它不仅包括上述所列文化范畴，还包括生活方式、价值体系、宗教信仰、工艺技能、传统习俗等极其丰富的内容。文化多样性是文化发展和文化创新的策源地，每一种文化都具有解释世界和处理与世界关系的独特方式，这些文化共同构成了人类文化的宝库。

今天，在国际层面，中华文化应有的地位与其在世界文化多样性格局中实际应该发挥的作用仍然存在较大的反差，这与中国占世界人口近五分之一、居住在海外的华侨华人超过三千万的全球人口格局很不相称，与中国已成为世界经济大国和亚洲经济强国、经济总量已排在世界前列的国际地位也不相适应。文化是综合国力中的软实力，文化安全是国家稳定发展的精神前提。在世界文化格局中，中华文化不仅是中国的，也是世界的，这既是维护民族文化独立性和国家文化安全的需要，也是和平发展的中华民族在全球化时代应该承担的维护世界文化多样性的历史责任。

“着眼于全球的思考，立足于地区的行动。”也许正是中国的文化多样性保护了自己的传统文化，成为世界古代文明的仅存硕果。在这样一种世界大格局下，我国如何更加珍爱中华民族的优秀文化传统，抢救、整理、发展最具民族特征的文化遗产并将其融入现代社会生活之中，使其在世界舞台上发出自己的声音，就显得异常重要。人们常说：越是民族的，就越是世界的。意义就在于，只有每一个民族的文化特征得到充分发展和展示，整个世界才会更加丰富多彩，才会形成相互影响、相互映衬的世界文化的和谐局面。“钱穆先生言要对中国历史‘有一种温情与敬意’，

'至少不会对其本国以往历史抱一种偏激的虚无主义'，今日崇文，亦饶有意义。要有一种文化自觉的意识，文化自尊的态度，文化自强的精神，文化自新的努力，面对强势文化的挑战，像保护生物多样性一样，对文化多样性进行必要的保护、发掘、提炼、继承和弘扬。"①

如何建构多元化的全球文化、保护多样化的文化生态、抵制文化霸权和文化单一化等问题，其核心是一个文化自觉问题。因为无论政治、经济、科学、技术都是以人为本，而人又离不开一定的文化。没有文化自觉，就谈不上不同文化的多元共生。我国著名社会学家费孝通先生指出："文化的生和死不同于生物的生和死，它有它自己的规律，它有它自己的基因，也就是它的种子……种子就是生命的基础，没

北京圆明园遗址

① 吴良镛：《八十回顾　一得之愚》，载《城市发展研究》，2002（3），1。

有了这种延续下去的种子，生命也就不存在了。文化也是一样，如果脱离了基础，脱离了历史和传统，也就发展不起来了。因此，历史和传统就是我们文化延续下去的根和种子。”[①]主动自觉地维护中华文化的历史和传统，使之得以延续并发扬光大，这就是文化自觉。

作为历史悠久的文明古国，我国民族血脉绵延至今从未间断，其中文化遗产的承续传载功不可没。文化遗产是一个民族的身份标志，是一个国家和民族历史创造的集体记忆与精神寄托。中华民族在全面迈向现代化的历史进程中，固然要积极吸纳人类一切优秀的文明成果为我所用，但捍卫民族文化的独立性及其文化主权和维护人类精神文化的多样性同样不容置疑。因此，保护文化遗产具有重要战略意义。对文化遗产实施坚强有力的全面保护，不仅符合中华民族发展壮大的自身利益，也符合人类文明发展演进的历史走向，符合当前世界潮流。

3. 城市文化与文化多样性

1981 年国际建协《华沙宣言》指出：“当今世界丰富多彩，人们的生活水准和生活状况各不相同，他们生活在各种各样的地理环境中，气候、社会经济体制、文化背景、生活习惯和价值观念都不一致。因此，他们进一步发展的方式也理应不同。人居环境规划必须充分尊重地方文化和社会需要，寻求人的生活质量的提高。”文化城市理所当然应该具有多姿多彩的文化，成为具有个性和文化多样性的地方。

（1）城市需要文化继承性

今天，在经济大潮的冲击与交融中，捍卫自己城市的文化和发挥自己城市文化特色的呼声日益增高。世界上任何城市的文化传统和特性，都积淀在这些城市民众的骨髓里，奔腾在这些城市民众的血液中。任何一个时代的文化总是要发展变化的，但一个城市的文化精神则绵绵生息，成为这个城市最本原的活态文化基因。从可持续发展的理论看，人类既要保护好城市的自然生态环境，也要保护好文化生态环境，

① 乐黛云：《多元化世界的文化自觉》，载《人民日报》（海外版），2006-07-11（1）。

保护好文化的多样性。如此，城市中的人们才有一种归属感、自豪感。因此，对于任何城市而言，保护文化多样性都是正确的发展方向，这意味着城市文化不仅要有国际的、现代的和世界的一面，也要有民族的、传统的和地域的一面。

今天应慎重选择自己城市文化的构建和发展模式，保护文化多样性不仅仅是口号，更要在城市文化中实施，而文化多样性恰恰是城市文化遗产保护的思想基础。“它导致人们对区域特性、地方特性、民族文化的追求，越来越有目的地、自觉地去发展地区文化，包括保留城市内部的‘亚文化群’，历史城市及城市中的历史地段的保护，地区建筑特色的追求等”[①]。过分钟情于全球化的科技成果并不符合国际社会普遍倡导的可持续发展和文化多样性的生态伦理，只有当城市文化能与民众的生活需求、生活习惯以及当地自然和人文环境融合在一起的时候，才能对城市发展产生积极的影响。

一种文化现象的产生与存在既与相关的生产方式、生产力的发展水平有关，也与这种文化产生的土壤和背景，包括民族、地域的独特生活方式、文化传统、文化心理、审美原则、风俗习惯有关。因此，我们不能仅仅以生产力的发展水平及其物质生活的富裕程度来判断某种文化现象的“先进”与“落后”，更不能以自己的审美原则和审美习惯来衡量不同的文化环境中产生的文化现象，不能仅仅用“先进”或者“落后”的二元论来审视我们有着几千年历史和56个民族无比丰富的民族文化遗产。在所谓的“先进”与“落后”之间，还存在着大量共存共生共荣的文化，存在着大量的在一个文化体系里被视为“落后”而在另一个文化体系里被认为是“先进”的文化。更重要的是，人类的认识总是在不断地进步和更新，人们的认识水平也在不断地发生变化。

不同的民族拥有不同的文化传统，其不同特点是由于各自不同的地理环境、历史沿革、生活状况的差异程度和不同的发展阶段而定的。不同民族的文化传统之间虽然可以进行比较，但是不存在绝对的判断标准，更不存在所谓超越民族、超越历

---

① 吴良镛:《广义建筑学》，53页，台北，地景企业股份有限公司，1994。

史、超越地域的“放之四海而皆准”的文化传统。因为各自的文化传统都是各自民族在长期的历史演进中形成的，是本民族专属的，都具有民族性格、历史特征和地域特点，对于自己的民族来说必然最为合理。尽管一些国家或代表人物将自己的传统称为世界上最高级、最进步和最文明的文化传统，甚至鼓吹是全人类的代表，强迫或诱导别的民族接受，这是没有根据的，也是不可能奏效的，只能证明他们的无知与狂妄。

经济全球化和文化多样性并存的格局将长期的存在，恰如R.罗伯逊（R. Robertson）所说，全球化和本土化相互作用的一个直接结果就是所谓“全球本土化”现象的出现：全球化不可能全然取代本土化，本土化也不可能阻挡住全球化的浪潮，这二者之间始终存在着某种“可调节和妥协、可伸缩和谈判”的张力。从历史上看，任何一种想把人们统一在单一生活方式下的想法，最后的结果都是人类的一场灾难。马克思（Marx）曾经问道：“你们赞美大自然令人赏心悦目的千姿百态和无穷无尽的丰富宝藏，你们并不要求玫瑰花散发出和紫罗兰一样的芳香，但你们为什么却要求世界上最丰富的东西——精神只能有一种存在形式呢？”[①]相信时间会证明一切。相信只有自然成长的才是最有生命力的，才是最美好的。

（2）城市需要文化包容性

文化多样性与文化包容性，都是人类生存、发展、繁荣的宝贵资源。文化多样性体现了人类群体适应和改变生活境况的能力，文化包容性则体现了多种文化群体和文化观念多元共存的要求和可能性，这两者是培育人类创造力的基础。“认同、尊重不同文化存在的合理性与合法性，既是对其他民族文化的存在权、文化个性表达权和文化发展道路选择权的充分理解与尊重，也是对其他民族国家文化特色的包容与欣赏”[②]。城市是一个多种文化的共存体，既错综复杂、矛盾重重，又琳琅满目、多样统一。这种传统与创新、本土与外来的共存，有它必然的、内在的规律性，关键是如何更加自觉地认识和驾驭这些规律来创造美好的文化环境。

---

① 李慎明：《让玫瑰花和紫罗兰散发不同的芳香》，载《求是》，2006（2），55。
② 钟淑洁：《文明对话与世界文化的和谐发展》，载《人民日报》，2005-12-22（9）。

文化多样性和差异性是互补的前提。文化多样性是各民族、各地区文化的个体性、独特性，是人类社会的基本特征，也是人类文明发展进步的动力。任何一种文化在历史发展长河中，不是自我封闭，而是在相互交流中保护自己的特色，在竞争和比较中取长补短，在求同存异中共同发展。每一种文化都有其长处和不足，如果两种文化完全相同或相似，就不存在取长补短，也就不可能吸收新的文化因素，文化的发展与创新也就没有活力。一种文化没有活力，就会停滞不前，就会衰落，历史上许多文明的消亡大多是由于文化自身失去活力而导致的。因此，多样性有利于取长补短，促进城市文化的延续和发展，单一性将使城市文化缺乏活力，而导致生机窒息。

总体而言，不论未来城市的结构与形态如何变化，在城市文化的组成中必然既有传统文化，又有创新文化；既有本土文化，又有外来文化。例如纽约是一个典型

捷克布拉格老城区（2014 年 6 月 14 日）

的移民城市，世界上几乎所有主要国家都有移民在纽约。2000 年美国人口普查数据显示，纽约市的 800 万人口中，在国外出生的占 35.9%。纽约市民来自 230 个种族，120 个国家，使用 115 种语言。纽约就像是由一个个小“国家”组成的“联合国”，全城遍布唐人街、印度街、德国城、俄国城、小意大利、小韩国、小哥伦比亚、犹太人区、爱尔兰人区等。纽约的曼哈顿没有传统中轴线，没有民族特色，但它有许许多多局部的轴线和民族的特色。聚集 2000 万人口的纽约大都市区，多种族多文化多阶层共存，相互间的文化差异和利益冲突既是刺激竞争的催化剂，也是阻碍发展的摩擦力，当然更是文化融合和文化创新的不竭动力。

维护文化多样性，首先就要对文化遗产和传统文化保持一种尊重。例如新加坡是一个多元种族、多元文化、多元宗教的国家，虽然建国历史不长，但是在城市总体规划的制定和实施的过程中其政府高度重视传统文化、地域文化的保护、继承和发扬，高度重视本土多元文化的相容性和继承性，并把社会经济发展与本土文化有机地结合起来，追求社会效益与经济效益的双赢。在制定和推行“旧屋保留”计划时，政府力求在发展市区和保留区内具有文化遗产的建筑之间求得合理的平衡。如在牛车水街区的保护与发展中就贯彻了这一理念。该历史文化街区不仅仅商业繁华，而且具有深厚的文化积淀，吸引着来自世界各地的人们。新加坡政府认为，作为历史见证，牛车水必须采取审慎措施加以保护。经过保护整治，美食街、大排档等重返牛车水，引来熙来攘往的人潮，同时传统建筑、庙宇等也恢复了原有风貌，融入社区民众生活。

（3）城市需要文化创造性

文化多样性并不赞成文化孤立主义。文化孤立主义忽视历史上不同文明和文化间的积极互动关系，片面强调保存自己文化的独特性，顽固地认为不同文明和文化间具有一种“不可通约性”，因此，为保护“未被污染”和“原汁原味”的本土文化，不加区别地反对所有的外来文化，将自己与外部世界完全隔离，使得自我孤独。

其实，不同文明之间的对话和交往历史悠久而漫长。在中国古代哲人孔子“和而不同”的思想中便具有文明对话的含义，犹太哲学家M. 布伯（M. Buber）亦有“对话主义”交往的理论，哈贝马斯（Habermas）在其著名的“交往行为理论”中也详细探讨了“对话”和“交往”这两个哲学命题。

对话与交往可以使思想流动、可以使灵感跃动，从而使创造不竭。城市文化要延续并发扬光大，只有继承和包容还不够，还要有创造。费孝通先生认为传统和创造的结合是一个十分重要的问题，“因为传统失去了创造是要死的，只有不断创造，才能赋予传统以生命”。文化自觉应包含过去、现在和未来的方向，这样就不是回到过去，而必须面对现实。文化是经济和技术进步的真正量度，即人的尺度；文化是科学和技术发展的方向，即以人为本。文化环境建设是人居环境建设的最基本的内容之一。总之，我们要提倡“人文的科学精神”和“科学的人文精神”。“在全球性文化融合中，重建新人文生义的新美学与新伦理学，使人们‘诗意地栖息在大地之上’”。同时，“全球不同地区的文化智慧、价值观念丰富了人类社会，结合本国本地区的实际情况，融合、发扬不同的文化，为人类寻找一个美好的未来，这是我们考虑问题的基点”[①]。

今天我们的城市处于一个充满变数的时代、一个充满矛盾与冲突的时代，也是一个极易迷失自我定位的时代。伴随着新的城市时代演进，必然将不断出现新的时空观、新的自然观、新的技术观和新的文化观，这都需要城市结合自身实际创造性积极去应对。构建理想的价值观念体系是大多数城市所必须经历的一个过程。例如新加坡于1991年公布了《共同价值观白皮书》，提出新加坡道德教育的核心，即“五大价值观”：一是国家至上，社会为先；二是家庭为根，社会为本；三是关怀扶植，尊重个人；四是求同存异，协商共识；五是种族和谐，宗教宽容。各个城市固有的传统文化、地域文化与全球化的冲突是客观存在的，但并非绝对排斥，应该用平等而不是傲慢的态度来对待不同民族的文化。例如在建筑领域，各个城市的传统

① 吴良镛：《国际建协（北京宣言）——建筑学的未来》，236页，北京，清华大学出版社，2002。

建筑形式是当地民众在漫长的相对封闭的状态下逐渐形成的，难免有跟不上现代人们生活需要的一面，需要采取适当方式加以改进，但是它们的存在却极大地丰富了建筑文化的多样性。现代建筑强调使用功能与当代技术的结合，有其积极进步的方面，但是在发展过程中由于功能的趋同性和技术的通用性，现代建筑领域呈现出同质性、趋同性、无地方性等缺陷。

中华文化创造力的强弱与多元文化的频繁交流、密切互动紧紧相连，在一个封闭的系统中不可能产生伟大的文化创造。凡是强健的文明都是自信的，充满自信的文明无一例外都是多元的、宽容的。就文化言，如能将中华文化与其他文化进行比较研究，有助于深刻地了解世界，也更能正确地认识自己、发展自己。研究外国文化，更有利于认识我国文化、发展我国文化；研究近现代文化，更有利于对传统文化加深理解，将其用之于现代；研究多学科的不同观点，更有利于深入地剖析问题；着眼于现实问题的研究与创造，更有利于发掘传统文化的积极部分。“错综复杂的现实问题，不是某一种传统，或某一种现成的近代理论、方法、途径所能解决的，我们必须在这五彩缤纷的世界遗产中广泛地汲取营养，在比较文化中认识和发展自己，博采所长，取其所需。更重要的是融会贯通，立足于创造”[1]。

① 吴良镛：《广义建筑学》，56页，中国台北，地景企业股份有限公司，1994。

第四章 国际社会关于“城市文化”与“文化城市”的探索与实践

人类历史是延续的，是不断发展的，城市作为人类发展的产物，标志着人类进步的程度。城市发展的过程，也是城市文化孕育的过程，城市文化作为不断更新的动态文化，随着城市的不断发展而向前推进。同时，城市文化又是一种强大的力量，深深地熔铸在城市的创造力和凝聚力之中。我们研究国际社会关于“城市文化”与“文化城市”的探索与实践，就是为了吸收各国城市文化的精髓，延续城市文脉；同时，以史为鉴，不再重复历史性城市衰落的悲剧。今天，面对经济全球化，为了在快速发展的形势中不迷失自我，我们就必须认真地研究城市文化探索的艰难历程，深刻理解文化城市构建的前瞻性实践。

1. 古代理想城市模式的追求与探索

千百年来，人类一直在追求着城市的理想模式。两千多年前的哲人亚里士多德（Aristotle）就曾说过："人们为了活着而聚集到城市，为了生活得更美好而留居于城市。"正是这个被西方视为最为古老的城市定义，揭示了城市最基本的内涵，也体现出城市的终极目标。纵观人类城市的变化，人们可以看到最新的人类文化成果总是产生在城市里。"无论是西方古希腊、罗马城邦创造的人类文化奇迹，还是同时代中国春秋战国文化黄金时代所创造的'百家争鸣'的城市文化，城市文化始终作为城市的某种文化资本存在形式，而没有被人们所正视"[①]。

在中国，城市规划具有悠久的历史传统，"当西方城市规划科学尚处于粗放阶段，我国早在公元前11世纪左右，业已建立了一套较为完备的、具有华夏文化特色的城市规划体系"[②]。两周社会的800年，是中国封建社会思想和制度的产生、发展和成熟时期。根据历史文献和考古发掘资料，周代的城市建造和建筑活动已经十分活跃，成为社会生活中的重要组成部分，并在总结前代都邑建设经验的基础上，制定了营国制度。《周礼·考工记》是研究中国古代城市规划建设的重要文献，其中关于都城规划叙述有"匠人营国，方九里，旁三门。国中九经九纬，经涂九轨。左祖右社，面朝后市。市朝一夫"等内容。虽然目前考古发掘成果尚未获得对上述记载的详细证明，但是也有学者推断："如果说不是反映了周初土城建设的大致轮廓，至少也是对周王城一种理想模式的描绘"[③]，其中包括对后世产生重大影响的井田方格网系统规划方法。大约6个世纪之后，古希腊城市规划专家希波达姆斯（Hippodamus）始创方格网系统规划结构，并用来重建希波战争中被毁的城市[④]。中

① 张鸿雁：《城市形象与城市文化资本论——中外城市形象比较的社会学研究》，南京，东南大学出版社，2002。

② 贺业钜：《中国古代城市规划史》，北京，中国建筑工业出版社，1996。

③ 刘叙杰：《中国古代建筑史》（第一卷），209页，北京，中国建筑工业出版社，2003。

④ 贺业钜：《中国古代城市规划史》，北京，中国建筑工业出版社，1996。

陕西西安大明宫国家考古遗址公园（2011 年 8 月 11 日）

国传统城市设计理念还反映出人们对美好自然环境的向往，形成了诸如“相土”“形胜”“择中”等城市选址与建设思想和“天人合一”“象天法地”“辨方正位”等基本理念，并与中国特定的地理环境和传统文化紧密结合，总结出一系列人居环境建设理论。如《管子・乘马》中对城市与建设用地之间的关系就提出“凡立国都，非于大山之下，必于广川之上，高毋近旱而水用足，下毋近水而沟防省，因天材，就地利，城郭不必中规矩，道路不必中准绳”，反映出尊重自然、讲求实际、具有可持续发展原则的城市文化理念。

从西方历史看，古希腊是西方古典文化的先驱和欧洲文明的摇篮。柏拉图（Plato）的《理想国》是西方世界诞生的第一个乌托邦，他希望通过提倡一系列公共美德建立起社会正义和公正。古希腊人对城市的定义是：城市是一个为着自身美好的生活而保持较小规模的社区，社区的规模和范围应当使其中的居民既有节制，又能自由地享受轻松的生活。古希腊早期诸多城市的突出特征是符合人的尺度以及同自然环境的协调。城市并不追求平面视图上的规整、对称，而是顺应和利用各种复杂的地形，构成生动活泼的城市景观。城市中大量公共活动场所的设立，促进了市民平等、自由和荣誉意识的增长，人们经常组织音乐会、诗歌会、体育竞技和演说等公共活动，浓厚的人本主义氛围对希腊政治、经济、文化、科学、艺术等各个方面的发展起到了极大的促进作用。公元前5世纪，希波达姆斯提出了深刻影响此后西方2000余年城市规划形态的“希波达姆斯模式”，他在所规划的以棋盘式道路网为骨架的城市布局形式中，遵循古希腊哲理，探求几何图像和数字的和谐，以达到秩序和美。这种几何化、程序化的规划方法，虽然确立了一种新的城市秩序和城市理想，但是在表现形式上因过于严谨而显得呆板，甚至为了构图的形式美而不顾自然地形的多样化存在。

古希腊与古罗马两种文化形态之间存在着明显的思想性差异，集中地表现于城市规划理念与建设活动之中。虽然在城市建设、市政技术等方面古罗马的成就均大大地超过了古希腊，但是古罗马在由共和制转变为君主制的国家扩张过程中，将所积累的巨大财富无度地挥霍到奢华、腐朽的物质生活领域，使人们的精神世界日益世俗化。古罗马将广场塑造成为规模巨大的开敞空间，通过轴线系统建立起壮观的空间序列，从而体现出城市规划中强烈的人工秩序思想。公共浴池、斗兽场、府邸和剧场等实现物质享受的建筑大量出现，凯旋门、铜像和纪功柱等纪念性设施成为城市景观核心。“罗马人的梦想一直是努力将城市造就成一个巨大的、舒适的享乐容器，却在根本上忽视了城市的文化与精神功能，忽视了城市环境所应具有熔炼人、塑造人的特质要求”[①]。公元前27年，古罗马建筑师维特鲁威（Vitruvius）在《建筑十书》中，对城市选址、城市形态、城市布局等方面提出了精辟的见解，并阐述了

① 张京祥：《西方城市规划思想史纲》，南京，东南大学出版社，2005。

城市建设的基本原则，主张一切建筑物都应当恰如其分地考虑“坚固、方便、美观”，奠定了欧洲建筑科学的基本体系。同时，他继承古希腊的哲学思想和有关城市的论述，提出了“理想城市”模式，把理性原则与直接感受结合起来，把理想的美与现实生活的美结合起来，强调城市建筑局部与整体之间的比例关系。这些理念对西方文艺复兴时期的城市规划建设有着极其重要的影响。

在东方中国的城市演变发展过程中，曾经出现过战国迄秦、前唐盛世和明朝前期三次黄金时代。秦汉开创了影响中国2000年的大一统政治格局，也改变了战国时期诸侯割据混战时期的狭隘的文化观念，促使统一的文化观念迅速形成。在此期间，丝绸之路的开通、外来佛教文化的传入和道教的出现，进一步丰富了城市文化，扩大了文明的交流，促进了人文精神的觉醒，最终促进了城市文化繁荣。公元7世纪和公元8世纪的唐代都城长安和洛阳不但是我国的政治、经济中心，而且是文化中心，对世界特别是对亚洲具有重大影响。丝绸之路将中国的丝绸、茶叶、瓷器等源源不断输向中亚和欧洲，同时大量被称为“西域胡人”的外国人来到各大城市，文化交流空前活跃。大唐盛世的城市文化不仅体现在建筑、园林、服装、艺术等表现形式，更体现于它所拥有的丰富文化内涵。明朝前期在都城规划设计上，无论是南京还是北京都体现出理想化都城模式的最高水平，既顺应了地理环境的制约，又满足了城市生活的需要。郑和下西洋是中国航海史和外交史上的重大事件，也是地理大发现之前人类征服海洋的壮举，同时带来了城市文化交流中的新体验。除此之外，中国宋代的东京与临安、元代的大都等都是当时居于世界前列的大城市，都拥有为世人所颂扬的城市文化。从不同时代访问过中国城市的外国人的著作中，如唐代日本僧人圆仁所著《入唐求法巡礼行记》、元代意大利马可·波罗所著《马可波罗游记》等，可以看到他们所到之处，不但城市规划先进，景观宏伟壮丽，而且体现出中国传统文化中意蕴美大于形式美这一区别于外国城市文化的特点。

2. 近代城市规划学科的形成与实践

15 至 16 世纪的文艺复兴时期是人类社会思想的伟大变革时期，也是城市文化精神的全面提升时期。这一时期所创造的大量典范之作，无论是城市、建筑、雕塑、绘画等等，均构成了人类文化遗产中的重要部分。同时这一时期“理想城市”的理论得到发展。建筑师 L. B. 阿尔伯蒂（L. B. Alberti）的《论建筑》是文艺复兴时期第一部完整的城市规划与建筑理论著作，书中表现出对体现秩序、几何规则的“理想城市”形态的追求。另外，菲拉雷特（F. Larete）著有《理想的城市》一书，他认为应该有理想的国家、理想的人和理想的城市，他在名著《建筑论说》中阐述了一座理想的文艺复兴城市，对后来欧洲国家许多城市设计都产生过重要影响。V. 斯卡莫齐（V. Scamozzi）设计的理想城市方案中，城市中心为宫殿和市民集会广场，两侧为两个正方形的商业广场，这个方案反映了对当时城市文化生活的考虑。16 世纪，T. 莫尔（T. More）针对当时英国的封建制度面临解体、城市迅速膨胀并吞噬周围农村以及城市中出现了居住拥挤、卫生条件恶化等问题，提出了著名的“乌托邦”理念，意为乌有之乡、理想之国，用它来与当时的社会和城市相对照。

18 世纪开始的工业革命导致世界范围的城市化，大工业的建立和农村人口向城市集中促使城市规模不断扩大，城市居住、就业、环境等问题相继产生。人们开始从各个方面研究对策，在这一背景下形成了近代城市学科，出现了形形色色的思想家，他们针对当时社会与城市存在的种种问题提出各自的设想。如法国 C. 傅立叶（C. Fourier）提出的理想社会的基层组织单位为“法郎吉”，以社会大生产替代家庭小生产；英国 R. 欧文（R. Owen）提出了“新协和村”的理想方案，把城市建设和社会改造联系起来，重视城市居民的公共生活，提出建立多种新型的公共建筑和设施等，这些都对现代城市学科发展具有深刻影响。

19 世纪中叶，法国 G. E. 奥斯曼（G. E. Haussmann）主持制定的巴黎改建工程对以后的城市建设产生较大影响，这项城市规划建设对古老的巴黎实行了一次“大手术”，包括再次拆除城墙，建造新的环城路，在旧城区里开出许多宽阔笔直的大道，建造新的林荫道、公园、广场等。此后，欧美一些城市也纷纷效法，例如朗方（Le Enfant）的华盛顿规划，W. B. 格里芬（W. B. Griffin）的堪培拉规划等，均将“激动人心”的巴洛克式规划和古典主义构图结合在一起，追求具有强烈秩序感的城市景观，但在城市功能上却很少考虑市民居住和就业的要求。

奥地利建筑师 C. 西谛（C. Sitte）针对当时工业化快速发展时期城市建设忽视空间艺术性的状况，于 1889 年出版了著名的《建设艺术》一书，提出了城市建设的艺术原则，主张通过研究古代的作品以寻求“美”的因素，来弥补当时艺术传统方面的损失，从而建立起丰富多彩的城市空间，并实现与人的活动空间的有机互动。他反对工业社会中以超人的尺度来设计城市，主张城市环境应容纳人的个性，呼吁向自然学习、与环境合作。他还强调“自然而然、一点一点生长起来的”城市，比在图板上设计完了之后再到现实中去实施的城市更符合人们的视觉与生理感受。他关于城市形态的研究在欧美产生了广泛的影响，也为近现代城市设计思想的发展奠定了重要的基础。

19 世纪末针对日益加速的郊区化趋向，欧美许多城市为恢复市中心的良好环境和吸引力而进行景观改造活动。1893 年美国芝加哥为纪念美洲发现 400 周年举办世界博览会，在总规划师 D. H. 伯汉姆（D. H. Burnham）的主持下，湖滨地带修建了宏伟的古典建筑、宽阔的林荫大道和优美的游憩场地，使人们看到了宏大的规划对美化城市景观的作用，影响所及，在美国掀起了“城市美化运动”，并在欧洲大陆广泛传播。“城市美化运动”的目的是期望通过创造一种新的物质空间形象和秩序，恢复由于工业化的破坏性发展而失去的城市景观与和谐生活，来创造或改进社会的生存环境。虽然这些物质规划和城市设计反映了人们对美好环境的渴望和追求，但是从实际效果来看，这种单纯追求城市景观的规划有很大局限性。“沙里宁就说，这些城市美化工作对解决城市的要害问题帮助不大，因为这样做并不能为城市整体提供良好的居住和工作环境”[1]。

当人类即将跨入20世纪时，城市在全世界得到了较快的发展。此时，英国社会活动家E. 霍华德（E. Howard）第一次将观察城市的目光投射到城市之外的周边区域，提出了“田园城市”的设想。他在1898年出版的《明日，一条通向真正改革的和平道路》一书中认为田园城市是为健康、生活以及产业而设计的城市，它的规模足以提供丰富的社会生活。在书中他倡导一种全面社会改革的思想，提出用城乡一体的新社会结构形态来取代城乡分离的旧社会结构形态，他认为“城市和乡村的联姻将会迸发出新的希望、新的生活、新的文明”，融生动、活泼的城市生活优点和美丽、愉悦的乡村环境为一体的“田园城市”将是一种“磁体”。他还认为“社会变革”对城市文化的塑造，包括物质的或精神的，均非一朝一夕之举，应该是永远的追求。他所提倡的“社会城市（social city）”实际上开创了区域规划、城乡结构形态、城市体系的探索，开始了围绕旧城中心建设卫星城、用快速交通联系旧城与新城等新的规划模式的思考。

3. 现代城市规划思想的产生与争论

20世纪初，西方国家经历了一系列的艺术改革运动，试图对西方古典文化诞生以来不断发展完善的传统文化进行全面、彻底的改革，改革范围包括哲学、美学、文学、艺术、建筑等所有城市文化所涉及的领域。继后印象主义之后，在以“现代艺术运动”为代表的思潮影响下，城市中又涌现出大量诸如立体主义、野兽主义的作品。意大利文学家F. T. 马里内蒂（F. T. Marinetti）于1909年在巴黎《费加罗报》发表《未来主义宣言》，表达了对工业化、机器主导社会的向往，认为“工业社会的城市图景远比传统的任何绘画都要美得多”。意大利建筑师A. 圣泰利亚（A. Sant'Elia）于1914年发表了著名的《未来主义建筑宣言》，认为今后的城市景观必须与旧的城市形式完全决裂，而以高度集聚的城市景观作为城市的基本特征。他主张未来

① 吴良镛:《城市规划》，《中国大百科全书·建筑园林城市规划》，北京：中国大百科全书出版社，1988。

的城市将由摩天大楼和高架多层交通系统组成，新的功能造就新的形式，新的形式代表新的生活方式，因此，历史和传统对于未来城市的规划和发展都毫无借鉴作用。“未来主义运动”以机械为未来的审美中心，主张与传统决裂的思想方法，对现代主义规划与建筑的产生具有深刻影响。1925 年 B. 墨索里尼（B. Mussolini）提出改造罗马城市的方案，扬言要将“新罗马”建设成为一个“大理石的城市”，方案粗暴地在古罗马的历史中心开辟了宽阔的大道，严重毁坏了传统的城市格局和风貌。

这一时期，城市内部结构发生的根本性变化，促使人们从理论上研究城市的功能和城市规划的任务。英国社会学家 P. 盖迪斯（P. Geddes）倡导综合规划的概念，把城市看成是一个社会发展的复杂统一体，其中人与人、人与周围的环境以及他们

意大利罗马城市景观（2006 年 3 月 15 日）

的生活方式都具有有机联系；强调城市规划不仅要注意研究物质环境，更要重视研究城市文化传统与社会问题，以及更为广义的城市科学；要把城市的规划和发展落实到社会进步的目标上来，并把生物学、社会学、教育学和城市规划学融为一体，创造了“城市学”的概念。在1915年出版的《进化中的城市：城市规划运动和文明之研究导论》一书中，P. 盖迪斯把城市看成人类文明的主要“器官”，把环境看成是多种元素的一种构成物，是在不同地域上人类进行多种活动的场合。他提倡“区域观念”，认为城市规划师首先要“学习、了解、把握”城市，然后再“判断、诊治或改变”城市；他主张城市规划要以居民的价值观念和意见为基础，尊重当地的历史和特点，避免大拆大建；他还认为城市规划不仅是地点规划或工作规划，如想取得成功还必须是人的规划，应关注城市中广大居民的生活条件，强调规划是一种教育居民为自己创造未来环境的宣传工具。他还指出，人类社会必须和周围的自然环境在供求关系上相互取得平衡，这样才能持续地保持活力。

在中国，从19世纪末到20世纪初，一些有识之士努力从不同角度进行城市文化的理论探讨与实践探索。从张之洞实施“湖北新政”、张謇经营南通到哈锐经营天水、卢作孚建设北碚，这些都是中国城市早期现代化历程中有典型文化意义的案例。它们的共同之处在于“是中国人基于中国理念，比较自觉地、有一定创造性地、通过较为全面地规划、建设、经营的有代表性城市”。特别是清末状元张謇在家乡南通兴实业、办教育，创造性地开展城市建设，领时代潮流，开风气之先，影响及于全国。这是一座各项事业全面推进的城市，建设成果涵盖了生产、生活、文化、教育等诸方面内容，其中在濠河畔兴建的博物苑成为今天中国博物馆百年事业的骄傲。从城市建设的价值取向来看，南通是一座充满人文关怀的城市。“张謇比较自觉地将城市文化、古代光辉的社会与伦理思想作为城市发展中重要原则，其中国文化、东方哲学思想与方法论的底蕴随处可见”[①]。为此，吴良镛教授作出了南通是“中国近代第一城”的论断，这不但是对南通在中国近代城市发展史上独特地位的客观评价，

① 吴良镛：《张謇与南通“中国近代第一城”》，载《城市规划》，2003（7），9。

也是一个具有丰厚历史内涵的文化论断。

随着工业化社会的快速发展，20 世纪初世界人口以及城市人口都呈现出几何级数增长的态势，这一时期也正是西方国家城市化高速发展的阶段，大量人口聚集于城市导致城市大规模的建设，为了满足急剧膨胀的居住、就业、交通等空间需求，人们开始探索新的体系与方式，现代主义规划与建筑应运而生。现代主义规划与建筑从诞生伊始就呈现出功能主义特征，强调功能是全部设计的中心和目的，而不应该以形式作为设计的出发点，即“形式服从于功能”的原则；在形式上提倡简单的几何造型与非装饰性，即“少就是多”的原则；在建设方式上，主张标准化、模块化的原则，依靠现代技术的支撑。法国建筑师 L. 柯布西耶（L.Corbusier）于 1923 年出版了论文集《走向新建筑》，认为最代表未来的是机械的美，未来世界基本应该是按照机械原则组织起来的机器的时代，房屋只是“居住的机器”。他希望利用现代设计来为社会稳定作出贡献，利用设计来创造美好社会，表现出了一种非常典型的现代主义思想。

这一时期，一些建筑师在城市结构和形态方面也进行了较多探索，努力寻求最佳的模式。有人认为城市宜集中建设，其代表人物 L. 柯布西耶于 1922 年在《明日的城市》一书中主张充分利用技术成就，建造高层、高密度的建筑群，使城市集中发展以求得最好的生活环境和最高的工作效率，这种思想被称为城市集中主义。L. 柯布西耶还提出一个 300 万人口的城市规划方案，设想这样的城市中有可以应用现代交通工具的整齐的道路网，中心区有摩天大楼，外围是高层和多层楼房，高楼之间有宽阔的绿地。另外一种人主张城市宜分散建设，其代表人物是美国建筑师 F. L. 赖特 (F.L.Wright)，他目睹城市化进程中的诸多问题，于 1932 年在《正在消失的城市》一书中提出了“广亩城市”的纲要，认为城市应与周围的乡村结合在一起，平均每公顷居住 2.5 人，这被称为城市分散主义。以上这两种城市模式影响甚广，也引发了长期的不同观点的争论。

4. “功能城市”的宣言:《雅典宪章》

1928 年 L. 柯布西耶与 W. 格罗皮乌斯（W.Gropius）、A. 阿尔托（A.Aalto）等建筑师发起成立了国际现代建筑协会（CIAM），该协会认为：建筑是人类的基本活动，与人们生活的变化和发展密切相关。1933 年国际现代建筑协会召开第 4 次会议，主题是“功能城市”，会议通过了由柯布西耶倡导并亲自起草的《雅典宪章》。该宪章依据理性主义的思想方法，对当时城市发展中普遍存在的问题进行分析，重点研究了现代城市在居住、工作、游憩和交通四大功能方面的实际状况和存在的问题，提出了改进的意见和建议，即从功能分析出发，用“功能分区”的观念规划城市，并指出城市的四大功能要协调地发展，在发展的每个阶段中要保持各种功能之间的平衡。《雅典宪章》的核心是提出了功能主义的城市规划思想，并被称为“现代城市规划的大纲”。

《雅典宪章》产生的背景是西方发达国家的工业革命已经发展到了顶峰，城市化加速发展中的种种弊端引发了综合“城市病”的产生并愈发恶化。该宪章的规划思想对于解决当时城市中出现的一些问题具有较强的针对性，引起了国际社会的普遍重视，其中最突出的内容就是城市的“功能分区”思想，这一思想对以后的城市规划的发展影响也最为深远。由于这一思想建立在“物质空间决定论”的基础之上，期望通过对城市活动进行分解，划定不同功能分区，然后再通过一个简单的“模式”和交通系统的连接作用，将已分解的功能分区重新结合在一起，从而复原成一个完整的、有秩序的城市。并且该思想认为，通过对物质空间变量的有效控制就可以形成良好的环境，进而通过环境的改善自动解决城市中的社会、文化、经济问题，促进城市的发展。因此，该宪章突出强调经济原则、功能原则对于城市规划的极端重要性，甚至提出大批量生产、机械化建造城市的方法。但是，随着实践的发展，人们逐渐认识到，对于复杂的城市系统如果不进行深入剖析，仅仅用功能分区作机械的、简单化的处理，反而会导致忽视人的生活复杂性等新问题。事实证明，《雅典宪章》并没有能够有效地解决现代城市的种种问题，其根源在于对“功能城市”的过分强调。

现代城市规划受到传统建筑学思维方式和方法的深刻影响，认为城市规划就是要描绘城市未来的终极蓝图，并且期望通过城市建设活动而达到理想的空间形态，是一种典型的物质空间规划思想。这一点在 L. 柯布西耶主持的昌迪加尔规划以及 L. 科斯塔（L. Costa）主持的巴西利亚规划中得到充分表现。昌迪加尔于 1951 年开始规划建设，是现代城市规划运动中完全按照图纸实施的第一个城市。其城市空间具有超人的尺度，并曾以其布局规整有序而得到了广泛的赞誉，即“在以喜马拉雅山为背景的高原之上形成了一座纪念碑式的城市景观”。但是随之却出现了严重的社会问题：由于人为地将西方文化理念强加于东方民族传统文化之上而导致严重脱离国情，过于生硬的宏大布局导致城市空间环境冷漠，刻意追求功能分区导致社会阶层分化等等，是现代主义城市规划无视具体地点、具体环境、具体人文背景问题的集中暴露。巴西利亚于 1956 年开始规划建设，并在非常短暂的时间内完全按照规划建成。城市建设追求理性、秩序和象征意义，注重功能分区和机动车交通：城市总平面模拟飞机的形象，象征一个高速腾飞的发展中国家首都；机头为国会、总统府和最高法院组成的三权广场，长约 8 公里的“机身”是城市交通的主轴，其前部为宽 250 米的纪念大道，两旁配有政府、议会等高层建筑群；两侧为沿着湖畔展开的长约 13 公里的机翼，布局为商业区、住宅区、使馆区；飞机尾部是文化区和体育运动区等。这一规划是功能城市的《雅典宪章》在城市建设中最忠实的实践。但是城市建成以后，人们置身其中时感到城市形象过于刻板，夸大的空间尺度缺乏亲和感，忽视了人们的心理感受，甚至不惜以牺牲生活的实际需要为代价，追求物理性功能及视觉功能。

5. 对现代城市规划理论的挑战与反思

20 世纪 40 年代，城市规划学家 E. 沙里宁在对城市形象进行分析研究的基础上提出“城市设计理论”，要求把物质环境设计放在社会、经济、文化、技术和自然条件中加以考虑，以创造满足居民基本生活需要的良好环境。他于 1942 年在《城市：它的生长、衰退和将来》一书中认为，城市与自然界的所有生物一样，都是有机的集合体，因此城市规划建设所遵循的基本原则也应与此相一致。有机疏散的城市结构既要符合人类聚居的天性，便于人们过共同的社会生活，感受到城市的脉搏，而又不能脱离自然，人们应居住在一个兼具城乡优点的环境中。在他的规划思想中，城市是一步一步逐渐离散的，新城不是“跳离”母城，而是“有机”地进行着分离运动，即不能把城市的所有功能都集中在市中心区，而应实现城市功能的“有机疏散”，多中心地发展。他认为城市如同一本打开的书，从中可以读出市民们的文化气质和抱负，这种文化气质也是决定城市之间差异性的重要方面。他还指出，“城市的‘物质秩序’和‘社会秩序’是不可分割的：两者必须同时发展，相互启发”，应当按照二者相辅相成的精神，来解决城市的问题。[①]

在中国，自 1927 年建立第一个建筑专业以来，建筑专业教育基本上属于巴黎美术学院体系，即重艺术、重建筑样式、就建筑论建筑等。1930 年朱启钤先生创建中国营造学社，集合一批志同道合人士以《宋营造法式》和《清工部工程做法则例》作为两部“文法课本”来开展中国古建筑研究工作，并取得了辉煌的成就。1945 年，梁思成教授认识到过去建筑教学体系的保守，有志于进行改革。1947 年，他从美国讲学、考察建筑教育回国后，开始倡导“体形环境论”（physical environment），对建筑学的教育改革形成较为完整的设想。他指出：“近余年来从事于所谓‘建筑’的人，感觉到以往百年间，对于‘建筑’观念之根本错误。由于建筑界若干前进之思想家的努力和倡导，引起来现代建筑之新思潮，这思潮的基本目的，就在为人类建立居住或工作时适宜于身心双方面的体形环境。在这大原则大目标之下的‘建筑’

① 沙里宁：《城市：它的发展衰败与未来》，绪论，顾启原，译，北京，中国建筑工业出版社，1986。

观念完全改变了。”“以往的‘建筑师’大多以一座建筑物本身，忘记了它与四周的联系；大多只为达官、富贵的高楼大厦和只对资产阶级有利的厂房、机关设计，而忘记了人民大众日常生活的许多方面；大多只顾及建筑的本身，而忘记了房屋内部一切家具、设计和日常用具与生活和工作的关系。换一句话说，就是所谓‘建筑’的范围，现在扩大了，它的含意不只是一座房屋，而包括人类一切的体形环境”[①]。

在20世纪60年代，国际上一批以社会学家为主体的学者开始关注到复杂的社会文化问题对城市发展的深刻影响，对自上而下的规划提出挑战，认识到城市更新政策表面上是为了解决城市历史中心的环境问题、改善穷人的生活，事实上是把穷人赶出城外变为地产商牟利的工具。他们从人文生态学、社区、邻里等角度阐述了对城市规划建设的新的认识，美国城市理论家L. 芒福德（L. Mumford）于1961年出版了《城市发展史》一书，强调“城市的主要功能是化力为形，化能量为文化，化死的东西为活的艺术形象，化生物的繁衍为社会创造力”[②]。他始终认为城市中人的精神价值是最重要的，而城市的物质形态和经济活动是次要的，认为“贮存文化、流传文化和创造文化，这大约就是城市的三个基本使命”。他在“世界城市的文化功能作用”一节中进一步指出，“那种巨大浩瀚，那种对历史和珍品的保持力，也是大城市的最大价值之一”，“城市有包涵各种各样文化的能力，这种能力，通过必要的浓缩凝聚和储存保管，也能促进消化和选择”[③]。他主张复兴城市和地区的文化遗产，使其成为优良传统观念和生活理想的重要载体。

就在同一年，J. 雅各布斯（J. Jacobs）的《美国大城市的死与生》问世。她大力抨击“现代城市规划和建筑设计正统理论”的三个主要类型：一是认为E. 霍华德的“花园城市”理论“创立了一套强大的、摧毁城市的思想”，“特别是，他一笔勾销了大都市复杂的、互相关联的、多方位的文化生活”[④]；二是针对L. 柯布西耶提倡的“垂直城市”，这种被浪漫渲染的城市由摩天大楼、高架桥、绿色公园构成，她

① 吴良镛:《人居环境科学导论》，155～156页，北京，中国建筑工业出版社，2001。
② 刘易斯·芒福德:《城市发展史——起源、演变和前景》，582页，宋俊岭，倪文彦，译，北京，中国建筑工业出版社，2005。
③ 刘易斯·芒福德:《城市发展史——起源、演变和前景》，574页，宋俊岭，倪文彦，译，北京，中国建筑工业出版社，2005。
④ 简·雅各布斯:《美国大城市的死与生》，16页，金衡山，译，南京，译林出版社，2005。

讽刺此等设计除了“制度化、程式化和非个性化”以外，毫无价值；三是针对 D. H. 伯汉姆的“城市美化运动”，“城市美化运动的目的是建立城市标志性建筑”，主要内容是在大城市建设诸如市政中心、文化中心、大型纪念碑、城市广场等。她认为这些建筑大部分把城市的“某些文化或公共功能建筑分离出来，消除其与日常城市的联系”，鹤立鸡群却大而无用。J. 雅各布斯建议一种新的城市重建原则，提出要增加城市人口的多样性、密度和活力，营造能够聚集各种人群和活动的空间，并列出了一个生气勃勃的城市在形态上的四个要点，即“用途混杂，街区小、路网密，不同年代、环境和用途的建筑物并存以及建筑密度高”。

随着人类社会对人文、社会、环境因素的日趋重视，人们逐渐认识到，城市规

日本东京新宿（2004 年 9 月 26 日）

划建设所要解决的实际问题并不仅仅是唯一、确定的物质对象，它还是活生生的城市社会、丰富的城市文化生活，现代城市规划思想受到了越来越多的怀疑与批判。在付出了一系列惨痛教训和代价之后，人们普遍认为现代城市规划对城市的认知只停留在纯粹的物质空间层面，而对各种丰富多彩的社会现实却不予理睬。由于过分追求理性、庄严与构图完整而否认城市日常活动所需要的流动和连续的空间，致使那些明确的功能分区、巨大的公共社区、超凡的街道尺度、“纪念碑”式的建筑群等像“一种陌生的形体强加到有生命的社会之上”，并不符合城市动态的演进发展与人们现实的生活需求。又由于很多城市建设行为只是为了展示政绩与财力，或者将建筑仅仅看做是功能机器、将城市仅仅看做是物质产品，而对文化、社会和传统缺乏考虑，造成对城市历史中心进行几乎全部推倒重来的改建规划，更丧失了城市的历史渊源和人文生气。

6. 城市人文生态理念的构建与发展

20 世纪 50 年代，希腊建筑师 C.A. 道萨迪亚斯（C. A. Doxiadis）创立了“人类聚居学”理论，着重研究人与环境之间的相互关系，强调把人类聚居作为一个整体，从政治、经济、社会、文化、技术等各个方面全面地、系统地、综合地加以研究，而不是像城市规划学、地理学、社会学那样仅仅设计人类聚居的某一部分或某个侧面。他认为人类聚居是一个综合体，由自然、人、社会、建筑、支撑网络等五项元素组成，而涉及人类聚居问题的学科可归纳为五个基本方面，即经济学、社会科学、政治行政学、技术学科、文化学科。他还按规模大小把人类聚居分成 15 级层次单位，这些单位上下互相联系构成人类聚居系统，要想解决各层次中的问题，必须对整个系统进行研究[①]。同时，人类聚居学以研究人的需要为第一出发点，判断一个聚居的好坏首先要评价它满足人类需要的程度。关于文化，他认为科学技术的发展正在威胁着地方文化的生存，因此“应当尽可能地保存现有聚居中所具有的地方文化

① 注：后来，C.A. 道萨迪亚斯在《建设安托邦》一书中又把 15 级单位归并为 10 个层次，即家具、居室、住宅、居住组团、邻里、城市、大都市、城市连绵区、城市洲、普世城等。

和传统价值"，同时他指出："对于东方国家的聚居来说，最大的问题是，在毫无准备的情况下西方文化和科学技术大量涌入，导致了现代技术与地方传统文化的冲突，这样东方的聚居文化就有可能连同文化一起消亡的危险"[2]。

1954 年，现代建筑师会议中的第 10 小组（Team 10）提出以人为核心的"人际结合"思想，指出要按照不同的特性去研究人类的居住问题，以适应人们为争取生活意义和丰富生活内容的社会变化要求。其中的代表人物史密森（Smithson）夫妇提出"簇群城市"（cluster city）的概念，这种概念中的城市发展充分体现了流动、生长、变化的思想。他们认为城市需要固定的记忆，并应该以此作为城市发展变化评价的基准参照，每一代人仅能选择对整个城市结构最有影响的方面进行规划和建设，而不是重新组织整个城市。1960 年，K. 林奇（K. Lynch）出版《城市意象》一书，探讨如何通过城市形象使人们对空间的感知能够融入到城市文化中去。他认为城市美不仅要求构图与形式方面的和谐，更重要的是来自于人的生理、心理的切实感受，因此他将城市分散为可感受的各种空间特征，建立了"城市认知地图"概念，强调要通过路径（path）、边界（edge）、区域（district）、节点（node）、标志（mark）来组织人们对城市的意象体系。

1965 年，C. 亚历山大（C. Alexander）在《城市非树形结构》一文中，反对把城市各组织层次的等级看成"树形结构"的传统理念，提出实际的城市生活是交织在一起、互相重叠的"半网状结构"（semi-lattice）。他指出城市复杂的现状环境反映了人类行为以及深层次的复杂需求，体现了城市的文化价值，而大规模改造所采用的统一形体规划否定了城市文化价值。他认为"不应当把城市当做一系列的组成部分拼在一起来考虑，而必须努力去创造一个综合的、多功能的环境"。1966 年，R. 文丘里（R. Venturi）的文章《建筑的复杂性和矛盾性》发表，这被认为是后现代主义城市规划思想诞生的标志。后现代主义城市规划思想倡导对城市深层次的社会文化价值、生态环境和人类体验的发掘，提倡人性、文化、多元化价值观的回归，呼

① 吴良镛:《人居环境科学导论》，270 页，北京，中国建筑工业出版社，2001。

吁城市为了保持它的持久魅力，必须实现历史的延续，返璞一种被现代主义所割裂的历史情感。

1971 年 T. L. 舒玛什（T. L. Schumacher）在《文脉主义：都市的理想和解体》中提出文脉主义理论，强调对于城市中已经存在的内容，无论是什么样的内容，都不要破坏，而应尽量设法使之成为城市的有机内涵之一。他认为文脉就是人与建筑之间的关系、建筑与城市之间的关系、整个城市与其文化背景之间的关系，它们相互之间存在着内在的、本质的联系。城市规划的任务就是要挖掘、整理、强化城市空间与这些内在要素之间的关系。1975 年，C. 罗伊（C. Rowe）和 F. 考特（F. Koetter）共同著述了《拼贴城市》，认为城市的生长、发展应该由具有不同功能的部分拼贴而成，反对现代城市规划按照功能划分区域、追求完整统一而割断文脉和文化多样性的做法，强调“以小为美”的原则和“居民意象拼贴决定论”，采用多元内容的拼合方式，构成城市的丰富内涵，使之成为市民喜爱的“场所”，他们认为这样城市才有生机与活力。

7.《马丘比丘宪章》对功能城市的反思

20 世纪 70 年代，西方国家经历了平稳高速的经济增长期，社会呈现出了竞相发展的氛围。但是许多城市单纯强调以经济增长为本，追求财富的积累，致使人口过度膨胀、土地过度承载、居住条件恶化、文化设施稀少，引发了一系列“现代城市病”。城市化的加速发展和快节奏的生活方式也对人们的心理状态和精神生活产生很大压力。如何振兴城市经济与文化，继续成为许多国家尤其是西方国家关系经济社会发展的重要问题，特别是石油危机的出现，更加剧了西方城市的危机。同时，由于系统论、信息论、控制论三门学科的发展，交叉科学、边缘科学的建立深刻广泛地影响着人类自然、社会科学发展的一切领域，不少学者对解决城市问题开展了更加深入的研究。同时，国际城市规划领域新的流派和理论不断涌现，出现了批判现代城市规划千篇一律、缺乏特色的倾向，认为这是偏重功能、技术和经济效益，忽视人的精神需求造成的。这种批判再次引发了对功能城市的《雅典宪章》各项规划原则的深刻反思，人们迫切需要在城市规划的主体纲领方面进行重新思考。

1977年一些国家的建筑师、规划师、学者和教授在秘鲁首都利马集会，签署了具有宣言性质的《马丘比丘宪章》。该宪章讨论了20世纪30年代以来城市规划和城市设计的思想、理论和观点，针对《雅典宪章》实践中的问题指出：必须对人类的各种需求作出分析和反应，不应当把城市当作一系列孤立的组成部分拼在一起，而必须努力去创造一个综合的、多功能的环境。《马丘比丘宪章》摒弃了功能理性主义的思想，宣扬社会文化论的基本思想，强调物质空间只是影响城市生活的一项变量，而且这一变量并不能起决定性的作用，真正起决定性作用的应该是城市中各类人群的文化、社会交往模式和政治结构。与《雅典宪章》认识城市的基本出发点不同，《马丘比丘宪章》强调世界是复杂的，人类一切活动都不是功能主义、理性主义所能覆盖的，因此不要为了追求清楚的功能分区而牺牲了城市的有机构成与活力；在人与人的交往中，宽容和谅解的精神是城市生活的首要因素。

《马丘比丘宪章》更多地考虑了城市的文化功能和"人文关怀"，提出了"文物和历史遗产的保存和保护"问题，指出："城市的个性和特性取决于城市的体型结构和社会特征。因此，不仅要保存和维护好城市的历史遗址和古迹，而且还要继承一般的文化传统，一切有价值的说明社会和民族特性的文物必须保护起来。保护、恢复和重新使用现有历史遗址和古建筑必须同城市建设过程结合起来，以保证这些文物具有经济意义，并继续具有生命力。"其核心实质是让历史充满活力，让未来与传统融合。该宪章对公众参与也给予了前所未有的高度关注，指出"城市规划必须建立在各专业设计人士、城市居民以及公众和政府领导人之间的系统的不断的互相协作配合的基础上"。该宪章不仅承认公众参与城市规划的极端重要性，而且更进一步"鼓励建筑使用者创造性地参与设计和施工"，提出了"人民的建筑是没有建筑师的建筑”等论断。

从《雅典宪章》到《马丘比丘宪章》经历了 44 年。在这一过程中，城市规划从注重物质形态规划的功能理性思想，逐渐转变为注重城市人文生态功能的理念，呈现出良好的发展趋势。通过对两个宪章的比较，我们可以概括出城市规划发展的若干趋势，如由单个城市规划走向区域规划，由单纯物质规划走向综合规划，由静态规划走向动态规划，由政府规划走向公众参与。《马丘比丘宪章》还指出规划的实施应能适应城市这个有机体的物质和文化的不断变化，每一特定城市和区域应当制定适合自己特点的标准和方针，防止照搬照抄来自不同条件和不同文化的解决方案；还指出在建筑设计思想方面，现代建筑的主要任务是为人们创造适宜的生活空间，

肯尼亚内罗毕城市景观（2005 年 12 月 21 日）

应强调的是内容而不是形式，不是着眼于孤立的建筑，而是追求建成环境的连续性，即建筑、城市、园林绿化的统一。

在中国，吴良镛教授结合人类学的研究以及受 C.A. 道萨迪亚斯的人类聚居学思想的启发，于 1989 年创立了"广义建筑学"理论，提出采用融贯的综合研究基本方法。他在《广义建筑学》中阐述道："建筑学所包括的内容早已螺旋式地不断发展，大大超过旧建筑学的领域。"他认为，我们所说的人的要求包括两个方面：作为"自然的人"，生活要求阳光、空气、水、食物等；作为"社会的人"，人们需要聚居，并构成大小内容不同的社区（community），要求提供生产、交换、集会、学习、娱乐等条件的建筑环境。没有这些，就不能促成社会发展。实际上，在"广义建筑学"的研究框架中就包括了解决人们的"物质需求"和"文化需求"的问题，即："我们的研究不能仅满足于房屋——聚落的'空间'以及其'实体'的一方面，还要看到生活于其中的人们的'行为'等。另一方面，还要广泛地汲取人类学、社会学、经济学、美学的观点来深刻理解聚落的多种含义。这样，我们对于聚居问题，就不会满足于形式，还要深究其内容；不满足于现象的观察，还要探索其本质，并持此观点建设实践，这是'广义建筑学'的基本出发点。"①这一理论与《马丘比丘宪章》宣扬的注重城市人文生态功能的理念神韵相通。

8. 人居环境科学理论的认知与共识

近半个世纪以来，人类面临越来越突出的生存问题，例如生态环境的退化、地区差异的加大等，各类全球性的问题和相互联系的危机日益尖锐，这已引起各国政府和社会公众的广泛注意，人们开始对工业革命以来形成的传统的发展观念、模式、道路等进行反思。同时，全球化的发展又使世界各国和城市的命运更加紧密地联系在一起，在这样一个社会转型时期，人们开始更加关注人类的未来，其各种思潮均表现出超前性和预测性的特征。"只有一个地球"，每个地区和国家的思考和行动都

① 吴良镛:《广义建筑学》，16 页，台北，地景企业股份有限公司，1994。

应当着眼于全球。全球意识日益成为发展中的一个共同取向，这为文化交流、融合带来了前所未有的机遇，同时也出现了种种问题。1971 年罗马俱乐部发表了名为《增长的极限》的报告，认为地球上人口的增长、工农业生产的增长都应该设定极限，否则地球总有一天难以承受。报告中列举了诸多问题，如人口爆炸、资源枯竭、能源消耗、生态危机等，提出了人类必须转变观念，立即停止掠夺式开发，实行经济的“有机增长”甚至是“零增长”。

1972 年，联合国在斯德哥尔摩召开“人类环境”大会，第一次将环境问题纳入世界各国政府和国际政治议程。会议最终就人类必须保护环境达成一定共识，发表了《人类环境宣言》。1976 年，联合国在温哥华召开了“人类住区”大会，会议所形成的《人类住区温哥华宣言》指出：“一个人类住区不仅仅是一伙人、一群房屋和一批工作场所。必须尊重和鼓励反映文化和美学价值的人类住区的特征多样性，必须为子孙后代保存历史、宗教和考古地区以及具有特殊意义的自然区域。”这次会议之后人类环境和文化保护问题更加引起世界范围的重视。

美国未来学者 A. 托夫勒（A. Toffler）1980 年出版了《第三次浪潮》，他认为人类已经经历了两次巨大的变革浪潮：第一次是农业革命，第二次是工业革命，而电脑的发明标志着人类进入了第三次浪潮，即信息革命时代，并将从根本上影响人们的生产方式、政治准则、生活方式、社会传统及意识形态等。美国经济学家 J. 奈斯比（J. Naisbitt）于 1982 年出版了《大趋势——改变我们生活的十个新方向》，提出了未来社会的十个发展方向。在诸多学派中，人文主义学派强调城市空间秩序最终是生态秩序的产物，人类社会在生物学和文化的两个层面上被组织，从而发生着类似于生物界的竞争、淘汰、演替等过程；生态主义学派强调城市是一种生态系统，人的生活要从自然界的背景中得到理解。因此人不再是中心，而只是自然界的一个组成部分，人类必须放弃那种认为科学和技术能够解决所有问题的错误想法，应变得谦虚、温和与适度。

20世纪末，可持续发展成为人们普遍关注的社会主题。1987年由挪威C. H. 布伦特兰（C. H. Brundtland）夫人领导的世界环境与发展委员会起草的报告《我们共同的未来》提出了可持续发展的概念。报告提出："可持续发展是既满足当代的需求，又不危及后代满足需求能力的发展。"其内涵包含五个方面的基本原则：发展原则、公平性原则、可持续性原则、主权原则和共同性原则。经过较长时间的探索，联合国环境规划署理事会在1989年通过了《关于可持续发展的声明》，明确了"可持续发展"的思想，这一思想正逐渐成为人类社会的共同追求。1992年里约热内卢"世界环境与发展大会"又通过了《里约热内卢宣言》和《21世纪议程》两个纲领性文件，可持续发展首次得到世界最大范围和最高级别的承诺。中国也把可持续发展作为基本国策之一，于1994年制定并公布了《中国21世纪议程——中国21世纪人口环境与发展白皮书》。

1993年，吴良镛、周干峙、林志群在分析当时建设事业的形势和问题的基础上，第一次正式提出建立"人居环境科学"，研究的目标是建设可持续发展的宜人居住环境。吴良镛教授在《人居环境科学导论》一书中指出：人居环境科学是一门以人类聚居（包括乡村、集镇、城市等）为研究对象，着重探讨人与环境之间相互关系的科学。它强调把人类聚居作为一个整体，而不像城市规划学、地理学、社会学那样只涉及人类聚居的某一部分或是某个侧面。学科的目的是了解、掌握人类聚居发生、发展的客观规律，以更好地建设符合人类理想的聚居环境。"人居环境科学"针对城乡建设中的实际问题，尝试建立一种以人与自然的协调为中心，以居住环境为研究对象的新的学科群。"人居环境科学"认为"人创造人居环境，人居环境又对人的行为产生影响"，"不同地区和不同民族之间的差异是客观存在的。根据地方的实际情况，利用动员地方资源，尊重地方性的文化传统，在此基础上相互了解、沟通、借鉴"[①]。从"广义建筑学"到"人居环境科学"，在实践上吴良镛教授从最基本的盖房子做起，后来认识到不能孤立地就建筑论建筑，需要研究城市，于是面向

① 吴良镛:《人居环境科学导论》，24页，北京，中国建筑工业出版社，2001。

大规模的城市建设开展了对城市设计、园林景观和城市规划问题的研究。在这一过程中，他又逐步认识到必须具备区域观点，就从更大范围内来研究城市，例如对长江三角洲、滇西北、三峡库区以至于对大北京地区的研究等，“其实都不是囿于哪一个学派，而是参考吸取西方建筑思潮，面对中国的现实，以中国的问题为导向，探索未知，逐渐得到初步的结论，在寻求一条有中国特色的道路上始终不渝”①。

世纪之交，城市作为一种人居环境更成为世界关注的焦点。1993 年，联合国东京会议称“21 世纪将是一个新的城市世纪”。1996 年在伊斯坦布尔召开了联合国第二届世界人居大会，起草全球行动计划，提出有关“可持续的人居环境”的论述，将理想城市视作基于生态原理建立的自然和谐、社会公平和经济高效的人类聚居地。会议还确定了 21 世纪人类奋斗的两个主题：“人人有适当的住房”和“城市化世界中的可持续的人类住区发展”，还明确地指出了人居环境和城市复兴的发展方向，以及保护传统文化和建成环境的多样性。

9. 文化遗产保护运动的兴起与拓展

“在欧洲，对文物建筑和历史纪念物的保护，就其广泛的意义而言，至少可追溯到古罗马时代，到了文艺复兴时期，又有了进一步的发展，但是，保护和修复工作真正开始引起重视，应该说是始于 18 世纪末，至于这项工作的科学化，它的一些基本概念、理论和原则的形成，则是从 19 世纪中叶起，近一百多年来发展和演变的结果”②。世界瞬息万变，文化遗产在使人们了解自己以及生活的意义等方面扮演着越来越重要的角色，国际社会对于文化遗产的保护也给予了越来越多的关注。1904 年，在马德里召开的国际建筑师第六届大会通过了《关于建筑保护的建议》，该建议提出应最小干预建筑遗迹并赋予历史性建筑物新的使用功能。在此后的 100 多年里，国际社会共诞生了近百份有关文化遗产保护的宪章、公约、宣言、决议、建议和原则，众多国际政府以及非政府组织通过这些国际文件来推广保护文化遗产的先进理念。

① 吴良镛：《八十回顾　一得之愚》，载《城市发展研究》，2002（3），3。
② 王瑞珠：《国外历史环境的保护和规划》，中国台北，淑馨出版社，1993。

同时，这些国际文件也见证了世界文化遗产保护的发展历程。

联合国教科文组织（UNESCO）多年来制定了一系列国际公约和建议，其中最具深远意义的是1972年在巴黎通过的《保护世界文化和自然遗产公约》和1976年在内罗毕通过的《关于历史地区的保护及其当代作用的建议》。前者向人类社会提出了保护文化与自然遗产的进步理念，后者明确提出了“历史地区”的概念。2003年联合国教科文组织又通过了《保护非物质文化遗产公约》，由“民间文化和传统文化”到“口头和非物质代表作”，再到“非物质文化遗产”，经过这一简单的历程，使这类文化遗产的概念变得比较清晰、完整起来。在非政府组织方面，国际古迹遗址理事会（ICOMOS）作为文化遗产保护领域最重要的国际组织，先后形成了一些重要的国际文件，例如1964年在威尼斯通过《国际古迹保护与修复宪章》，该宪章提出：“历史古迹的概念不仅包括单个建筑物，而且包括能够从中找出一种独特的文明，一

国际古迹遗址理事会四川震后文化遗产保护研讨会（2009年7月24日）

种有意义的发展或一个历史事件见证的城市或乡村环境。”1987 年国际古迹遗址理事会在华盛顿通过了《保护历史城镇与城区宪章》，该宪章指出：“除了它们的历史文献作用之外，这些地区（历史城区）体现着传统的城市文化的价值”。

从 1964 年的《威尼斯宪章》、1976 年的《内罗毕建议》再到 1987 年的《华盛顿宪章》等一系列国际性保护文件，对国际领域的文化遗产保护产生了积极而深远的影响。从保护文物单体发展到保护历史街区、历史性城市，意味着保护文化遗产不仅要保护物质实体环境，而且要保护它的人文环境，并使之与整个城市社会经济生活更加密切相关。国际社会通过不断摸索、不断探求、不断前进，将文化遗产保护事业扩展到一个又一个领域、推向一个又一个高潮，文化遗产在文化领域中所具有的特殊性也日益受到国际社会的高度重视。近年来，国际社会关于文化遗产的理论继续深化，探讨范围也在不断扩大，“城市遗产”“文化景观”和“文化空间”等越来越多的研究对象成为保护领域的新成员。

“城市遗产”是由文物古迹和历史地段保护发展到对城市的自然环境、人工环境、文化特色加以保护的综合概念。“这就要求人类采取新的方式方法来保护城市，发展城市”。“城市保护不是单纯的文物建筑保护，而是更多地立足于对城市自然环境、历史变迁轨迹的尊重，重新认识并充分利用自然—经济—社会复合系统中的现有资源，不断丰富城市内涵，这是城市保护的根本所在”[①]。“文化景观”是从较大的范围、较充分的规模去发现和认识在某种特定环境中人的创造和生存状态。2005 年召开的世界遗产委员会第 29 届会议上通过了《维也纳备忘录》，这份关于“世界遗产与当代建筑——历史城市景观管理”的文件被视为提倡采取综合方法维护城市景观的重要声明，综合考虑了当代建筑、城市可持续发展和景观完整性之间的关系。“文化空间”是指传统的或民间的文化表达方式有规律性进行的地方或一系列地方，兼具空间性、时间性、文化性，为三合一的文化形式。仅仅对文化遗产进行原状保护或是生态保护是不够的，我们还要大力保护或维持这种特殊文化的存在空间，通

① 张松，周旋旋：《城市保护规划与可持续发展战略》，载《理想空间》，2006（15），7.

过扶持、指导使传统文化继续保持在人们的生活方式中，在现实生活中自然传承和发扬。

10.“文化多样性”格局的坚守与维护

进入现代社会以来，越来越多的国家意识到，文化疆域里有一场不见硝烟的战争。国家的安危不仅仅系于城池的得失，更涉及文化的存在方式与制度、共同的语言和文字、共同的艺术和道德、共同的传统和理念，这是社会发展和国家进步的最宝贵资源。目前，全球化浪潮正在席卷全世界，各个城市都在这一进程中努力寻找自己在未来世界城市格局中的地位。在各种理论研究中，美国哈佛大学教授S.P. 亨廷顿（S. P. Huntington）于1993年发表的《文明的冲突》一文是最富争议的国际关系理论。关于文化和文明的区别，S. P 亨廷顿认为，文明被看做是一个文化实体，他以“文明”或“文化”的差异及冲突作为理解世界格局的范式，认为人类之所以有差别是因为“文化”而非因“种族”，“文明的冲突取代了超级大国的竞争”[①]。他指出：“在后冷战的世界中，人民之间最重要的区别不是意识形态的、政治的或经济的，而是文化的区别。”

多年来，国际社会对S. P. 亨廷顿的文明冲突理论褒贬不一，不少学者提出了质疑甚至批判。目前世界上众多的国家转向对自己的历史和传统的尊重，寻求自己的“文化特色”，试图在文化上重新自我定位，这已经成为国际社会发展的一个重要趋势。S. P. 亨廷顿也认为：对于世界城市发展来说，文化也将会逐渐取代意识形态和经济因素，成为区分城市之间差别的最根本的因素。如果说现阶段世界各城市之间的竞争首先是城市功能和经济地位的竞争，那么，未来世界各城市之间的竞争必然是文化的竞争。S. P. 亨廷顿敏锐地看到了文化因素在塑造全球政治格局的核心作用，却错误地指出文明的冲突将不可避免，这是他的理论局限，也是西方文明历史逻辑的局限。实际上，重倡文明对话，很大程度产生于对“文明冲突论”的反驳。

① 亨廷顿：《文明的冲突与世界秩序的重建》，4页，北京，北京新华出版社，1998.

1994年10月，就在S.P.亨廷顿的《文明的冲突》发表一年之后，由20多个国家知名人士组成的全球治理委员会通过了《天涯若比邻》报告，呼吁“建立一种新的文明对话”，表明“文明的冲突”不仅可以避免，而且文明是可以和解的，是可以共容的。1995年5月，一些亚洲和欧洲国家的学者，在罗马尼亚举行第二次“锡纳亚对话”，提出“不同文明中心”的对话和交流。同年10月，德国总统赫尔佐克（R.Herzog）发表了“以文化对话代替全球文化战争”的讲演。2000年9月在联合国千年首脑会议前夕，许多国家元首和著名学者参加了不同文明对话圆桌会议，会议通过的《联合国千年宣言》指出：“人类有不同的信仰、文化和语言，人与人之间必须相互尊重。不应害怕也不应压制各个社会内部和社会之间的差异，而应将其作为人类宝贵资产加以爱护。应积极促进所有文明之间的和平与对话文化。”由联合国倡导和推动的文明对话，是人类文明史和国家关系史上的重要里程碑之一。

在国际竞争、信息共享、技术趋同的社会背景下，世界各国越来越认识到民族文化多样性和丰富性正在受到严重威胁，各个城市的文化传统都在随着时间的推移发生着变化，这些变化包括一些文化的兴盛和衰亡。人们普遍认识到保持文化的多样性是全人类的共同责任，各国积极参与文化保护的双边和多边会谈，以对抗全球文化均质化的威胁。随后各类国际会议相继召开，旨在讨论和呼吁加强对各国和各民族传统文化的保护。1992年的世界环境与发展大会在《21世纪议程》中首次提出“文化多样性”的概念。1995年联合国教科文组织出版的《我们的文化多样性》的报告中指出：世界上的许多历史城市，居民来自不同区域、不同国家、不同种族。文化多样性丰富了“城市”的含义，从广义上来讲，也是一种生物多样性[①]。2001年11月，联合国教科文组织第31届大会通过了《世界文化多样性宣言》，表明了该组织对此问题的重视。该宣言被世界众多国家认为是联合国教科文组织所倡导的新的道德标准，也可以说是一个创造性的法律性标准。宣言将文化多样性视为“人类的共同遗产”，认为它“对人类来讲就像生物多样性对维持生物平衡那样必不可少”。

① 张松，周旋旋：《城市保护规划与可持续发展战略》，载《理想空间》，2006（15），5。

2002 年 9 月，在约翰内斯堡召开的联合国“可持续发展首脑会议义”上，法国总统 J. 希拉克（J. Chirac）提出，文化是“与经济、环境和社会并列的可持续发展的第四大支柱”。会议形成的宣言中指出：“文化多样性是人类的集体力量，在可持续发展思想体系中具有重要价值。”2005 年 10 月，联合国教科文组织第 33 届大会通过了《保护和促进文化表现形式多样性公约》，这一国际公约的诞生是对经济全球化逆向思考的结果。

11. 各国文化发展战略的调整与更新

文化发展战略和文化政策是推动国家和城市文化发展与建设的重要举措。从国际发展背景来看，1982 年联合国教科文组织在墨西哥城召开“世界文化政策大会”，把推动文化发展作为各国政府面临新世纪应当作出的承诺。世纪之交，世界各国纷纷将制定文化发展战略和文化政策提到政府的议事日程。“近年来值得重视的一个西方城市发展趋向，就是认识到文化在城市发展中的巨大潜力。文化不仅仅是城市发展物质与精神产物的汇集，而且在全球城市竞争中作为发展的动力扮演着越来越重要的角色”[①]。1993 年，英国政府以《创造性的未来》为题发表了“国家文化艺术发展战略”。1994 年，澳大利亚政府第一次推出了自己的文化政策，制定出以“创造性的民族”为核心的国家文化发展战略。1995 年，日本在《新文化立国：关于振兴文化的几个重要策略》的报告中，确立了 21 世纪的文化立国方略，为加强对文化的领导，设立了文化咨询机构，将文化发展战略作为城市发展战略的核心。此外意大利政府也积极促使文化政策成为推动国家和城市文化发展的重要举措。

自 20 世纪 90 年代以来，科学技术不断进步，经济全球化日益加深。新的一轮全球化被认为是全球文化的“麦当劳化”，文化领域存在着极大的发展不平衡。为此，一些处于相对弱势的发达国家，如加拿大、法国等，率先提出在新一轮 WTO 文化贸易谈判中应该实行“文化例外”。1998 年，联合国文化与发展委员会在斯德哥尔

① 吴良镛：《总结历史，力解困境，再创辉煌》，国家图书馆，《部级领导干部历史文化讲座》，348 页，北京，北京图书馆出版社，2005。

摩举行的“促进发展的文化政策”会议制定了行动方案，“敦促世界各国设计和出台文化政策或更新已有的文化政策，将它们当做可持续发展中的一项重要内容”。1996年的第四届CNU大会签署了《新城市主义宪章》，标志着新城市主义的宣言和行动纲领正式得以确立。新城市主义提出了三个方面的核心规划思想，一是重视区域规划，强调从区域整体的高度来看待和解决问题；二是以人为中心，强调建成环境的宜人性以及对人类社会生活的支持性；三是尊重历史和自然，强调规划设计与自然、人文、历史环境的和谐性。在规划设计方面提倡将多样性、简朴性和人性尺度等传统价值标准与当今的现实生活环境有机地结合起来。他们提醒人们“与其挖空心思去一味求新、求异，不如把目光转向那些早已存在的、历经时间考验而生命力依旧的东西，去探究蕴藏在其中的持久不变的特质”。

世纪之交，文化在城市发展、城市生活中的重要性已经得到了充分的认同。随着全球范围内国家、区域、城市间竞争的加剧，从文化层面来认识进而提升制度的竞争力日益受到人们的高度关注，因而文化被视为当今世界的“第一竞争力”，提出了“城市以文化论输赢”的理念。目前，越来越多的国家重新审视和思考自己的文化，并采取积极的行动加以推动，使文化政策对国家和城市发展的重要意义形成普遍共识。1999年，英国再次制定了“文化与创新：未来十年”的文化发展规划，提出了“创意英国”的国家文化战略。2000年，新加坡制定新世纪文化发展战略——《文艺复兴城市》，提出新加坡将发展“成为一个充满动感与魅力的世界级艺术城市”，目标是“21世纪的文艺复兴城市，即国际文化中心城市之一”。新加坡提出这个文化战略目标的背景在于，相比新加坡的经济已经在全球经济体系中占据一定的地位而言，文化影响力和繁荣程度则不足。为了改变这种状况，新加坡政府近年来将发展目标定位于文化和艺术领域，采取追赶型的文化战略，长远目标直指纽约和伦敦。

12.《北京宪章》与《西安宣言》的诞生

世纪之交，世界建筑领域和文化遗产保护领域，最具影响力的两个国际性组织，国际建协（UIA）和国际古迹遗址理事会（ICOMOS），相继在中国召开大会。两个大会同样成功举办，同样令人难忘，同样意义深远。会议召开之后分别留下了智慧的结晶、珍贵的遗产——《北京宪章》和《西安宣言》。宪章和宣言都是集中体现人们思考的庄严形式，从一个侧面记录了城市、建筑与文化遗产保护事业发展的历程。对于《北京宪章》，“如果说《雅典宪章》和《马丘比丘宪章》的签署地分别以希腊文化和印加文化——西方文化与拉美文化的摇篮为背景，那么，《北京宪章》则有着东方文化的底蕴，应突出强调发展中国家的声音”[①]。《西安宣言》在一个拥有丰厚文化遗产的东方古都适时诞生，表明国际社会对保护文化遗产所处环境的认识和重视，也表明国际社会对发展中国家，尤其是亚太地区，特别是中国经济高速发展阶段，文化遗产及其环境保护的格外关注。

1999年6月，国际建协第20届世界建筑师大会在北京召开，大会一致通过了由吴良镛教授起草的《北京宪章》。宪章对即将告别的20世纪城市发展状况有着正确评价，指出20世纪经历了“大发展”和“大破坏”，既是伟大而进步的时代，又是患难与迷惘的时代。宪章对世纪之交城市面临的诸多问题有着清醒认识，指出当今的许多建筑环境仍不尽人意，人类对自然和文化遗产的破坏正危及自身的生存。在发达地区，“建设性的破坏”始料未及、屡见不鲜；而在贫困地区，褴褛众生正垒筑自己的城市，以求安居。人口爆炸、农田被吞噬，空气、水与土地资源日渐退化，环境祸患正威胁人类；贫富分离、交通堵塞、污染频生等城市问题日益恶化。同时，技术和生产方式的全球化愈来愈使人与传统的地域空间相分离，地域文化的特色渐趋衰微；标准化的商品生产致使建筑环境趋同，建筑文化的多样性遭到扼杀。宪章对新的世纪更有所展望，指出在21世纪城市居民的数量将首次超过农民，“城市时代”名副其实。全球化与多元化的矛盾、冲突将愈加尖锐。建筑学又走到了新的十

① 吴良镛:《国际建协〈北京宣言〉——建筑学的未来》，37页，北京，清华大学出版社，2002。

字路口，变化的进程将会更快，也更加难以捉摸。

《北京宪章》对过去的评价、当前的问题、未来的展望做出了明确回答。宪章注意到：世界的空间距离在缩短，地区发展的差距却在加大。用历史的眼光看，我们并不拥有自身所居住的世界，仅仅是从子孙处借得并暂为保管罢了。宪章认为，我们所面临的挑战是复杂的社会、政治、经济、文化过程在由地方到全球的各个层次上的反映，其来势迅猛，涉及方方面面。要真正解决这些问题，就不能头痛医头，脚痛医脚，需要有一个行之有效的解决办法，认识时代，正视问题，整体思考，协调行动。宪章指出，文化是历史的积淀，它存留于建筑间、融汇在生活里，对城市的营造和市民的行为起着潜移默化的影响，是城市和建筑的灵魂。建筑学是地区的产物，建筑形式的意义与地方文脉相连，并成为地方文脉的诠释。我们的任务是创造一个和而不同的未来建筑环境。现代建筑的地区化、乡土建筑的现代化殊途同归，推动世界和地区的进步与丰富多彩。

2005 年 10 月，国际古迹遗址理事会（ICOMOS）第 15 届大会暨国际科学研讨会在西安召开，主题为“背景环境中的古迹遗址——不断变化的城乡景观中的文化遗产保护”。会议又通过了保护历史建筑、古遗址和历史地区环境的《西安宣言》。《西安宣言》是具有里程碑式重要意义的国际性文化遗产文件，其重要性在于国际社会第一次在行业共识性文件中提出如下观点，即文化遗产是历史信息的载体，离开了环境就将成为孤零零的标本。因此，保护文化遗产还应注重其背景环境的妥善保护。宣言注意到，“环境”被认为是体现文化遗产真实性的一部分，并需要通过建立缓冲地带加以保护。我们有必要充分应对由于生活方式、农业、发展旅游或大规模天灾人祸所造成的城镇、景观和遗产线路的骤变或渐变；有必要充分认识、保护和延续历史建筑、古遗址和历史地区在其环境中的存在意义，以减少这些变化进程对丰富的文化遗产的真实性、意义、价值、完整性和多样性所构成的威胁。

《西安宣言》认为，不同规模的历史建筑、古遗址或历史地区，包括建筑个体、规划空间、历史城镇、陆地景观、海洋景观、文化线路和考古遗址，其重要性和独特性来自于人们所理解的社会、精神、历史、艺术、审美、自然、科学或其他文化价值，也来自于它们与其物质的、视觉的、精神的以及其他文化的背景和环境之间的重要联系。宣言指出，理解、记录和阐释环境对于界定和评价任何建筑、遗址或地区的遗产价值十分重要。对环境的充分理解需要多学科知识和利用各种不同的信息资源，而文化传统、仪式、精神活动和理念、历史、地形、自然环境价值、利用和其他因素共同形成环境的各种物质和非物质价值和内涵。宣言强调，环境的可持续管理，必须前后一致地、持续地运用有效的规划、法律、政策、战略和实践等手段，同时还须反映这些手段所作用的、当地的或文化的背景。

国际古迹遗址理事会第15届大会西安城墙晚会（2005年10月16日）

回顾国际社会关于城市文化的探索与实践，分析其中兴衰成败的经验与教训，城市文化发展路径清晰展现。千百年来，世界文化名城凭借着深厚的文化根基，引领着城市文化的发展方向。今天，人们欣慰地看到，文化意识正在各地迅速觉醒，国际社会对此达成新的共识，文化城市的发展展现出美好前景。“未来由现在开始缔造，现在从历史中走来，未来变化的方向离不开对历史进程的探寻。世界历史进程

① 吴良镛：《国际建协（北京宣言）——建筑学的未来》，187页，北京，清华大学出版社，2002。

代表着人类文明发展的一种趋势和高度，把握了它，有助于人类的发展获得当代的意义”[1]。这是时代的召唤和神圣的使命，对于这个使命，我们应该信心百倍而又十分审慎地给予期望。

第五章
城市文化遗产保护与文化城市建设

在历史与现代、继承与发展的交叉路口，文化遗产是个充满魅力而又令人感到沉重的话题。如何在进行现代化建设的同时传承文化遗产，如何既对得起子孙又无愧于祖先，值得每一个城市和她的人民进行思考和探索。文化遗产既是昨天的辉煌、今天的财富，也是明天的希望。因此，面对文化遗产保护中存在的种种问题和挑战，必须以文化战略的眼光进行审视，从全局的、宏观的、战略的和发展的角度来加以思考和分析。

第一节　保护文化遗产的时代意义

文化遗产积淀和凝聚着深厚丰富的文化内涵，成为反映人类过去生存状态、人类的创造力以及人与环境关系的有力物证，成为城市文明的纪念碑。无法复制的特征又使它们具有不可再生的唯一性特征，同时也赋予它们一种难得的文化价值，这种文化价值可以转化为宝贵的文化资源，对现代城市精神生活产生多方面的积极影响。文化遗产的这种双重性质向我们提出了严肃的课题：它们的不可再生性要求我们必须进行妥善而有效的保护，它们的文化价值又要求我们积极而合理地加以利用，为现实的生存和发展服务。实践已经证明并将继续证明，对于文化遗产来说，继承是最好的保护，发展是最深刻的弘扬。

1. 文化遗产见证城市生命历程

我国是世界文明古国，中华文明源远流长，在漫漫历史长河中，我国留下了浩瀚如海且弥足珍贵的文化遗产，其蕴藏之丰富、品种之繁多、门类之齐全为世界所仅有。这些文化遗产遍布全国各地，它们见证着中华民族自强不息、百折不挠的伟大发展历程，蕴涵着中华民族特有的精神价值、思维方式和意识形态，体现着中华民族旺盛的生命力和不竭的创造力，凝聚着中华民族的杰出智慧，是中华民族的魂之所系、根之所在，是联结民族情感的牢固纽带。文化遗产既属于一个国家、一个民族，也是全人类的共同财富。文化遗产作为民族凝聚力的根本要素，对国家社会生活的各个方面有着巨大的作用力和影响力。

我国众多历史性城市的文化遗产资源极为丰富，既蕴涵了城市文化的深厚底蕴，也体现了城市对中华文明所做出的贡献。世界上没有无源之水、无本之木，任何一座城市都有自己的生命历程，文化遗产体现着城市独特的思维方式和文化价值，是城市生命历程的根基。城市发展和演变的过程，点点滴滴地都记录在每一座城市的记忆中，每一处名人故居、官府宅第、寺庙宫观、亭台楼阁、雕塑石刻、造像壁画和墓、碑、塔、坊、井、桥等文化遗存以及其背后大量的史实和文献，都承载着丰富的历史、社会和文化信息。更重要的是，在城市中保留下来的传统文化使这种记忆变得更为真实，通过城市风貌、民族风情、市民习俗等，我们可以实实在在地感受到历史的积淀。因此，一座历史性城市的文化遗产保护要远比一组古代建筑群或一处古代文化遗址的保护复杂得多，同时对我们现实生活的影响也更加明显。例如成都的历史文化价值在于作为先秦古城、天府之都，历时两千多年不易其址，不更其名。以蜀文化为主体的地域文化传统独具特色，渗透到市民日常生活的各个方面，构成成都城市文化的重要内涵。

文化遗产是城市特色的重要体现。所谓托物寄情、托物寄史，从河流山脉、地形地貌、树林草地，到历史街道、文物古迹、传统民居，再到传统技能、风俗习惯、文化情操等，众多物质的与非物质的文化遗产都是城市记忆的重要构成。这些文化遗产存留在城市的空间中，融合在人们的生活里，对城市的风貌、人们的行为起着无法替代、潜移默化的影响和作用。例如城市文化遗产在南京的文化城市建设中处于举足轻重的地位，特别是拥有国内保存相对完好的现存约22公里的明城墙。而在明城墙所包围的41平方公里的范围内，有1000多处历史遗迹被列入保护范围，更因为拥有龙江宝船厂遗址、江宁织造府遗址等一批具有国际影响的文化遗址而备受关注。每一座文化遗产保护先进城市，总是在城市规划建设中千方百计地设法保留那些构成历史文脉的重要遗存，让这些历史坐标点在未来的城市建设中得到彰显。

城市文化遗产不但是城市发展的历史见证，而且是城市文明的现实载体。一座古代城市的营建，包括宫殿、衙署、里坊、道路和水系等，是一座规模宏大、布局合理、功能完备的完整的科学体系。特别是城市中留存至今成片的历史街区和数量众多的传统民居，是城市文化遗产的重要组成部分。它们既是先人活动的遗存，又是今人生活的空间，它们凝聚着一代又一代居民的思想、智慧、生活气息，夜以继日地诉说着城市的历史和文化，不但让人们可以了解许多令人难忘的城市故事，而且可以清晰地看到城市生动的成长过程。这些文化遗产是市民世世代代的创造和积累，积淀着他们在各个历史时期的杰出贡献。它们给予我们巨大的物质和精神享受，并启发我们的智慧以开拓未来，是先人对后人的恩赐，我们必须感谢、善待、呵护它们。但是，在经历了大规模“旧城改造”后的今天，人们切实感到城市留存下来的历史街区已经不多，甚至导致城市历史信息难以被全面感知。为此，历史性城市的保护不但要强调历史的真实性、风貌的完整性，而且要维护生活的延续性。

2. 文化遗产保护延续城市文化

城市文化遗产是通过漫长的历史时期逐步形成和遗留下来的宝贵财富，反映着城市的历史、社会、思想的变迁，是今天我们可能触摸到的尚未消逝的历史真实。由此，我们更应该把文化遗产看做是城市生命历程中不可中断的链接，这种链接使今天的生活与历史、未来紧密地联系在一起，使我们的感情有了物质的依托。文化遗产是一个城市的记忆，城市的记忆无疑是一种复杂的组成。原汁原味保护这些文化遗产，不仅仅是保持城市个性和特色的需要，而且是延续城市文化的需要。城市从何处来？我们如何一步步走到今天？只有传统建筑上的一块块砖瓦、一根根梁柱，可以回答一代又一代居民所共同关心的问题。通过这些文化遗产，我们才能够更加清晰地了解城市的追求，明确城市如何走向明天、走向未来。文化遗产在城市中扮演着越来越重要的角色，成为城市生命的有力见证。今天，不少历史性城市在城市建设中为了保护一道古代城墙、一座文物建筑、一片传统民居、一条历史街道，不惜代价地调整规划设计方案加以保存修复，为的就是保留历史的记忆和城市的特色。

文化城市的定位是由城市文化遗产的特质所决定的。文化遗产涉及城市文化的身份认同，一个缺少文化资源和历史积淀的城市不是一个健康的城市。正如我们无法想象一个记忆不健全的人将如何面对未来的生活一样，一个文化遗产得不到妥善保护的城市也很难找到发展的动力。反之，一个城市有了文化遗产的存在，就有了历史底蕴，就有了文化含量，就有了文明的气息。从社会学的意义上说，文化遗产被视为城市共有的信仰和象征，维系着城市的核心情感和价值。今天，保护文化遗产的理由不仅仅取决于它是否还具有以往的使用价值，也不完全取决于它具有多么珍贵的艺术和科学价值，而是取决于它已经作为城市文化的重要组成部分，深深地印刻在市民们的记忆里。今天，保护文化遗产的目的不仅仅是保存历史遗迹以满足人们对昔日文化的怀念、追溯过去苍老的往事，更是为了从物质和精神层面上延续我们的城市文化甚至生活本身，使今天和今后世代都能触摸到传统文化“不能消失的未来心跳”。

对文化遗产的重视程度，是城市文明程度的重要标志，体现着城市发展演进的自觉水平。我们保护文化遗产，正是因为它们对城市文化传承、现代社会发展具有重要意义。因此，文化遗产在社会生活中不能只扮演弱者的角色。尽管文化遗产需要全社会的关注和呵护，尤其是在过度注重经济利益的社会环境中，但是它们需要的不是人们给予怜悯式的保护，而是需要人们真正认识到文化遗产对于城市发展和市民生活质量提高所具有的不可替代的价值而给予积极的保护。保护文化的多样性、保护文化遗产不被破坏，归根到底，就是保护我们自己。如果它们遭到损毁，它们所承载的文化就会随之消失，遭受损失最大的还是城市自身和全体市民。同时，祖先留给我们城市的文化遗产并非今日市民们独自所有，还要把它们转交给后代，未来的市民同样有权力面对这些文化遗产，同样需要与历史和祖先进行感情与理智的交流。延续城市文化是一种历史责任。我们没有权力和理由使文化遗产在当代消失，我们只能不遗余力地守望与传承，同时适当地加以合理利用。“子子孙孙永保用”，这一保护过程要传之永远。

文化遗产保护有很长的路要走，关键是以正确的理念来平衡不同的利益主体，走可持续发展之路。城市建设与发展不应造成城市文化的缺失，因为城市的本质是人文城市，城市现代生活需要文化遗产。没有继承谈不上发展，不了解自己城市文化遗产价值的城市决策者是悲哀的，有的将只能是模仿和抄袭。城市经济可以“跨越式”发展，但是城市文化资源却不可能“跨越式”增长。城市建设奇迹可以创造，城市物质财富容易获得，今天没有达到的经济水平，明天可以达到；今天没有的物质财富，明天可以获得；但是今天失去的文化遗产，将永远不可能再现。因此，对于文化遗产，任何一座城市的任何一任城市决策者，都没有利用手中的特权和现有的优势进行掠夺性开发甚至毁坏的权力。

历史文化名城制度确立之后，城市建设出现了一种新的模式、新的思维方式。

以优秀传统文化内涵的保护和弘扬为基点建设城市，即从文化角度研究城市的生长过程，比之单纯地从物质角度规划建设城市，增加了深层次的更有益于拓展城市文明成果的精神内涵。例如绍兴提出以“全城”的保护为终极目标，就是把“点”“线”“面”保护与古城格局、传统风貌的保护结合起来，使得保护空间扩大到8.32平方公里的整个古城，体现古城保护的完整性。城市建设保护和延续古城的传统风貌，保持“桥、流水、人家、乌篷船”的生活环境，体现“粉墙、黛瓦、坡顶、青石板”的建筑格调，凸现绍兴地方特色。“通过加强对‘全城’的保护，为分散的文物保护单位撑起了‘保护伞’，也将孤立的‘文物大树’连缀成片，打造了原生态的‘文物森林’，发挥了古城保护的整体效应”[1]。这一行动的深层次价值是人们所

浙江八字桥（2006年5月31日）

① 王永昌：《保护历史之根 传承文化之魂》，在第2届文化遗产保护与可持续发展国际会议上的发言，2006-05-31。

共同提倡和践行的社会道德、社会责任和社会使命，即保护城市文化遗产，并使文化遗产成为促进城市经济社会发展和人民生活质量提高的积极力量。

3. 文化遗产促进城市健康发展

全面协调可持续的科学发展观，是着眼于人类发展进步的客观趋势提出来的新思想和新理念，对于搞好文化遗产保护有着重要的指导意义。继承、保护、弘扬好文化遗产，对于维系中华民族血脉、弘扬优秀文化传统、增进民族团结、振奋民族精神、捍卫国家主权和领土完整和推动人类文明进步以及维护全球文化多样性均具有重要作用。正确处理文化遗产保护的各种关系，实际上就是对科学发展观的积极实践。文化遗产的丧失是无法补偿的，其结果将导致精神的贫乏、历史记忆的缺失和整个社会的衰退。毕竟，文化遗产的价值与意义无法用简单的经济社会尺度来衡量，文化遗产对于经济社会的影响力，是潜移默化而又深刻长远的。文化遗产是不可复生的精神资本、文化资本、经济资本和社会资本。文化遗产滋养着现代科学、教育和文化，是民族自尊和获得国际尊严的力量源泉。在全球化背景下的后工业时代，文化遗产资源的积累和保护拥有极高的潜能，是文明发展的基础，是最重要的社会资源之一，为经济建设和社会发展提供强大的精神动力、不竭的智力支持和丰富的经济生长资源，是实现全面协调可持续发展的重要保证。

文化遗产构成城市文化生活的内涵，这种内涵建立在一定的文化时空基础之上，城市居民只有对生活的品味达到一定认知，才会对文化生活的品质提出更高要求。文化遗产的保护水平与城市的文化自觉息息相关。在城市中，文化遗产的价值是多元的，其历史和内涵需要真正的发掘。正是由于这些文化遗产的存在，城市的发展便具有了历史的延续性，它们使城市居民对传统文化有了更深层的理解，使外来参观者对当地历史及文化传统有了更真切的认知。2002 年英国历史建筑和古迹委员会发表的报告《变化的伦敦——一个变化的世界中的古老城市》指出：古建筑不是伦敦经济增长的累赘，而是目前伦敦繁荣的基础。的确，目前伦敦最具有吸引力的地方和人们最愿意居住、工作和参观的地方，就是那些历史环境保持最完整、文化遗产保存最丰富的地方。城市决策者应使文化遗产保护成为城市发展的积极力量，使城市建设从单纯的房屋排列、市政设施建设转向一种高层次的文化活动。而这种文化活动恰恰体现了城市建设行为的本质意义，即城市不仅要为市民提供一个良好的物质环境，而且要为市民提供一个高尚的文化空间。

城市发展应该是集社会活动诸多因素于一体的完整现象，是各个方面矛盾的辩证统一，是居民生存质量及人文环境的全面优化。城市在发展过程中要格外珍惜自己的文化遗产，只有保护和发展文化遗产两者并重，城市才能获得真正意义上的发展。事实证明，城市社会越是现代化，就越会将自己的文化遗产奉若神明。从我国当前城市发展的机遇来看，全方位的经济发展固然十分重要，但是没有文化遗产的妥善保护和合理利用就没有城市特色。一方面是发展，一方面是保护；一方面是经济实力的提升，一方面是文化传统的捍卫，只能在这两者之间找到一个经得起历史检验的平衡点，共同促进，协调发展。历史文脉是一座城市形成、变化和演进的轨迹和印痕，是一座城市文化传统生生不息的象征。人们可以通过书籍、媒体等多种途径了解和接受文化遗产知识，但是民众还是需要通过文化遗存来直接感受它。这些遗存所承载的历史文化信息对民众会产生一种深刻的、持续的影响，我们保护文化遗产就要使生活在这座城市的人们能够直接感觉到历史的存在。例如2002年，元朝的一个永丰库遗址在宁波市中心被发现，随即被列入当年的全国十大考古新发现之一，宁波市政府及时投入6000余万元资金将其妥善保护并加以展示。他们认为这一珍贵文化遗产对宁波来讲既是物质财富，又是精神财富，它使广大市民对自己城市的文化有了新的价值认同，进而产生一种自豪感和凝聚力。

文化遗产的物质本体保护固然重要，但是从这一物质本体中提炼出的精神世界的丰富内涵更加重要，因为文化遗产保护不仅给城市留存一些静态的历史见证物，而且通过具有活态文化价值的文化遗产推动城市人文环境的塑造。保护文化遗产是人文环境保护的重要组成部分，联合国教科文组织的有关文件指出：在生活条件加速变化的社会中，为了保存与其相称的生活环境，使之在其中接触到大自然和先辈遗留的文明见证，这对人的平衡和发展十分重要。文化遗产构成人类生存的人文环境，具有特殊的环境价值。“在西安人的心中，这座包裹着隋唐残垣的明代古城墙其实已远远超出文物和城市标志的物化概念，一位作家说，城墙是西安人心中的乡愁。她承载着历史的情感、记忆和辉煌，也见证着城市的过去与未来”[①]。这种文化空间的巨大、浩瀚，这种对历史遗存和文化珍品的保持力，正是城市最大的价值之一。

第二节　文化遗产面临诸多生存危机

文化遗产资源是一个城市的最大资产，城市的魅力和发展动力来自于文化积淀。然而，文化遗产是不可复制、不可再生的。但是，由于急功近利作祟、经济利益驱使等人为因素，一些城市在经济建设、房地产开发和旅游发展中采取大拆大建的开发方式，实施过度的商业化运作，致使一片片积淀丰富人文信息的历史街区被夷为平地、一座座具有地域文化特色的传统建筑被无情摧毁，一处处文物保护单位被拆除破坏。忽视对文化遗产的保护，造成了这些历史性城市文化空间的破坏、历史文脉的割裂和社区邻里的解体，最终导致了珍贵的城市记忆的消失。

1. 文化遗产本体屡遭损毁与亵渎

文化遗产本体的保护是文化遗产保护的首要任务。今天更让人们触目惊心的不是时间对历史的侵蚀，而是更为凶猛的人为的破坏，损毁文化遗产本体的事件屡有发生。一是在所谓“危旧房改造”中造成文化遗产本体损毁。例如“‘南京市秦淮区文物保护单位牛市清代住宅’的牌子悬挂在老宅门口，外墙底部的石条高及人肩，红色的‘拆’字被刷在上面。此处民居在 2006 年 6 月 10 日中国首个‘文化遗产日’

① 张毅：《探寻西安古都风貌保护之路》，载《经济日报》，2005-03-03，(15)。

被公布为第三批南京市文物保护单位”①。二是在所谓“旧城改造”中造成文化遗产本体损毁。例如“天津自1980年以来，已经被拆毁的天津市文物保护单位有4个、区县文物保护单位16个、文物点160个，约占全市文物保护单位的1/6”②。三是在基本建设工程施工中造成文化遗产本体损毁。例如“黑龙江一处具有重要考古价值的金代遗址遭到施工损毁。这处遭到破坏的‘纪家屯1号金代遗址’位于宾县纪家屯附近，是松花江大顶子山航电枢纽工程涉及的一处正在进行抢救性发掘的古代遗址。古代遗址破坏活动使文物考古部门失去了对遗址内涵研究的唯一线索”③。四是片面追求经济利益、不合理利用造成文化遗产损毁。一些文化遗产所在地政府片面追求经济利益，擅自改变管理体制，把文化遗产交由公司承包管理，采取掠夺式经营，导致破坏事件发生。例如2005年7月，金山岭长城旅游公司以8万元的价钱将长城出租给北京的“锐舞派对”组织者。上千名中外青年男女登上金山岭长城，举行了彻夜的“锐舞派对”狂欢。当疯狂的男女们散去之后，长城上留下了大量的酒瓶垃圾、呕吐物和排泄物，使象征着中华民族精神的长城受到了无情的践踏和亵渎，新闻媒体迅速曝光，一时间国人哗然。

2. 盲目的开发建设割断历史文脉

一些城市在开发建设中无所顾忌地大拆大建，致使城市原有的社会组织结构、社会网络及居民间的邻里关系被破坏，导致社区解体，带来了犯罪率高、就业困难、人际疏远、人情冷漠等社会问题。特别是在一批批具有重要历史、艺术和科学价值的文物古迹被摧毁的同时，一些历史性城市中又出现了摧残历史文化街区的短见行为。例如福州“三坊七巷”是我国保留至今最为完整和价值极为突出的历史街区之一，她囊括了福州人的性格、风俗和文化。但是若干年前该市计划在“三坊七巷”历史街区内引进改造投资，由房地产开发公司投资35亿元人民币，在占地44.1万平方米的地段上建设包括29幢高层住宅、6幢高级办公楼及公寓、5个大型商贸中心

① 王军：《最后的老城》，载《瞭望新闻周刊》，2006-10-02（40）。
② 方兆麟，张洪森，张原：《历史建筑：天津如何将你留住？》，载《人民政协报》，2006-09-18（1）。
③ 曹霁阳：《一项工程损毁两处古代遗址》，载《人民日报》，2006-09-20（11）。

和娱乐场所在内的庞大项目，名义上保留和修复39幢古建筑，并要“与新建筑融合在一起”。但是，可以想象这一方案如果实施，历史街区传统风貌将荡然无存。所幸，福州市现任领导放弃了原定的建设方案，使“三坊七巷”得以留存，并着手传统民居的修缮，实为功德无量之举。如今，走在我国各个城市的街道上，路边传统建筑外墙画着白圈的“拆”字已经成为了一道寻常的风景，“拆”似乎已经成为不少城市建设的第一步。“拆”使多少历史文化街区遭到了灭顶之灾，使多少历史城区丧失了传统肌理，使多少历史性城市失去了特色风貌。因此“拆”被冯骥才先生斥之为“二十年来中国城市中最霸道的一个字”[①]。面对北京胡同、四合院的不断消失，法国《费加罗报》感叹道：“现在似乎没有什么可以阻止这场文化自杀，北京正把自己伟大的文化变成平庸。”[②]随着城市化进程的加快，小城镇和乡村建设也走上此途，新农村建设被理解为“新村建设”，千百座传统民居、千百条历史街巷与其中延续几代的生活环境一起，也在推土机下轰然消失、销声匿迹，文化的损失可谓十分惨重！

3.“拆毁真文物，制造假古董”盛行

近年来在尊重历史的口号下，许多城市热衷于建筑假古董，这与城市建筑应真实反映历史文脉的原则相违背，实际上是城市文化的倒退。历史遗存是城市发展的见证，反映当时城市的经济、科学和文化的特征，对历史建筑、历史遗存要真实地反映，容不得人为的做假。然而，历史性城市中却广泛存在着“毁掉真文物，制造假古董”的现象，在保护和发展旅游的名义下拆旧建新。从北京琉璃厂拆除原有传统建筑新建仿古建筑开始，全国陆续出现了众多由传统街道改造而成的“汉街”“宋街”“明清一条街”等，独具特色的历史街区逐渐沦为失去真实价值和历史信息的“假古董”，致使文化遗产的保护和旅游开发都误入了歧途。一些城市决策者认为维护已有上百年历史的传统建筑费时费力，而且在短期内难以取得良好的“政绩”和

① 冯骥才：《思想者独行》，石家庄，花山文艺出版社，2005。
② 丹淳：《从城市形象说起》，载《中国文物报》，2005-02-09（3）。

经济效益，因而干脆以假换真、省时省力，热衷于在城市记忆的载体上建造新的景观。于是，大批用现代材料、工艺堆砌起来的仿古建筑群招摇过市，大批古镇、老街、村落、民居被重新整修得失去了原有的文化韵味。直至今天，人们仍然经常听到一些城市新的仿古一条街，甚至仿古街区竣工剪彩的消息，但是与此同时，同一座城市中大量珍贵的历史建筑和传统民居却毁于推土机之下。当已经消失了几十年的城墙、楼阁、寺庙等得以重建的同时，现存文化遗产却得不到应有的保护。近年来，列入文物保护单位的寺庙中钢筋混凝土建筑正在逐渐增多，宗教圣地也失去了往日的庄严神圣感。拆真做假，热衷于建造假古董，造大庙、造高塔、造大佛，恢复早已消失的历史建筑，这不但改变了历史的本来面目，而且使文化遗产的背景环境被改变或损毁，完全偏离了文化遗产保护的真谛。还有一些城市将历史文化街区中的居民全部迁出，把民居改为旅游和娱乐等场所，使历史文化街区失去了传统的生活方式和习俗，即失去了"生活真实性"。这种以表演性仿古活动来代替依附在这些历史场所里真实的人们生活的行为，从某种意义上说是另一种造假的行为，历史文化街区也因此失去了原有的历史韵味。以假古董代替真文物，实际上是文化的无知。

4. "保护性破坏"案件逐年增多

近年来，以保护利用为名造成文化遗产损毁的"保护性破坏"案件逐年增多。有的城市将历史文化街区内的传统民居几乎全部拆光，完全重新建造。新建两层楼房，布置成整齐划一格局，住宅采取单元式形式，人们从中找不到这种做法和"保护"有什么联系，也看不到它和历史文化街区的文化渊源有丝毫的关系。近年来，我国各地又兴起了新一轮的"关心长城、修复长城"的热潮，但是往往与文化遗产保护的根本目的不同，主要是急于利用长城吸引更多游客。据2005年的不完全统计，这场运动包括了近百个长城开发招商项目，其中市县旅游局和各种旅游公司的开发项目占大多数。例如开发金山岭长城的公司为了招揽游客，拆毁了一座有400多年历史的箭楼，将其建成缆车通道的入口。在保护的口号下，这些破坏也找到了堂而皇之的理由。以加强利用为由盲目地追求利益的最大化，使毁坏文化遗产的事件时有发生。例如位于山东境内的齐长城是迄今发现的最古老的长城，被誉为“长城之祖”。但是部分段落被毁坏，而仿造明清长城建起的“假长城”彩旗招展，在齐长城沿线，“真长城牵手假长城”的“奇观”并不鲜见。类似的“修缮”还发生在长城的许多段落。人们随心所欲修复的这些城墙、关隘、烽火台等，无论是建筑材料、工艺技术，还是外观形象，都与历史的真实相去甚远，修复变成了破坏，向人们传递着虚假的历史文化信息。过去当地居民拆砖建房和自然损毁是使长城遭到破坏的两大因素，今天，以促进旅游为目的的“造城运动”已经成为破坏长城的罪魁祸首。同时，多年来“重修圆明园”的呼声也不绝于耳，宣称要“再现昔日造园艺术的辉煌”。“殊不知，圆明园作为废墟的历史见证价值已经远远超过她作为文化遗存的价值”[①]。文化遗产保护当然是指历史遗产真实的本身，不是复制品，不是仿制品，更不是毫无根据假冒的赝品。这一点本已明确，不应该有所争论。但是现在恰恰在这一点上，出现了一些“理论”和实践，偷梁换柱，把改造冒充为保护，以保护之名，行改造之实，而最终的目的是谋取开发之利。

5. 以单体保护取代整体环境保护

文化遗产的珍贵价值往往不仅存在于本体，还体现于其存在的历史环境中，正因为历史环境的存留，才使文化遗产的生命价值融合在人们的社会生活之中，对城市的发展和人们的行为起着无法替代的潜移默化的作用。保护这些历史环境，不仅仅是延续文化遗产价值的需要，而且是保护城市个性的需要。在城市建设中，文化遗产周边历史悠久的人文环境被大肆拆毁，实质上是对城市历史文脉的破坏，而急功近利、利益驱使等人为因素是重要原因。例如崇妙保圣坚牢塔位于福州市鼓楼区，

---

① 叶廷芳：《中国传统建筑的文化反思及展望》，载《光明日报》，2006-09-07，(6～7)。

系全国重点文物保护单位，是研究五代闽国史及其宗教、雕刻艺术的珍贵遗存。2002 年 10 月，福州市政府决定将该塔文物保护范围内的 21.5 亩土地及周边地段共 66 亩通过公开出让的形式用于经营开发。在未依法报批的情况下开工进行冠亚广场建设，严重破坏了这座千年古塔的历史风貌和周边环境。这是一起典型的法人违法事件，城市政府负有主要责任，经专项执法督察得以纠正。当前一些历史性城市为了达到“旧城改造”和历史城区保护这两个互相冲突的目标，在强调对标志性文物建筑维护的同时，忽视对城市肌理和文化生态的保护。一方面，列入文物保护单位的重要文物建筑和标志性纪念物被选做保护的重点目标，享受着保护资金，并相继得以修缮；另一方面，这些文化遗产的背景环境和周围大面积的历史街区格局却不断遭到摧毁和拆除。“例如在钟鼓楼地区，政府虽然在 2004 年修复了钟楼和鼓楼，却拆掉了邻近的街区，实际上它们是属于保护区的范围。除‘解决交通问题’的考虑之外，拆除这些有着几百年历史街区的另一个理由是为了‘让旅游者能更清楚地看到重要的历史景观’。但是，没有历史街区提供的建筑背景和文化氛围，历史纪念物终不过沦为‘现代’城市的一个小小点缀而已”[①]。沈阳市素有“一朝发祥地，两代帝王城”之称，如今原来围绕在“沈阳故宫”周围的传统民居几乎全部被拆除，致使该处世界文化遗产藏身于混凝土建筑的丛林之中，而附近商厦的一场大火险些使这一北方地区最大的皇家建筑毁于一旦。

6. 商业化开发造成持久负面影响

在市场经济条件下，一些城市的发展仅仅注重经济功能而忽视其中应有的文化质量，仅仅注重物质结构而忽视文化生态和人文精神。如秦始皇陵遗址内开辟了数千平方米的现代广场。尽管随后因受到联合国教科文组织的关注，一些仿古建筑被拆除，但其后又在保护范围内大兴土木修建旅游设施，平日里陵区内旌旗招展，严重破坏了秦始皇陵的完整性和文化内涵的真实性。还有的地方将文化遗产作为一种

① 张玥：《城市景观的重塑——符号化的北京旧城保护（2000—2005）》，《北京和北京：两难中的对话》，联合国教科文组织北京办事处，2005。

标签来招商引资，但是引来的资金却往往是在文化遗产的控制地带甚至保护范围内兴建宾馆、商场、人造景观，同时商业区范围不断扩大，甚至家家开店、人人经商，使文化遗产地充满着商业气氛；一些城市在风景名胜区内盲目建设各类设施，开大马路、铺大草坪、建大花坛、树大雕塑。“据《山西晚报》报道，著名的佛教圣地五台山申报世界文化遗产、自然遗产双遗产的工作正在紧锣密鼓地进行。但由于五台山商业味太浓，给申报世界遗产工作带来很大困难。据有关部门不完全统计，五台山核心地带共有宾馆 700 多家、饭店 1000 多家，大小商铺更是不计其数。过于浓厚的商业气息使五台山给人的感觉更像一个商业城镇，而不是佛教圣地。目前，五台山景区的有关部门正在对这些过多过滥的商业设施进行改造整治，为自己的历史欠账买单。但愿各地政府能够从中吸取教训，使先盲目开发、再花血本保护的悲剧不要一再上演”①。而最终，五台山在 2009 年被列入世界文化遗产。笔者住居附近的一座古代坛庙建筑群，几十年来作为城市公园开放，园中的苍松翠柏为市民提供了优雅、清新的文化空间。但是近年来公园中的各类展销愈演愈烈，就连图书展销中也掺杂不少低档商品，更有各类冷热食品的售卖。每次活动结束后公园里长久散发着垃圾和便溺的恶臭，难以恢复往日幽静的环境和清新的空气，情况稍有好转时，新的一场展销活动又将鸣锣开张。从某种意义上，这处历史空间日益丧失了它的灵魂而蜕化成一个“主题公园”，以损害历史风貌及居民利益为巨大代价，换取了管理部门的经济利益。如此，文化遗产在商业利益的驱动下而“复兴”，通过“商业化再利用”吸引游客，进而拉动地方经济增长，但是对文化遗产及其文化环境带来了持久的负面影响。

7. 超负荷旅游破坏历史文化空间

近年来旅游开发迅猛，宾馆林立，商事繁荣。与此同时，文化遗产使用性质的改变也比较突出。在一些拥有文化遗产的城市，政府决策者对于文化遗产的利用几

① 郭振栋：《是世界遗产还是地方财富》，载《光明日报》，2006-06-23（6）。

乎都采取旅游开发一条路。于是，在狭隘的地方、部门、小团体甚至个人利益的驱动下，文化遗产面临着旅游业超负荷开发的问题。一些风光秀美、具有浓郁文化氛围的江南水乡有着极高的人文价值，深受国内外旅游者的喜爱，每年都有大量的游客慕名而来，尤其是旅游旺季，游客将古镇围得水泄不通，镇内更是摩肩接踵。旅游业虽然带来了小镇的繁荣，但同时也破坏了其原有风貌和文化内涵。数以万计游客的涌入使古镇在重负下透不过气来，镇上居民不得不告别往昔平静的日子，正常生活被搅得不得安宁，文物古迹本身的保护状况也在持续恶化。旅游商业的发展呈现出量的膨胀和质的低下，当地民间手工艺在不断消失，取而代之的是大批量的工厂流水线产品。为了取悦游客以获得更多经济效益，市场上充斥着产自全国各地甚至是世界各国的各种旅游商品，但是各地之间类型雷同，没有特色，犹如一盘琳琅满目的“大杂烩”，无法辨别哪些产自于本地。在传统民俗表演方面，抬轿子、跑旱船、舞龙灯、挂大红灯笼等，几乎成为所有旅游地的节目，反而淹没了当地的民间特色，缺乏吸引力，呈现出文化蜕化的现象。近年来，一些古城、古镇开始出现了不正常的居民迁离，原住居民由于利益的驱动，将老屋改为店铺出租给外来经商人员，自己迁到新城居住，造成文化遗产地原住居民的大量流失。这样原本集居住、商贸于一体的历史文化街区，逐渐演变为纯粹的商贸旅游区，丧失了街区的历史真实性，影响了文化遗产的价值。长此以往，古城、古镇内的传统建筑虽然基本上得以保留下来，但是其中的生活场景已然消失，成为文化空壳。从某种意义上说，传统生活方式的消失与传统建筑的消失同样可怕。真正的保护不应使原有居民成分发生急剧变迁，不应让传统的生活方式骤然消失，而应该在整体上保持一种渐进演化，让历史街区和其中的居民本身的生存形态共同讲述真实的故事，把历史建筑与记忆、时光、生活方式同时留下。

8. 不合理定位改变历史街区环境

目前一些城市出现了以所谓历史文化街区“复兴”取代城市文化遗产保护的现象，不合理的功能定位破坏了历史文化街区的优雅环境和人文底蕴。例如以宁静而优雅的环境和自然与人文的和谐而著称于世的北京什刹海地区，尽管由于被确立为历史文化保护区而避免了被拆除的厄运，但是如今变成了一个“酒吧区”，传统建筑大多用于商业和餐饮业，成为各色酒吧、西餐厅和旅游制品的经营场所，过度的商业氛围破坏了该地区整体风貌的和谐。从2003年第一家酒吧开业以来，在短短的几年内，什刹海的酒吧数量迅速增长到上百家，并且增加势头越来越猛，如此大的发展规模破坏了该地区原有的温馨和宁静的气氛。过去，提起什刹海，人们想到的一定是湖水、胡同、四合院这些元素；而现在，提得更多的是酒吧、餐馆和旅游商品。过去的静谧被今日的喧哗所替代，每到夜晚，往日老北京人传统幽静的生活被打破，酒吧里喧嚣的音乐让居民难以入睡。酒吧数量的激增还导致了交通拥堵、小贩云集、公共空间被侵占，湖岸的每一块土地甚至包括人行道都被酒吧主人所占用。五颜六色的灯光、充斥着外来语的招牌、此起彼伏的外文歌曲，构成了今日什刹海的总体特征。“当酒吧主人们攫取着巨额利润，游客们享受着充满异国情调的夜生活之时，居民们却永远失去了昔日安详的生活”[①]。“就什刹海历史街区来说，它的发展必须延续原有的文化传统和历史环境，具体包括胡同和四合院的生活气息、湖畔的传统文化功能及整个什刹海街区的野趣个性”[②]。如果不控制和改变当前的状况，这一局面必将愈演愈烈，其后果是不但湖畔的景观遭到破坏，周边的胡同、四合院也会被慢慢地被吞噬，历史文脉将一步步地被割断。

第三节　文化遗产保护的本质是文化继承问题

以上分析表明，今天城市文化遗产保护面临着严峻的形势。我们失去的已经不仅是文物建筑本体、历史文化街区肌理、历史性城市风貌，正在丧失的还有对传统

① 张玥：《城市景观的重塑——符号化的北京旧城保护》（2000—2005），《北京和北京：两难中的对话》，联合国教科文组织北京办事处，2005。

② 龚迪嘉：《什刹海因“野趣”而精彩》，载《理想空间》，2006（15），118。

文化的信仰和对地域文化的信心。文化遗产保护既不是从中获利，也不是营造崭新的城市景观，而是对历史的理解、对文化的热爱以及对不同生活方式的尊重。对于一座城市而言，文化遗产及其环境的保护固然重要，但是更重要的是如何树立市民对城市文化的责任感和自豪感。无法想象，一个放弃自己的文化传统而一味迎合庸俗审美情趣的城市，将形成怎样的城市文化环境并留给后代。因此，可以说文化遗产保护的本质是文化的继承问题。

1. 文化遗产保护遭遇“危险期”

针对我国文化遗产保护方面存在的突出问题，有关专家指出：“我们正处在一个‘危险期’之中。”这一判断，无疑是拥有大量例证根据的。在当前大规模城市建设和“旧城改造”的高潮中，始料未及的“大破坏”时有发生。有人认为：“新中国成立以来，我国城市中传承着城市文脉的历史古建筑和遗迹受到三次严重破坏：第一次是解放初期到大炼钢铁时期；第二次是‘文化大革命’时期；第三次是改革开放之后，借‘改造旧城，消灭危房’等动人口号，使某集些城市的历史建筑，城市风貌遭受了灭绝性的毁坏”[①]。我国城市近 20 年来有着巨大的发展，但是遗憾的是，发展过程中毁坏了大量文化遗产，我们为此缴纳的已经不仅仅是昂贵的学费，而是对城市文化资源难以弥补的伤害。

目前，我国正处于一个经济迅猛发展、现代化和城市化日新月异的时期，城市各类房屋和基础设施的建设正以空前的规模和速度展开。在这个时期，一方面，经济建设与文化遗产保护之间的矛盾异常突出；另一方面，社会上存在着忽视文化遗产保护的倾向。一些城市决策者，或出于片面地追求现代化速度，或迫切地积累任职的政绩，或只盯住眼前的经济利益，将成片的历史城区交由房地产开发商进行改造，他们本身对自己城市中的文化遗产价值和保存状况大多一无所知，甚至无暇加以了解。大规模的旧城改造、过度商业化的运作、大拆大建的开发方式，往往造成

① 高路：《城市“形象工程”遭遇 8 大“盲目症”》，载《中国文化报》，2005-10-11（3）。

传统空间、生活肌理及其历史文脉的割裂，导致城市记忆的消失。正如徐苹芳先生指出："在近年经济建设的高潮中，地方政府将经济指标放在第一位，往往是基建部门压倒文物保护。因此，在执行文物法的过程中，遇到了很多来自各级政府的阻力。在建设工程中破坏遗址和文物的几乎都是政府行为。"①面对文化遗产保护的诸多困难，每一位文化遗产保护工作者都有切肤之感。

在城市化浪潮中，很多城市受到了房地产业巨大利益的刺激而大兴土木，无数历史街区在推土机的轰鸣中变成瓦砾，换来的只是"千城一面"的城市景观和与本地文化毫无关联的各类建筑。当城市历史中心挤满了高层建筑、原有的文化多样化空间不复存在时，当传统商业街区不断消失、被大体量的现代商厦所取代时，当尺

北京"危旧房改造"

① 李政：《徐苹芳谈基本建设与考古发掘和文物保护》，载《中国文物报》，2003-11-21（5）。

度宜人的传统街道被改造扩宽、取而代之的是凌空飞架的立交桥时，当浓荫蔽日的街头绿地化作尘封的记忆、超大尺度的城市广场占据大量公共空间时，当这一切成为现实，并不断成为现实，传统城市文化将难以为继。当代留给后代的只能是一座座失去记忆的“空心城市”。城市失去的不仅仅是独具特色的城市面貌，而且将失去城市的文化灵魂。一座割断了历史文脉的城市，一座破坏了人文环境的城市，一座失去了文化灵魂的城市，将无根可寻、无源可溯，将与文化城市无缘。

每一座城市的文化遗产资源都是在历史长河中一点一滴地积累起来的，一个城市的特色大都经历了数十年、上百年的沉淀，一座历史性城市更需要经过数百年、上千年的文化积累。可是如今我们看到，如果要毁掉这些经过漫长岁月积淀而成的城市记忆和特色风貌，又是那么的轻而易举，几年甚至几个月就能实现。而这些文化遗产和城市特色一旦被毁就将永远失去，再难恢复。对此，仇保兴副部长尖锐地指出：“不幸的是我国许多地方，在争创‘国际化大都市’、实现‘一年一小变，三年大变样’等豪言壮语的驱动下，在‘人民城市人民建、消灭危旧房为人民’等貌似正确而且‘鼓舞人心’的口号策动下，城市发展之源、文脉之根的旧城区或历史文化街区纷纷被推倒、拆平，取而代之的是大量毫无特色的‘现代’楼宇，彻底破坏了上千年历史形成的独特风貌，成为失去记忆的城市，这等于将祖传的名画涂改成现代水彩画。”[①]

2. 文化遗产保护首先是认识问题

截至 2006 年，我国的世界遗产数量在全世界名列第三。但是，在联合国教科文组织的《世界遗产名录》中，大约有 1/3 是各国的历史性城市或历史城区，而我国 103 座国家历史文化名城中，却只有平遥和丽江两座城市被列入了该名录。造成这一现象的重要原因，就是因为我们许多历史性城市中的文化遗产和历史风貌在城市建设和改造中遭到破坏。与一些欧洲国家相比，我们所保护的文化遗产不是太多，

① 仇保兴：《在城市建设中容易发生的八种错误倾向》，载《中国建设报》，2005-12-13（1）。

而是太少。例如在伦敦，市区内泰晤士河上共计有32座历史桥梁，仅市中心区就有8座桥梁受到保护；在巴黎，市区有3115座历史建筑至今受到妥善的保护；在柏林，政府规定凡80年以上的传统建筑都必须无条件地保留；在马德里，任何单位和个人均不得对市中心的历史建筑进行任何改动，并且每隔20年必须按照原状重新进行维修和粉刷，否则将课以重罚；在罗马，斗兽场在人为和自然的破坏下已经部分坍塌，但是人们并没有对其进行恢复，而是用现代技术对断壁残垣进行科学加固，供人们考察和观赏。但在我国，“在高速城镇化进程中，由于部分城市领导盲目地崇洋媚外、喜新厌旧和贪大求洋，在这些不正确的认识作用下，不少历史文化名城惨遭毁灭性的破坏，历史风貌荡然无存，少数国家级文物保护单位也成了现代建筑海洋中的孤岛而痛失其历史原真性和环境的整体性”[①]。

欧洲一些国家的过去和我国的今天一样，也经受过城市化加速发展的冲击。如19世纪中叶，当时巴黎市政长官G. E. 奥斯曼（G. E. Haussmann）主持的巴黎改造工程，对巴黎进行了一次大规模的剧烈改造。“直到今天，奥斯曼已去世130多年了，巴黎人还在为那一次他所领导的对巴黎老城的‘屠杀’大加声讨”[②]，称他是一个毁坏了无数历史文化遗产的“蹩脚规划师”！当时奥斯曼对巴黎的改造和今天我国一些历史性城市的改造有着很多相似的地方，但是巴黎市民从惨痛的事实中汲取教训，使许多历史城区和文化遗产得以留存下来。如在20世纪50~60年代，超高层建筑要在巴黎市中心立足，数量快速增长的汽车要在传统街区内冲出宽阔的大道，房地产开发商们策划拆除历史城区内狭窄的历史街道和设施陈旧的传统建筑。但是当这场文化灾难即将来临时，首先是市民们挺身而出，在报刊上发表文章，举办城市历史展览，成立街区保护组织，宣传保护文化遗产。他们认为，正是这些传统建筑和历史街区构成了城市独特的历史文化空间，他们的全部精神文化之根都深深地扎于其中。因此，他们为保卫这一文化空间而努力奋争了数十年，终于这些观念成为今天全体巴黎市民的共识。国际视野能够让我们看到差距，实际上，根本的问题在于经

① 仇保兴：《在城市建设中容易发生的八种错误倾向》，载《中国建设报》，2005-12-13（1）。
② 王军：《城记》，北京，生活·读书·新知三联书店，2003。

济崛起的我国城市在21世纪是否有意识、有信心和有能力保护和弘扬自身文化，而其中能否拥有正确的发展理念则更为关键。

日本的文化遗产保护立法经历了一个跨越百年的系统工程。早在1871年，即现代化的初始阶段，日本就制定了第一部有关文化财产保存的条例；随后，在1897年和1929年政府又分别颁布了《古社寺保存法》和《国宝保存法》；而1950年日本制定的《文化财产保护法》，更加强调文化遗产的精神文化层面的意义。此后的50多年间，日本又对该法进行了近20次的修订，由此看来，这种文化遗产的保护传统也伴随着日本的现代化进程，并且与时俱进。今天，西欧一座座保存得十分完整的千年古城，既像一座座巨大的博物馆，又像一件件完整的艺术珍品，她们的每块砖、每棵树、每个石阶、每栋房屋、每条街道都镶刻着历史的印记，都透射出勤劳智慧的当地居民的独具匠心。这些古城和文化遗产之所以能够留存至今，在很大程度上既得益于市民们强烈的保护意识和参与意识，也得益于城市决策者的远见卓识。从韩国和日本这两个亚洲现代化程度较高的国家来看，现代化本身就伴随着对自身文化传统的自我认定和不断强化，而绝不是对自身文化传统的自轻自贱或全盘否定。

3. “民众的参与是最好的保障”

“民众的参与是最好的保障”是印度文化遗产界对外宣传的一句口号，目的是号召更多的民众加入到保护文化遗产的行列。撒巴瑞玛拉（Sabarimala）寺是印度著名的朝圣地之一，当地政府希望将旅游作为地方的支柱产业，大力开发寺庙地区以造福一方，但是，政府却在工程动工当天遇到了印度最著名的民间组织——“拥抱运动”。工程区域内，每一棵可能会被砍伐的树木都被人们紧紧地抱在怀里，他们准备用自己的肉体去阻挡工程人员的刀斧，这种颇具印度特色的“拥抱运动”在印度已经有30多年的历史。这项“非暴力不合作”运动在印度迅速蔓延开来，吸纳了从农民到城市白领成千上万来自印度各个社会阶层、种族、年龄和性别的拥抱者。今天，以该民间组织为首进行的极具印度传统特色的“拥抱运动”在印度随处可见，并被普遍加以响应。尽管“拥抱运动”不是专业性的文化遗产保护组织，但这种独具特色的捍卫保护家园的组织和运动，在集结并发挥其公众力量参与保护的同时，其本身也是印度传统文化的继承与发扬[1]。

动员民众参与文化遗产保护在我国也有传统。1956年国务院颁布的《关于在农业生产建设中保护文物的通知》中的第一条就是要求文物保护工作不能仅仅依靠政府，而是要“加强领导和宣传，使保护文物成为广泛的群众性工作”，并且提出了要建立群众性文物保护小组的要求[2]。可喜的是，整整50年之后，2006年6月10日成为我国首个“文化遗产日”。文化遗产日是在全国政协委员和专家学者的不懈呼吁下，也是在我国文化遗产保护处于极其困难的背景下，由国务院决定设立，显示出一种非同寻常的必要性和极强的现实意义。由国家确定“文化遗产日”显示了当代中国对自己文明的认识高度，表现了一个民族文明的自觉，更为重要的是进一步将文化遗产保护事业变为亿万民众的共同事业，表明具有现代文明意义的、并被人类广泛认同的文化遗产观正在我国形成。保护文化遗产不仅是各级政府和专家学者的责任，而且是每一个公民应该担负起来的责任，更是亿万民众的共同责任。民众既是文化的创造者，也是文化的主人。如果广大民众不珍视、不爱惜、不保护、不传承我们的文化，文化最终还是要中断与消亡。文化遗产日正是在这样的思考层面上确立的。

最早确立文化遗产日的国家是法国，后来文化遗产日遍及欧洲。法国的“文化遗产日”活动始于20世纪80年代，旨在使参观者近距离接触、了解人类的文化遗产，从新的角度来认识文化遗产的深远价值。于是，1984年9月的第三个星期日成为法国也是全世界第一个“文化遗产日”，法国还立法规定：对于文化遗产，国家不再是它的唯一保护者，国家地方行政机构、各种组织与协会和每个公民都有义务和责任保护和热爱文化遗产，因此，“文化遗产日”活动对于参与者增强文化遗产保护

---

① 成思文：《全球化背景下的印度文化遗产保护浅谈》，载《理想空间》，2006（15），97。
② 谢辰生：《新中国文物保护工作50年》，载《当代中国史研究》，2002，9（3），61.

文化遗产日新闻发布会（2006 年）

意识具有重要意义。法国每年有 1000 多万人主动参加这一盛大的文化活动，公众是这一天的主人，他们是主动的参与者而不是被动的参加者。1985 年以后，许多国家开始效仿法国的做法，到 2000 年，全球已有 47 个国家举办“文化遗产日”活动。在这一天，大到城市，小到乡镇，民众以各种方式举办各种丰富多彩、富于创意的活动，设法把这一天的文化活动开展得有声有色，从而丰富人们的文化情怀，提高人们对各自文化的荣誉感。2005 年法国文化遗产日的主题为“我爱我的遗产”，法国文化部 R.D. 德瓦布雷斯（R. D. de Vabres）部长宣称：该主题“是使每一个法国公民能表达他们对文化遗产的热爱”。在面对全球化带来的文化趋同的浪潮时，文化遗产日大大提高了各国民众对文化遗产的关注与自觉保护。

文化遗产保护作为一项利在当代、功在千秋的社会公益事业，需要动员广大民众的积极参与。许多珍贵文物的第一发现者和第一时间保护者就是普通民众，如果民众缺乏文物保护意识，没有采取基本的保护措施，它们可能无声无息地被破坏甚至毁灭。2003年1月19日，陕西省宝鸡市眉县杨家村王宁贤等5位农民在取土时意外发现一处西周青铜器窖藏，他们妥善保护并及时报告当地文物部门。后经专家考证，这批青铜器件件有铭文，创造了全国同类发现的多项第一，对夏商周断代工程研究具有重要意义，被评为2003年度“全国十大考古新发现”。这一事迹传遍了全国，受到社会的广泛关注，唤起全社会的文化遗产保护意识。另一件民众自发保护文物的感人事迹发生在年人均收入不足700元的极其贫困的贵州省黎平县地坪乡。2004年7月20日，当一场百年未遇的洪水咆哮着冲毁全国重点文物保护单位地坪风雨桥时，当地数百名群众自发地跃入洪水，拼死打捞风雨桥构件，经过三天三夜的奋争，从贵州打捞到广西，共抢救回75%以上的风雨桥构件，使风雨桥得以重建，上演了一幕我国文化遗产保护史上的壮举。事后记者采访村民粟朝辉时，他只说一句话：“我是本地人，这是尽义务。”这句话表达了地坪乡普通群众的一种共识。地坪风雨桥连接着上寨村和下寨村，这里共生活着1500余位侗族群众。风雨桥既是他们休闲、节庆的场所，也是侗族青年行歌坐月、谈情说爱的地方。当地人以此为自豪，把它当做村寨的精神财富，祖祖辈辈都将守护它当成自己的义务。一位侗族学者说：花桥是我们侗族人生命中的桥，保护花桥是我们传承民族文化的方式之一。孩子们是唱着“地坪花桥传万代”的侗族儿歌长大的。地坪人在这种氛围中成长、生活，爱护花桥、保护花桥的意识已经溶入了他们的血液，他们为花桥做任何事都如同呼吸般自然，文物保护的民众意识在这里得到了最强烈的表达。

第四节　迎接文化遗产保护事业的战略转型

文化遗产不是在时间和空间上凝固不变的对象。文化遗产是一个博大的系统、一个发展的概念、一个开放的体系、一个永恒的话题。对于文化遗产保护的认识也一直处于发展变化之中，并不断被检验、被证明、被修正、被丰富，在实践中产生出更符合实际的新内容。因此，我们对于文化遗产保护的理念，既不可能脱离特定的时空而形成，也不可能抛开人们对文化遗产价值的判断来认识。近几年，一方面大拆大建式的城市改造导致人们普遍的文化失落感，另一方面生活环境的急速变迁引发人们对传统文化的精神回归，人们对于文化遗产保护的观念正在迅速觉醒，渐渐成为政府与社会各界的关注焦点，认识的不断深化与更新推动着保护工作的实践，呈现出令人欣喜的发展轨迹。

1.“单体保护”与“整体保护”

文化遗产是一座城市文化价值的重要体现，而文化遗产依赖于背景环境而存在，有背景环境的烘托，文化遗产才能全面彰显其历史、艺术和科学价值，才能真正成为城市文明的载体，才能更加受到社会的尊重、民众的珍爱和国家的保护。文化遗产和背景环境的保护及保留如同树木和土壤的关系一样，树木失去了土壤，就失去了生存的条件，就失去了生机，就变成了枯树；同样，失去背景环境的文化遗产，就不能反映或不能全面反映其应有的价值，就会成为孤立的“盆景”。文化遗产与背景环境的关系，应该是个体与整体、局部与全部的关系。如果损毁了文化遗产的背景环境，不仅文化遗产的价值大大降低，它的延续时空也将大大压缩，甚至危及自身安全。我们常常看到一些历史文化街区，由于周围布满高楼大厦，漫步其中犹如井底观天，难以体现原有的文化意境。一些传统建筑群由于周围开发成繁华的商业网点或集贸市场，这些传统建筑的背景环境所反映的历史地位、民族风格、地理形胜以及建筑风水等损失殆尽。尽管一些文化遗产本身得到了保护和修缮，但是仍然丧失了往日的光彩，其原因就在于文化遗产周边环境被破坏，影响了文化遗产本体所依托的社会生活方式或者是文化传承基础，直接导致文化遗产本体价值的损害。

文化遗产保护应遵循真实性和完整性的原则。真实性原则，就要求不得改变文化遗产的历史原状，要尽可能地保护文化遗产所拥有的全部历史信息。完整性原则，则要求将文化遗产及其周边环境作为一个整体，保护不仅限于其本身，还要保护其背景环境，特别是对于历史性城市更要保护好整体环境，这样才能体现出历史原貌。对城市化加速进程中的历史性城市来说，“保护与发展”的矛盾更为突出，整体保护的责任更为艰巨。对此徐苹芳先生指出：“方针上的错误和对历史文化名城保护的软弱无力是主要原因。直到现在（指 2003 年），呼吁多年的历史文化名城保护条例都没有出台，更谈不上专门的法律。对历史文化名城的保护的依据只能是搭《文物保护法》的车，简单的几项条款，这是一个相当严重的问题。”他同时指出：“对历史文化名城的保护，城市规划部门提出的不整体保护完整的古代城市规划‘遗痕’，而是有选择地保护一些主观规定的历史文化街区的思路是错误的。历史文化街区的概念是自欧洲移植过来的，根本不符合中国古代城市重叠式发展的历史特点。”[①]虽然笔者认为，将历史性城市中较完整保存真实历史信息和历史风貌以及集中反映一定历史时期和地方特色的地段，确定为历史文化街区加以保护的做法，在现阶段具有抢救性保护意义，但是，徐苹芳先生整体保护历史性城市的观点无疑是十分正确和非常重要的，实际上是在告诫我们不能用历史文化街区的保护来取代历史性城市的整体保护。特别是在城市化加速发展的新形势下，大规模城市建设对历史性城市和文化遗产环境造成重大冲击，整体保护更加成为亟待加强的问题。

国际社会从 1964 年的《威尼斯宪章》到 1994 年的《奈良真实性文件》都侧重于对文物本体的保护[②]。在我国，现行的《文物保护法》和历史文化名城保护制度中，也偏重于文物保护范围内各项历史要素的保护，仅在确定保护范围的同时，根据需要设立一定规模的建设控制地带来控制其周围环境，有的城市公布了若干历史文化街区。应该看到，这些措施都是很有限的，许多历史沿革、历史事件、历史面貌均与其背景环境密切相关，如果背景环境受到损害或消失，文化遗产的完整性及其本身价值也必然受到损害，它所反映的文化内涵也将处于孤立的、局部的和不完整的状态。因此，所有这些远远不能满足维护我国历史性城市的真实性与完整性的

① 李政：《徐苹芳谈基本建设与考古发掘和文物保护》，载《中国文物报》，2003-11-21（5）。

② 注：1964 年的《威尼斯宪章》提出历史古迹的保护不仅包括单体建筑物，还应包括一定规模的历史环境，即在保护中第一次正式引入了“历史环境”的概念。之后 1976 年的《内罗毕建议》中“历史地区”概念的提出，1987 年的《华盛顿宪章》中“历史城镇与城区”概念的提出，都是对保护历史环境的理念的进一步扩展和延伸。

需要，致使上百座国家历史文化名城都受到不同程度的破坏，其中一些严重的已经面目全非。2005 年 10 月，国际古迹遗址理事会第 15 届大会通过的《西安宣言》提出对文物建筑、文化遗址和历史区域的周边环境进行保护，以减小城市化进程对文化遗产真实性、完整性和多样性的破坏。宣言强调在文物保护实践中，需要通过规划手段和实践来保护和管理周边环境，使对文化遗产的保护扩展到更大的甚至城市总体的空间范围。侯仁之院士认为："国际古迹遗址理事会大会提出历史建筑的重要性和独特性来自于人们所理解的其社会、精神、历史、艺术、审美、自然、科学或其他文化价值，也来自于它们与其物质的、视觉的、精神的以及其他文化的背景和环境之间的重要联系。这一点非常重要"[①]。

自从 2005 年 1 月，新一轮《北京城市总体规划（2004—2020 年）》中明确"旧城整体保护"以来，北京市政府进行了一系列努力。其中世界文化遗产故宫保护"缓冲区"[②]的制定最为突出。2005 年 7 月这一方案在第 29 届世界遗产委员会大会上获得审议通过，并从备案之日起正式生效。方案包括故宫保护范围 86 公顷、缓冲区范围 1377 公顷，总计面积 1463 公顷，其中含皇城、什刹海、南北锣鼓巷、国子监等多个历史文化保护区。"站在故宫三大殿的平台上，往四周眺望时，应该看不到任何破坏景观的高层建筑"。这是联合国教科文组织对故宫保护缓冲区实现效果的要求。缓冲区内将限制对历史街巷和传统民居的大拆大建，禁止建设高度超过 9 米的新建筑，并逐步整治不符合规定的建筑。近两年来在缓冲区内开展了一系列保护整治项目，如缓冲区内的市房管局 6 层办公楼，由于与周边风貌不协调而拆掉了上面 3 层，为缓冲区的实施开了个好头；地安门商场也做了类似的降层处理，改善了传统中轴线的景观；作为国家重点文化工程的国家话剧院，为了符合缓冲区的要求，选址从原定于地安门外大街东侧的位置撤出，另觅新址建设。"旧城保护在当前的确困难重重，但大方向一旦理顺，克服短期困难就会转入康庄大道，并且越走越宽。如果畏难、怕事，畏缩不前，旧城就再难有复必之策"[③]。

---

① 赵中枢：《城市规划要尊重历史环境——访中国城市规划学会资深会员、中国科学院院士侯仁之》，载《中国建设报》，2006-09-26（2）

② 注："缓冲区"是指在世界文化遗产周边的规定范围内保持其周围原有的历史环境的区域。

③ 吴良镛：《总结历史，力解困境，再创辉煌——纵论北京历史名城保护与发展》，部级领导干部历史文化讲座，350 页，2004。

2.“文化遗产”与“文化资源”

我国在几千年的封建社会中，也曾在特定人群内保持着收藏古董、保护古物的优良传统，然而“从根本意义上来说，所有这些都未冲破古玩、古董专供少数人把玩自赏或附庸风雅的局限。至于深藏宗庙、殿堂以至在争战中胜者‘俘厥宝玉’，败者‘载宝而行’的历史现象，更是视文物为权力、财富、神圣的象征，不能同今天的文物保护同日而语”①。今天，我们认识到文化遗产的深层价值难以用经济价值衡量。文化遗产保护对于城市经济和社会发展的贡献往往并不是简单投入和直接产出的关系，相对于工业、农业、商业等传统产业，文化遗产事业的贡献难以直接统计，特别是与一些新兴产业相比，其综合效益更不容易使人们清楚地认识。但是，今天人们仍在执著地思考和研究文化遗产事业对国民经济和社会发展的贡献和促进作用，希望填补长期以来缺乏文化遗产事业的综合贡献测算和定量标准体系的空白，为各级政府及相关机构提供决策依据，使文化遗产事业在社会上确立应有的地位，让会更加理解、支持文化遗产保护，从而达到文化遗产保护事业与社会经济的同步发展。

人们已经越来越认识到文化遗产的多重价值的重要性和必要性。世界各地的政府在制定相关文化政策时，不可回避地要考虑投入维护文化遗产可能带来的综合效益。社会学家、经济学家们运用社会学、经济学的原理、方法和模型来评估文化遗产的价值，研究探讨维护文化遗产的成本和潜在的效益，帮助政府制定合理的文化经济政策。人们普遍认为，合理利用文化遗产向社会提供各种文化服务，不仅提高人们的生活质献，更好地履行保护文化遗产的使命，同时还为提高社会的就业率和国民的收入做出贡献。在城市文化公共性日益加强的今天，文化遗产已经不只是少数专业工作者呵护的对象，还融入了社会生活，在保护中利用，在利用中进一步诠释和丰富它们的历史、科学和艺术价值。保护文化遗产不应排斥对其合理利用，而且合理利用恰恰是最好的保护。仅仅把文化遗产当做是一件珍稀物品“保留下来”是不够的，更重要的是发掘文化遗产中的精髓，将其转化为服务于人类现代生活的

① 谢辰生，彭卿云：《文物大国的危机》，载《中国文物学会通讯》，(1)：15.

第 28 届世界遗产会议，江苏（2004 年 6 月 26 日）

文化资源。1967 年英国颁布的旨在保护城市文化遗产的《城市文明法》，原文直译就是“有关市民舒适、愉悦的法律”。文化遗产保护可以促进城市文明素质提升。

保护永远是第一位的，只有在保护的基础上才能谈得上合理利用。那么，怎样才能有效地保护和妥善地利用文化遗产，并将它们转化为服务于现实生活的文化资源呢？文化遗产成为文化资源是有条件的。尽管文化遗产的形态成分各有殊异、价值作用各有所别，但是均应按其不同的特征与属性实施相应的保护措施，包括开展文化遗产的普查、登记、记录、整理、研究、展示、利用、传承等措施，实现继承和弘扬的目的。虽然文化遗产为世人所珍视，受到国家的保护，但是在它们的文化内涵未被阐释的状态下，在人们正确认识、理解和利用它们之前，文化遗产并不能自行转变为可以为人类生存服务的文化资源。正是由于文化遗产机构和专家的努力，通过对文化遗产进行系统的记录整理和深入研究，才使其文化内涵得以逐渐揭示，并采取生动通俗的方式向社会广泛传播，正是这一系列努力，创造了文化遗产向文化资源转化的条件。

对于一座城市来讲，保护文化遗产不仅仅是为了保存珍贵的物质遗存来做展览、旅游，开展文化活动，而是为城市的未来保存历史、为城市的发展保存文化资源。一座城市经济越发达，社会文明程度和现代化水平越高，保护文化遗产就越显重要。文化遗产的未来价值之所以会越来越高，是因为人们对文化遗产所凝聚的历史文化内涵有一个逐步认识的过程。在转型期，人们对于真正的生活质量、文化品位等还普遍缺少正确的认识，文化遗产对广大民众的吸引力更有一个逐步提高的过程。文化遗产价值会随着市民综合素质的提高而提高。知识水平、鉴赏水平越高，人们从文化遗产所获取的文化信息就会越多，得到的艺术享受就会越多，便会越来越喜爱文化遗产。经济发展水平越高，人们便会越有经济实力和休闲时间来欣赏文化遗产。“人们已经开始注意他们的现有环境，喜欢并欣赏它们。城内的早先趋向于投资减缩和放弃的地段正在修复，并将得到充分的利用。保护能提供经济利益，不仅因为这样能吸引旅游者，而且还由于这样做节省了昂贵的自然资源，否则那些资源就会被浪费。城市因而变得更加多姿多彩和令人感兴趣”[①]。保护历史性城市也不仅是为了留下城市的建筑精华和城市景观，而是通过保护这些文化资源，从中可以滋养出具有鲜明的传统文化与地域文化特色的文化城市来。

值得注意的是，文化遗产包括物质的和精神的两方面内容。文化遗产转化为文化资源的障碍，往往是因为对于文化遗产的认识过于物质化。因此，关于文化遗产保护，长期以来存在着一些不正确的看法，认为文化遗产保护和城市发展是一对不可调和的矛盾，城市发展势必要牺牲文化遗产，文化遗产迟早要成为城市发展的弃物，保留只是暂时的，当城市发展需要时必然会让路于城市开发建设。目前这种认

---

① [美] 凯文·林奇:《城市形态》，184 页，林庆怡，陈朝晖，邓华，译，北京，华夏出版社，2001。

识仍然大有市场，并经常被来自城市决策者的错误决策和房地产开发商的野蛮开发行为所证实。应该说，这种认识既缺乏正确的城市发展理念，也缺乏对文化遗产价值的全面理解。随着人们文化生活质量的提升，今天真正有价值的文化遗产的损毁，必将成为明天市民永久的遗憾。从世界历史性城市的发展趋势看，文化遗产保护与城市现代化发展并不矛盾，处理得好反而相辅相成、互相促进。城市现代化的方方面面都不可能凭空而降，它的每一项因素都离不开文化，历史与现代是继承与发展的关系。法国人认为巴黎不仅是文化艺术的保存地，更重要的是人类文化艺术精华的创新地。这些文化遗产构成一个城市的文化资源，成为跨越历史与时代的精神主题。一个文化本位的城市是有价值的城市，同时，这个城市的经济社会发展也必然充满活力。因此，文化遗产应该作为城市发展的文化资源，作为创造文化城市的基础。

如果只把文化遗产当做一种经济资源和物质财富，人们就会随心所欲地处置它们；如果也把它们视为珍贵的文化资源和精神财富，人们就会永远保护它们，与它们为伴，以它们为荣，甚至把它们作为生命的重要组成部分。人们还将进一步认识到文化遗产不仅属于当代人所有，我们只是后代委托的文化遗产保管人，我们无权定夺它们的命运。在美国，面对城市规模和高速公路的不断扩展，文化遗产也正在以不断增长的速度流失或遭受实质性的改变并受到忽视。对此，联邦政府认为，现有的保护计划无法确保其后代拥有真正的欣赏及享用国家丰富遗产的机会，于是在2000年修订了《国家历史保护法》。该法规宣称，为了给美国人民以方向感，联邦的历史与文化基础应被视作我们公共生活与发展的组成部分得以留存；对不可替代的历史财富的保护符合公众利益的需要，所以它们在文化、教育、美学、经济和精神等方面的价值，将为了美国的后代而得到保存和丰富。该法规将文化遗产保护的目的定位于公众利益和后代利益，具有鲜明的特色。

3."政府保护"与"全民保护"

文化遗产保护需要文物工作者和文物管理部门以"守土有责"的精神承担起庄严使命，更需要广大民众的积极支持与配合。我们面对的保护对象，往往经过了数十年、上百年甚至上千年的风雨历程而有幸留存至今，文化遗产本体往往早已满目疮痍，其原生环境也发生了翻天覆地的变化。但是我们不能忽视另一方面的变化，随着时光流逝，伴随原有生产、生活方式的消失，一些文化遗产对于民众来说渐渐难以理解，当地民众与文化遗产之间的相互关联日渐疏远，文化情感日趋淡漠。对于前者，我们正在努力通过保护技术和工程手段竭力遏制文化遗产及周围环境的进一步恶化，而对于后者，如何避免当地民众与文化遗产之间的"关联疏远"和"情感淡漠"却往往没有引起重视。例如当我们在村庄附近的考古现场拉起禁入线、竖起"发掘现场，请勿入内"牌子进行考古发掘的时候，是否曾想到深埋地下的文化遗存与村庄中的民众之间可能存在着某种联系；当我们小心翼翼地将这些出土文物运离当地的时候，是否曾想到应该对村庄的民众进行某种方式的展示和宣传，使他们了解我们工作的意义。这不仅仅是维护他们应有的权利，更有助于使他们在今后的人生中对家乡充满敬意和自豪，让他们的后代对故乡充满敬爱和自尊。再例如当我们进入一个社区进行文物建筑修缮的时候，是否曾想到这组建筑在社区民众心目中的地位和有哪些情感关联；当我们完成修缮工程准备离开的时候，是否曾想到应该将此次对文物建筑的处置情况进行详细记录，正式出版后反馈给社区和民众，不但让他们理解我们修缮工程所遵循的理念，而且让社区的民众在今后的生活中成为这组文物建筑的自觉的捍卫者和守护神。

要积极倡导民众应当成为文化遗产保护的知情者和受益人的理念，无论是在历史文化街区和历史文化村镇的保护事业中，还是在考古发掘和文物建筑修缮等工程中、在博物馆建设和陈列展示等工作中，都应该积极取得广大民众，特别是当地居民的理解和参与。只有民众倾心地、持久地自觉守护，才能实现文化遗产应有的尊严，而只有享有尊严的文化遗产，才能具有强盛的生命力，才能成为社区的骄傲。正如苏东海先生所指出："文化遗产是有情感内涵的，不论是文化遗产形成过程中蕴含着的固有的情感，还是人们对它的情感的共鸣，文化遗产的情感价值都应该引起更多的重视。"[1]但是，我们往往并没有把"沟通关联"和"培育情感"作为文化遗产保护工作的应尽职责。事实上，这种关联疏远和情感淡漠正在造成民众与文化遗产之间距离感的加大，其后果严重地影响着文化遗产事业的持久健康发展。尤其是在当前文化遗产面临"前所未有的破坏"的关键时刻，文化遗产更无法藏身于世外桃源或自外于当代社会，保护也不意味着与当地民众和当代生活的隔绝与封闭。每一处文化遗产的兴衰都应和民众的利益息息相关，都应牵动着千家万户。只有大量当地民众积极投入到维护自己的文化遗产的事业之中，才能变"少数的抗争"为"共同的努力"，文化遗产保护事业才能取得实效。

我国民众是有觉悟、讲感情的。近几年，连续发生在宝鸡地区一幕幕动人心弦的事实就充分证明了这一点。上述王宁贤等5位农民保护国宝的动人事迹曾经"感动中国"，从那以后，相同的事迹在这一地区连续出现。从2003年至2006年的短短4年中，又有11批农民群体在生产劳动中发现以青铜器为主的珍贵文物后，自觉报告文物部门或上交国家。这里所形成的"护宝精神"在世界上应是绝无仅有的。一次次令人们兴奋不已的不仅是那些出土面世的稀世珍宝，更是那些朴实无华的护宝农民群体，是他们的高尚行为铸就了震撼人心的"农民护宝精神"。在震撼和感动之余，人们不禁要问，是什么精神让这些村民在盗墓猖獗、非法走私文物盛行的今天，能够抵御金钱的诱惑将珍贵文物上交国家，为我们保留了这一方净土？原因很简单：这里是周礼的故乡，是中国传统文化的发源地。在这块神奇的土地上，从古至今出土的大量精美至极的国宝，所体现的是厚德载物、自强不息的民族精神。长期生活在这种氛围中的民众，形成了淳朴的民风，培养造就了爱国护宝的精神。今天，这些可敬可赞的农民护宝行动，反映的正是当民众感受到家乡悠久灿烂的文化传统，

① 苏东海：《文物与历史——兼谈博物馆的学术研究》，载《中国文物报》，2006-02-10（5）。

了解到国家保护文化遗产的法律之后所形成的自觉自愿的保护意识和无私奉献的高尚情操。

长期以来，我国政府是最强有力的保护主体，“自上而下”的保护机构和行动贯穿于文化遗产的保护事业之中。相比之下，在政府保护的同时，充分调动民众的积极性加强文化遗产的保护早已成为世界各国的普遍做法。特别是一些发达国家，在政府的引导下，民间力量对文化遗产保护发挥着越来越重要的作用。1979 年，国际古迹遗址理事会澳大利亚委员会通过了《巴瑞章程》(Burra Charter)。章程在吸收《威尼斯宪章》精神的同时，结合澳大利亚的情况对文化遗产保护做出规定，其基本主张是强调古迹遗址的价值不仅包括其物质形式本身，而且包括其内容和对社区的意义，因此做出关于文化遗产的任何决定都应充分理解其所具有的文化价值，以及合理利用对于社区的重要性。在我国，广大民众也有参与文化遗产保护的良好愿望。2005 年 10 月 18 日，国际古迹遗址理事会第 15 次大会在西安市召开，理事会当日收到了来自北京的一封信，信件陈述了对于北京现有胡同存在状况的忧虑，认为北京历史城区所剩无几的胡同和四合院正在一天天地减少，而幸存的也受到高楼大厦与建筑工地的包围和威胁。信件同时呼吁，希望通过此次大会，能够真正加大保护中国的历史建筑、历史文化名城的力度。北京四中高二年级“北京文化地理”选修课的 10 位学生是这封信件的联署发起人，大会收悉信件后，引起了强烈共鸣①。文化遗产保护需要民间力量的支持。

今天，珍惜和保护文化遗产的境界与能力，已成为国际社会对国民素养的评价标准之一。因此，必须使民众在生产、生活中不断加强对文化遗产价值和意义的了解，增强自觉保护意识，进而影响和带动更多的民众来关注、参与文化遗产的保护。“与文物对话就是与历史本身对话，感受文物蕴藏的喜怒哀乐，就是对历史情感的进入。这是文物的特殊的历史价值之所在，是口碑和文本所达不到的”②。但是我们不能不看到文化遗产往往会被包装得高深、虚玄、甚至神秘，“锁在深闺人未识”。实

① 章剑锋:《北京胡同濒绝》，载《中国经济时报》，2005-11-09（15）。
② 苏东海:《文物与历史——兼谈博物馆的学术研究》，载《中国文物报》，2006-02-10（5）。

际上，文化遗产是大众的，它们为大众所创造，也应为大众所了解。而要做到这一点，就需要文化遗产保护工作者放下架子，经常与民众进行平等地交流，积极向他们讲述文化遗产的过去、今天和未来，用平民化的方式说明自身工作的意义，这样才能让民众了解文化遗产与他们今天物质与精神生活之间的密切关联，使文化遗产保护能够为民众所理解。在这些方面学术大师早已做出示范，“贾兰坡先生很早就出版了关于北京人的科普读物并被翻译成外文；考古学泰斗苏秉琦先生最后的著作《中国文明起源新探》以通俗易懂的形式总结了其毕生研究所得，被他自称为‘一本我的大众化的著作，把我一生的所知、所得，简洁地说出来’，是向大众的一个交代；另一位中国科学院院士吴汝康的《人类的过去、现在和未来》被收入‘名家讲演录’的科普系列书系，向公众介绍关于人类起源与进化方面的知识”[①]。文化遗产

北京福佑寺

① 郭立新，魏敏：《初论公众考古学》，载《东南文化》，2006（4），54。

应该在被民众所理解、所观赏和所分享中被保护、被利用和被传承。

综上所述，一座城市中现存的文化遗产往往可以构成一部物化了的城市发展史，是城市灿烂文化的稀世物证和重要载体，也是市民与遥远祖先联系、沟通的唯一物质渠道。文化资源的积累既是一座城市文化品位的重要表现，也是一个城市文化个性的生动体现。文化遗产作为城市文化特征的载体，对它们的保护就是对文化资源的丰富。文化遗产保护作为一项庞杂而系统的社会工程，其性质和内容都决定了它无法成为一门孤芳自赏的学科，而必然受到民众广泛的关注。文化遗产只有通过合理地发挥作用，通过特定的方式被大众所关注与分享，才会得到可持续地保护，也才会具有更加强盛的生命力。

第六章
城市文化特色重塑与文化城市建设

联合国教科文组织早在1976年就通过了《关于历史地区的保护及其当代作用的建议》，建议指出："当存在建筑技术和建筑形式的日益普遍化可能造成整个世界的环境单一化的危险时，保护历史地区能对维护和发展每个国家的文化和社会价值做出突出贡献，这也有助于从建筑上丰富世界文化遗产。"然而又被称做《内罗毕建议》的这一呼吁并未引起国际社会的应有重视，在全球化的加速进程中，城市的面貌和生活方式从来没有像今天这么"同质化"和"趋同化"，在世界范围内城市正在面临着"特色危机"。为此，人们呼吁城市文化特色的重塑和文化城市理想的回归。

第一节　文化特色是城市发展的主题

任何一个城市的文化特色都不是凭空创造的，而是经历了漫长的岁月逐步发展而成的，正如生命体的发育离不开遗传信息的传递一样，城市的发展也离不开传统文化的承袭。同时，城市文化又是地域文化的集中表现。地域文化以城市为中心展开，众多的城市类型又形成丰富多彩的地域文化特征和文化特色。没有文化特色的城市，只具有躯壳却不拥有灵魂。今天，城市文化特色既面临着传统文化形态迅速消亡、地域文化特征日益趋同的严重威胁，又承担着维护文化多样性、创造良好人

德国科隆城市景观（2012 年 10 月 17 日）

居环境的历史使命。

1. 城市文化特色与传统文化的承袭

城市是人们聚集的一种形式，城市文化特色在形成伊始就带有强烈的群体性质，是市民共同的心理需求，也是市民共同拥有的宝贵资源。城市文化特色与城市的发展历程密不可分。人们在城市里成长，在城市里相互交往、相互影响，建立共同的情感模式和行为规范，拥有共同的思维习惯和价值观念，形成共同的文化性格和文化特征。久而久之，人们对城市产生出难以割舍的感情，表现出强烈的城市意识。这种感情和意识在一代又一代的市民之间传承，根植于人们心脑，并在传承中逐渐积淀，缓慢演变发展形成城市的文脉。因此，城市文化性格和文化特征是产生市民认同感、归宿感的基础，也是城市文化特色形成的根本原因。

城市文化特色来源于城市的文化资源和历史底蕴，来源于城市的地理环境与人文环境，来源于市民的精神风貌和道德风尚。无论是城市物质层面的社区环境、公共设施、各类建筑等，还是城市文化层面的价值标准、思想意识、风俗习惯等，无不对市民起着熏陶、教育作用。人们自幼便在家庭熏陶、学校教育和社会影响之下，在社会生活和生产实践之中，经过耳濡目染、潜移默化，逐渐接受城市传统的情感模式、行为规范、思维习惯和价值观念。其中，除了良好的生态环境之外，浓郁的文化氛围和鲜明的文化特色对市民的影响至为深刻，对健全市民的文化心理、提高市民的文化素质具有极大作用。反之，市民的文化心理和文化素质也成为城市文化特色的有机组成部分。

城市的形成，从选址、设计、早期发展到历代建设，城市文化特色与之共生，并逐渐变得鲜明而丰满，这些成长信息被大量地保留和记录在了文化遗产之中。城市文化遗产既是一座城市的文化积淀，也是一座城市的文化起点，更是一座城市的文化载体。城市正是依赖于不同的文化传承才形成了自己的文化特色，这种文化特色是无法再生的资源。任何城市的繁荣与发展都是以先人创造的城市文化作为依据进行再创造的过程。因此，城市文化特色是今天城市建设与发展可资借鉴的科学依据和重要财富，对它们的整理、研究和保护不仅关系到城市文化脉络的完整性，也关系到城市文化传统和独特魅力的延续和传承。任何割断历史、轻视自己城市文化特色的行为和态度，都是文化虚无主义的表现。任何城市无论当前多么繁荣兴旺，如果丢失了文化特色，就是丢失了最为巨大的财富和最为珍贵的资源。

随着我国城市经济实力的不断提高，以提升城市文化品位为特征的城市景观建设计划已经列入各个城市政府的政绩目标，不断有城市决策者喊出要在任期内“打造”出理想的城市景观特色。事实上，城市景观特色是长期保护、精心培育的结果，绝不可能一时“打造”出来。城市景观直接呈现城市的文化特色，一个城市所希望拥有的高雅的文化品位和深厚的文化底蕴绝不可能短期速成，更非一朝一夕之功，必然有一个历史的过程，必须经过几十年、上百年甚至上千年的时间积累世代之功逐渐培育，这样才能成为一代又一代共同享有的文化硕果。城市的景观建设也是如此，它如同一件庞大的艺术作品，任何盲目的效仿拼凑、任何大拆大建的短期冲动都难以塑造出文化特色鲜明和文化气质独具的景观形象，都将缺乏生命力。因此，既不能从某一时段的城市形象变化来衡量城市文化特色的水平，以几栋“标志性建筑”“名片建筑”或“形象工程”的完成来代替城市文化特色的养成，也不能从某一地段的城市形象变化来衡量城市文化特色的水平。新时期的城市文化特色应是整合不同时期、不同风格的文化要素，形成自己的风格。在城市形象方面更需要保护不同风格的代表性建筑，尽可能保持不同时期文化要素的长久共存和合理叠加，而不应为某一时期的建筑潮流和风格所左右。

城市文化特色包含外在形象与内在素质两个层面。城市的外在形象由建筑、道路、广场、山水、绿地等形体语言所构成；内在素质则包括精神风貌、经济活力、文明程度、治安状况等因素，而其中文化又起着决定性的作用。以往对城市文化特色的研究多从城市地理环境、功能布局、建筑风格等方面进行探讨，这些虽然都能构成一定的特色，但是只能表达外在的形式。过于依赖外在形式的研究，就容易流于表面文章而不可避免地出现雷同，只有文化特色才能凸现城市特色的本质。因此，城市文化特色既指城市的景观外貌，更指城市的精神风貌。城市文化特色不但具有艺术审美功能，还具备文化认知功能。“周干峙先生说：‘城市美的问题说到底是城市文化的问题’即指出了文化特性对于城市核心特色塑造方面的重要性。‘设计遵从文化’，是美学原则的重要内容”[1]。

城市文化特色是一个城市文化积淀的外在体现，是一个城市内在本质的外部表象，由历史沿革、经济发展、地理特征等多重因素共同作用、长期演化而来。一个

① 卢涛，李先逵：《城市核心可持续发展研究的多学科调适理念》，载《城市发展研究》，2002（1），30。

城市的文化特色越鲜明，就越能赢得世人的赞誉。事实上与地理因素和经济因素相比，文化特色更能决定一座城市的吸引力，这也正是当前越来越多的城市希望通过挖掘传统文化资源塑造个性化形象的原因。只有具有独特的城市个性，才会拥有独特的城市魅力。举世闻名的“音乐之都”维也纳、“影视之都”洛杉矶、“时尚之都”巴黎以及“水上之都”威尼斯等城市，都是以独一无二的文化特色取胜。因此，文化特色是一个城市让人们留下最深刻印象的原因，是城市文化的魅力所在，也是城市文化的生命力所在。有灵魂的生命力才具有活力，有城市文化特色的城市才具有灵魂。

2. 城市文化特色与地域文化的弘扬

城市从诞生之日起就打上了地域文化的烙印，演绎着自身独有的文化情境。城市文化特色是地域文化的积淀和凝结，是一个城市在特定的区域里经过漫长的过程一点一滴积累形成的，是当地所特有的，是模仿不到抄袭不来的，更不是矫揉造作数年之内即可以造就出来的。如果把地域文化忠实反映到城市建设和发展之中，自然就会形成自己的文化特色。世界上没有两个完全相同的城市，例如北京作为有着八百多年建都历史的文化古都类型，处处体现出庄严雄伟、主次分明的城市文化特质以及雍容大度、热情豪放的城市文化个性，从而形成独具特色的“京味文化”；上海作为现代化的商业城市类型，处处体现出兼收并蓄、多元共存的城市文化特质以及讲究实际、善于创新的城市文化个性，从而形成由中外文化融汇而成的“海派文化”。今天人们常常自觉或不自觉地把北京和上海进行比较，结论虽然难以一致，但是进行比较的本身就表明两座城市在文化类型、文化特质和文化个性等方面具有各自不可替代的城市文化特色。再例如河南安阳，正以殷商文化为城市文化特色的主题，在建筑创作、雕塑、壁画和环境艺术等各个方而寻找殷商文化研究与城市建设实践的结合点，城市的综合素质、环境质量、文化内涵都将得到提高和丰富；而苏州作为江南古城文化类型的代表，处处体现出山水形胜、精致入微的城市文化特质，体现出淳朴素雅、秀丽柔和的城市文化个性。在我国的城市文化类型中，上述城市各具风采的文化特色，无不浸润着浓郁的地域人文精神。

地域性是城市文化最基本、最显著的特征。它是由特定区域的气候条件、地理环境、物质生活、民俗风情、社会风气和文化传统等诸多因素综合作用后所逐渐形成，并可以在城市的规划布局、街道景观、建筑形象等方面得到展示，形成诸如西北城市的依山布局、江南城市的临水设街、平原城市的平缓开阔以及沿海城市的随海就势等各具特色的城市空间格局。我国传统城市设计理念融入对于自然要素的审美，将山水、园林等融入城市景观营造之中，产生诗情画意的效果，使生态文化成为地域文化的重要组成部分，并深入到城市生活的各个方面，也深刻地影响了我国传统美学观念。一些文化城市之所以给人以良好的印象，关键在于它们从城市规划到城市建设，认真把握山川地貌、历史遗迹、房屋建筑、交通设施等地域资源特点和城市功能要求，使城市中既有大自然的艺术创造，又有人工的艺术创造，草坪、树木、巨石、山丘、河流、湖沼、海洋等，不但未因城市建设使其受到伤害和破坏，反而在城市载体中和谐并存、交相辉映、相得益彰，发挥出了其他城市难以取代的地域文化特色。

1981 年的国际建协《华沙宣言》指出：“人们的生活水准和生活状况各不相同，他们生活在各种各样的地理环境中，气候、社会经济体制、文化背景、生活习惯和价值观念都不一致。因此，他们进一步发展的方式也理应不同。人居环境规划必须充分尊重地方文化和社会需要，寻求人的生活质量的提高。”城市是地域生活方式的体现。“地方和文化的联系显然是重要的，人们往往乐于在同一地理区域内的各城市中心之间迁移，却不愿迁到国内其他的地方去。这些人对熟悉的文化环境、对故乡的社会准则和特点给予高度积极的评价”[①]。“随着时间的推移，城市的每一部分、每个角落都在一定程度上带上了当地居民的特点和品格。城市的各个部分都不可避

① [英]K. J. 巴顿：《城市经济学——理论和政策》，28 页，上海市社会科学院部门经济研究所城市经济研究室，译，北京：商务印书馆，1984。

免地浸染上了当地居民的情感。其效果便是，原来只不过是几何图形式的平面划分形式，现在转化成了邻里，即是说，转化成了有自身情感、传统，有自身历史的小地区”[①]。

任何城市都处于特定的地理位置，拥有不同的自然环境。人类要生存就必须学会适应特定的环境，在适应的过程中环境也对人的行为方式、心理状态、生活习惯等发生潜移默化的影响，并以此为基础形成地域文化上的差异[②]。对于热带城市、温带城市及寒带城市，规划设计时均应充分尊重其固有差异。例如平原城市结构除强调平缓开阔、街巷通直外，还应注意将河湖水面引入城市，并在城市内外布置绿化以调节温度、风向和环境气候，利用人工环境使自然风带走城市中的污染物；南方城镇在密集的建筑布局中，往往南北向设置“火巷”空间，在解决交通、防火问题的同时，提供避雨、遮阳便利；西北干热地区则通过设置地下室、院落绿化和增建通风塔等来调节室温和湿度，利用植物使城市降低热岛效应和使居住环境更凉爽。这些传统简单而高效的技术方式在传统建筑设计中普遍运用，既满足了生活的需要又避免破坏自然环境，是具有地域特色的可持续发展的具体途径。但各地的传统建筑往往又保持“自适应”发展状况，这在很大程度上是因为人们基于实际的生活需要，根据自身可以承担的经济条件、可以获得的建筑材料和可以达到的技术水平，参照周围人们已有的实践经验和已经盖好的房屋，再结合自身生活特点加以模仿建造。由于他们本身并非从事建筑职业，因此大量出现的是‘没有建筑师的建筑’。这些“地域建筑”“民间建筑”“乡土建筑”源于生活，建造中由于受人力、财力、物力以及具体条件的限制，反而更能切合实际，既千姿百态，又和谐统一，因此魅力无穷。在城市文化特色的保护和传承中，也要继承和发扬由市民创造、在市民中传衍的优秀地域文化。

建设文化城市应该成为城市发展的重要主题，而城市文化特色的维护和发展则是文化城市建设的先期条件。正是由于地域文化成为一个城市发展的根基，因此不

① [美]R.E. 帕克，E.N. 伯吉斯，R.D. 麦肯：《城市社会学——芝加哥学派城市研究文集》，5 页，宋俊岭，吴建华，王登斌，译，北京：华夏出版社，1987。
② 徐康宁等著：《文明与繁荣——中外城市经济发展环境比较研究》，11 页，南京，东南大学出版社，2002.

仅要精心保护，而且要认真研究、推陈出新，对城市规划、建设、管理发挥引领、定位和规范的作用，并持久地影响城市的可持续发展，从而避免急功近利的短期行为和大拆大建的无序发展。城市决策者对城市文化特色的认同和定位在一定程度上决定了城市的建设方向。事实证明，越是文化品位高雅、积淀深厚、特色鲜明的城市，就越被视为理想的人居环境，无论国外的巴黎、巴塞罗那、日内瓦、新加坡，还是国内的苏州、杭州、大连、厦门，都因鲜明的城市文化特色和良好的人居环境而获得城市的快速发展。因此，城市文化特色不但是城市形象的标志，而且是城市经济社会发展的助推器，是聚集人才的宝贵资源。当人们的物质生活逐渐由温饱走向富裕时，必然对城市环境和文化品位提出更高的要求。对城市地域文化特色的发掘、弘扬，必然进一步增加市民对自己城市的亲近感、自豪感，增强市民热爱家乡、建设家乡的凝聚力，激发市民对城市更大发展目标的追求。

3. 城市文化特色与文化多样性

我国地域辽阔，地貌、气候变化丰富，人文资源、生活习俗各有不同，城市文化特色的确立更应因时因地制宜。城市文化特色在更本质的层面上是一种与人们生存方式密切相关的文化追求。我们向往和憧憬一个城市，很大程度上是为这座城市的文化特色所吸引。在北京，千顷灰色居民屋顶衬托着红墙黄瓦的宫殿建筑群，使人为其载满历史沧桑而感动。在上海，沿黄浦江外滩的建筑轮廓线和近代文物建筑所构成的城市形象，深深地留存于市民及来访者的记忆中。在拉萨，“自然融入建筑，建筑归于自然”的建筑理念，使人、建筑与自然有机融合，形成和谐共生的整体。人们很难想象，如果失去了北京平缓开阔的城市空间布局，破坏了上海外滩优美的城市轮廓线，或失去了拉萨传统建筑的民族风格特色，这些城市还会有激动人心的文化气质和文化魅力吗？

2006 年 4 月 25 日，J. 雅各布斯（J. Jacobs）在多伦多去世，这天距离她 90 岁的

上海黄浦江景观（2010 年 11 月 6 日）

生日仅仅相差 9 天。在其经典著作《美国大城市的死与生》中，她所提出的城市规划理论对许多城市的现代规划产生了深远影响。她指出，现有的为人们所坚信不疑的城市规划理论根本就是伪科学，“经年之学和数不胜数的微妙复杂的教条原来建于一派胡言之上”，“我们用金钱扼杀了千姿百态的城市多样性，这有点像温柔的谋杀”。那么，什么是真正的城市规划呢？ J. 雅各布斯认为：多样性是城市的天性。“城市里的多样性，不管是什么样的，都与一个事实有关，即，城市拥有众多人口，人们的兴趣、品味、需求、感觉和偏好五花八门、千姿百态”[①]。因此，无论从经济角度还是从社会角度来看，城市都需要尽可能错综复杂并且相互支持的多样性的功能，以此满足人们不同的生活需求。

一座城市不能没有自己的特色，没有特色的城市是没有生命的。人们路过或暂居一座城市时必然会探究这座城市的文化特色，如果仅仅留下“道路很宽”“楼房很

① ［加］雅各布斯：《美国大城市的死与生》，161 页，金衡山，译，南京，译林出版社，2005。

高”的印象，必然会因为这一城市缺少文化个性而感到乏味。这样的城市更无法满足市民不同品味的文化需求，也就谈不上全面提高人们的生活质量。无论是浪迹天涯的游子，还是叶落归根的故人，令他们魂牵梦绕的正是对城市文化特色的记忆。吴良镛教授就曾在《城市特色美的认知》一文中回忆了五十余年前火车沿着严整的城墙徐徐停下后走出北京站时的激动心情、初临重庆临江门码头的经历和去昆明过金马碧鸡牌楼及雄伟的近日楼的感受。他认为“一般人往往会有类似经历：某些具有特色的城市，曾经在某方面给自己留下难忘的印象”。具有特殊城市文化特色，并在民众心目中产生好感的城市，往往才能成为人们怀念和向往的地方。[①]

一座城市的文化特色在某种意义上反映了这座城市的文化水准，来自人们不断进步的文化意识。城市不仅有体有形，还有神有韵，具有无形的一面，文化特色拥有超越具象之外的意境之美。我们以往对城市形象和建筑艺术的理解，很大程度上还停留在“欣赏”的阶段，常常以是否“美”作为评价的标准。“这样的思维逻辑，已经导致了我们对艺术文化的极大误读。在房地产开发和城市建设中，艺术总是作为最后一道工序，成为建筑和环境的‘点缀’，如同厨师做完菜需加的‘调料’，实在把艺术文化的功能与价值弱化到了极致”[②]。实际上，无论是城市设计还是建筑设计，都应把传统文化、地域文化、现代文化等融为一体，注重历史和现实的对话，形成综合的概念，这不仅仅是人们平常理解的城市形象本身，而是涵盖了人与自然、人与社会、人与人之间的沟通与对话。也就是说，城市文化特色以更加开放和融合的姿态参与到社会生活中，与空间、与环境、与市民形成更强的互动体验，吸引更多的市民参与城市文化的建设。

深厚的文化遗产积淀是塑造城市文化特色不可替代的宝贵资源，而历史文化景观是城市个性构成的要素。欧洲众多历史性城市无一不是在城市现代化建设中保存了城市个性，并以此进一步提升城市的吸引力和竞争力。我们穿越欧洲可以感到每座城市都有自己的魅力，都有丰富的内涵，都有清晰的文化脉络，人们能够很容易

---

① 吴良镛：《吴良镛学术文化随笔》，205页，北京，中国青年出版社，2001。
② 杨乐渝：《艺术在城市中的魅力》，载《中国建设报》，2006-02-15（6）。

地找到这些城市的历史中心。城市中的建筑都尊重周边的环境，新老建筑之间绝不存在谁要超过谁的竞争，而是和谐有机地对话。尽管城市中不少建筑本身并不出类拔萃，但是其设计的功能、空间、尺度及与周围环境的关系等都堪称典范。虽然这些建筑并非出自同一个建筑师之手，甚至不是同一时代的产物，但是它们源自人们的生活需求和当地的自然条件，有着同样的文化特征。虽然这些建筑采用的是当地非常普通的材料，但是同样满足着人们使用所需功能，上百年的建筑并没有影响人们过现代化的生活。城市与建筑就是这样沿着城市文脉前行，一路上谨慎而小心。

《马丘比丘宪章》对城市个性概括为："一个城市的个性和特征是其形态结构和社会发展特点的结果。"个性指一事物区别于其他事物的个别的、特殊的性质。文化的个性就是文化的差异性，就是一个城市与其他城市不同、具有本地民众基础的、自身发展模式的特色。吴良镛教授指出："环境艺术有多种多样的追求，要讲求整体之美、特色之美、充实之美，以城市设计为基点，发挥建筑艺术创造：'乱中求序'从'混乱危机'中探索各个发展阶段中的整体之美；在'特色危机'中保护原有特色，并在原有和新的基础上发展新的特色。"[①]经济和科技可以全球一体化，但是文化不能全球一体化，文化应保持自己的个性，要有自己的特色。在高科技时代，多么壮观、豪华和精美的高楼大厦都可能被克隆，但是鲜活的城市特色和个性永远无法被模仿。一个城市的规模、布局可能会趋同，但是正如每个生命体都拥有不同的遗传基因一样，每座城市都有自己独特的历史，历史不可能被随意复制、改造或加工。城市如人，"外在的美"是它的面貌、形象，"内在的美"则是它的文化气质、品格，失去了城市这些"内在的美"，城市的文化特色就会大打折扣。正像齐白石先生所说：学我者生，似我者死。这个道理同样适用于城市文化特色的重塑。弘扬城市文化特色就必须把它们"内在的美"的价值充分体现出来。

在全球化背景下，无论是城市公共政策的确立还是城市规划设计的编制，都受到全球化的影响，但是有文化特色的城市才具有争夺全球资源的能力，也才能捕捉

① 吴良镛：《人居环境科学导论》，128页，北京，中国建筑工业出版社，2001。

到发展机遇。例如历史文化名城泉州，以“海上丝绸之路”作为带动城市发展的一个主题文化，激发了海外侨胞关注家乡发展的热情，产生了巨大的文化凝聚力，同时也带来了可观的综合效益。城市文化特色与历史文化沉淀密不可分，就如同人的气质来自于家庭的熏陶、学校的教育和自我的修养一样，城市的气质来自于历史的积淀和文化的积累，体现于传统文化和地域文化的有机结合。

第二节　城市文化面临诸多特色危机

在世界范围内迅速推进的城市化进程，一方面全面提升了不同国家、地区经济社会发展的现代化水平，另一方面由于所谓现代化城市“国际标准”的推广引发城市文化的单质化与同质化比以往任何时代都更加严重，“特色危机”现象在全球城市中蔓延。今天城市所面临的这一挑战是世界性的，特别是发展中国家，城市的文化

城市文化国际研讨会闭幕式（2007 年 6 月 11 日）

特色和精神个性迅速消亡，在空间与功能上日益趋同。我国也正在出现城市空间的“异化”趋势，波及全国的“千城一面”的现象日趋严重。造成这一问题的原因既由于城市规划缺少对文化特色的维护，也由于建筑设计缺少对文化内涵的理解，还由于城市建设缺少对文化肌理的尊重。

1.“无地方性”城市空间大量增加

20 世纪 80 年代以来，我国城市呈现高速发展态势，城市数量从 1978 年的约 200 座发展到目前近 700 座。不仅数量在增加，城市的面貌也在日新月异地变化，城市不仅在“长大”，而且在“长高”，在向从地上到地下的立体化、复合化方向发展，城市的功能与作用与以往已经大不相同，出现大量“无地方性”的公共场所和城市空间，这些场所和空间在人们的生活中占据着越来越显著的位置。与此同时，在城市建设和发展中存在着一个带有共性的问题，就是城市面貌正在急速地走向趋同，城市文化特色的缺失成为当前城市规划建设中最大的遗憾。吴良镛教授在《城市特色美的认知》一文中，援引前英国皇家建筑学会会长帕金森（Parkinson）的话：“在我看来，全世界有一个很大的危险，我们的城镇正在趋向同一个模样，这是很遗憾的，因为我们生活中许多乐趣来自多样化和地方特色。我希望你们研究中国文化城市的真正原有特色，并且保护、改善和提高它们。中国历史文化传统是太可珍贵了，不能允许它们被西方传来的这种虚伪的、肤浅的、标准的、概念的洪水所淹没。我确信你们遭到了这种危险，你们需要用你们的全部智慧、决心和洞察力去抵抗它。”[①]在我国各个城市中正在进行着大规模复制的新浪潮，相同风格的商品住宅区、购物中心、星级酒店和高档写字楼等原本是“无地方性”的复制品，建成后却往往被标榜为当地的标志性建筑。于是，来自各个国家和地区的风味餐厅、音乐酒吧、精品商店、健身中心等纷纷入驻其中。但是，不久人们就深刻地体会到，这些“无地方性”城市空间的大量增加，正在瓦解和颠覆着构成他们社会生活基础的传统文

① 吴良镛：《吴良镛学术文化随笔》，205 页，北京，中国青年出版社，2001。

化、地域文化和多样性文化，使传统记忆构成元素受到损坏，地域文化品质受到伤害，城市正在逐渐丧失曾经引以为自豪的文化特色。

2.“千城一面”的现象日趋严重

十几年前，一些专家和学者就曾警告：“特色危机”已经在中国出现。如今这一问题变得更加严重，“甚至一些相当优秀的历史城市，在市场经济和社会的转型过程中，也按捺不住‘寂寞’去赶时髦，在名城中心开花，大拆大改，建大高楼、大广场、大草地，以至于‘旧日无限风光不再’，让人叹息不已，如绍兴、济南、桂林等地，这种遭遇决非孤立现象，何止一二之地？不但难以辨认城市的‘历史’脉络，而且‘千城一面’说也并非危言耸听”[1]。一座座历史性城市的文化特色正在消失，“千城一面”的景象正在成为这些城市中市民们不得不面对的视觉灾难。布局雷同、风格相仿、个性皆无、过目即忘的城市街区在全国各地随处可见。应该说，当前城市面貌趋同、城市空间“异化”的问题并非孤立现象，而是我国传统文化危机的一部分。由于西方文化是当今国际社会的主流，因此可以说这也是一次中西文明的冲突与对话。但是，正因为城市面貌和城市空间是城市最直观的表现形式，因而格外引人注目。对此，日本建筑师矶崎新先生有所感受：“如果我不是身处西湖湖面之上，那么，今天我眼中看到的杭州，根本就没有什么特别，它只是一个哪里都有的城市。”矶崎新认为，他从水墨画和苏东坡诗篇里面体会到的杭州，在今日已淹没在全球化的浪潮之中，正失去自己原有的个性[2]。由于城市规划建设不注意保护和延续自身的文脉，一座座历史悠久的城市正在毁掉经漫长的历史演进逐渐积淀而成的文化特色，替代以趋同为特点的城市形象。

3. 城市规划缺少对文化特色维护

我国的城市正在失去自己的特色，如果不改变思路，城市建设千篇一律的现象

① 吴良镛：《论中国建筑文化研究与创造的历史任务》，载《城市规划》，2003（1），12。
② 张辉，江欢成：《尊重文化才能保持城市特色》，载《中国建设报》，2005-12-14（8）。

将愈演愈烈。要保持一个城市的特色，首先要在城市规划中尊重传统文化和地域文化。但是很多城市却忽略了这一点，他们在选择快速发展道路的同时，却以牺牲自身的优势，甚至牺牲表现力、想象力丰富，感召力强烈的城市文化特色为代价，而规划建设的结果则造成了文化品位的降低、文化面貌的趋同、文化特色的减弱以及文化价值的缩水。城市间形象越来越雷同，城市文化特色面临越来越严峻的挑战。因此有专家呼吁：莫使“故乡”成“他乡”，更不可“反认他乡为故乡”。“城市已不能分开它的社会染色体，使分裂成各自带有一部分原始遗传体的新细胞，这样它只能无活力地继续发展下去，没有有机结构，说真的，这是像肿瘤般地生长，老的组织不断地崩溃解体，新的无定型的组织又生长得太快”[①]。令人遗憾的是，我们守望的是世界上唯一未曾中断过的文明，拥有着浩瀚如海且弥足珍贵的文化遗产，却不懂得如何去珍视和合理利用它们。产生城市面貌趋同、“千城一面”的原因固然涉及复杂的社会背景，但是最重要的则是缺乏对城市文化特色的正确认识。“他们认识不到城市发展从来都是累进的，而不能是断代的，认识不到必须保护城市所拥有的民族的、地域的、历史的和个性的特点，忘记了鲁迅先生说过的一句名言：越是民族的东西越容易走向世界，越容易被世界所接受”[②]。这些现象引起人们对城市文化特色、生存环境和发展方式的反思。面对这些缺乏可持续发展理念的规划建设模式，人们发出“许多规划正在变成城市魅力的敌人”[③]的严厉批评。人们呼吁城市规划建设要走出“千城一面”的尴尬，必须要摒弃盲目克隆的陋习，努力营造自己的特色。的确，我们太需要重新发现我们城市文化特色的真实价值，重新唤醒我们心中对美好城市的理想追求。

4. 建筑设计缺乏对文化内涵的理解

我们正处在一个城市建设空前发展的时代，这对建筑设计而言无疑是一个黄金时代。城市建筑在不断向高、向大发展，然而在大量建筑相继落成之后，却鲜见既

---

① 刘易斯·芒福德：《城市发展史——起源、演变和前景》，556页，宋俊岭，倪文彦，译，北京，中国建筑工业出版社，2005

② 舒乙：《保护文化名人故居是当前先进文化持续发展中的一个紧迫任务》，在全国政协十届二次会议上的发言，2004。

③ 徐世丕：《文化力在城市竞争力要素构成中的地位和作用》，载《中国文化报》，2005-07-26（3）。

具有传统文化特色，又不乏现代气息的、形神兼备的“中而新”的建筑。特别是“如果说建筑美，中国建筑师还可以说上许多，无论是传统还是现代，而谈及城市如何更美则很少论及。虽然对城市面貌越来越感到不满意，出现了‘建筑性破坏’的批评，但究竟怎样把城市建好，建得更美则莫衷一是”①。当前，波及全国的“千城一面”引起人们的强烈不满，公众强烈呼吁保护城市文化特色，于是不少城市又转而寄希望于世界设计名师和各种建筑流派，但是效果却常常事与愿违，城市面貌恶化的情况非但没有解决，反而出现新的千篇一律。产生这种情况的根源，就在于在城市规划、设计与建设中，我们自觉不自觉地以西方城市建筑为标准或模仿对象。建筑设计是艺术创造的过程，它不仅要满足城市生活的需要、生产的功能，而且是城市历史、文化和精神的建筑语言表达，需要精雕细琢。而城市建设速度不断加快，有的城市每年的建设量甚至超过了整个欧洲每年的建设总量，建筑师们静心思考设计的时间越来越短。许多建筑设计不分气候特点与自然条件、不分地理位置与环境关系、不分历史渊源与文化背景、不分原有风貌与特色景观，甚至不分城市性质、规模、布局的种种差异，而是采取简单的模仿、盲目的复制以及立足于推平头式拆迁后再重新建设的方式。更多的建筑设计不能透过纷杂多变的当今社会环境从本国传统文化的土壤中汲取营养，而是对我国建筑文化缺乏应有的自信，舍本求末地追逐国际流行，牵强附会地注入与自己城市文化特色格格不入的东西，这无异于“邯郸学步”“东施效颦”。这种快餐式的建筑设计既缺乏自身文化特色，又在一步步地破坏着城市原有的文化特色。

5. 城市建设忽视对文化肌理的尊重

近年来，我国城市建设速度之快、规模之大、范围之广已远非过去任何历史时期所能及。但是一些城市建设不是在特色和品质上做文章，而是在建设项目的高、大、全和新、奇、怪上相互攀比，只满足在表面上轰轰烈烈，不是以尊重和保障每

① 窦以德：《历千流百转　走必由之路——新中国50年建筑艺术发展概述（下）》，载《中国建设报》，2003-04-07（8）。

个市民的生活发展权利为前提，结果出现脱离社会发展现实的短期行为。历史性城市的原有文化特色也逐渐被大最尺度巨大、形体生硬、色彩夺目的新建筑群所湮没和冲淡，而新建成的地区更由于程序化的建设导致城市特征趋同，毫无特色可言。正是由于对历史的遗忘、对文化的忽略和对人本的淡漠造成了今天城市风貌的千篇一律。2005 年的中国城市规划年会明确指出：城市面貌不应当是“一年一小变、三年一大变”，城市建设应持之以恒地继承当地历史文脉，创造全球化时代独树一帜的城市风貌[1]。今天，我们的不少城市都忙于扩大城市规模，“拷贝”一些发达国家的“市容”，而有意无意地回避与城市发展密切相关甚至制约城市发展的其他相关问题。有些历史性名城在建设和改造中，商业氛围越来越浓，而文化氛围却日益淡化，看上去似乎是一派新气象，其实缺乏文化品质。于是房子盖得越多，越产生新的雷同，越失去自身的特色，千城一面、千街一面、千楼一面就更为严重，使历史悠久的文化名城逐渐沦落为缺乏历史景观和文化特色的新兴商业城市。正如一位美国政要所说：“要把纽约变成北京，1000 年也做不到，而要把北京变成纽约，用不了 100 年就可以了。”在城市建设上，我们不妨“向后看”，一味求新、求洋、求大，求来的只会是千篇一律，丢失的将是特色和魅力[2]。另一方面，少数人决定城市风格的决策机制更使大量城市建设工程不经科学论证就仓促上马，除了加剧城市固有个性与文化的灭失，还导致城市盲目开发、盲目引进、盲目模仿的恶果。

6.“文化趋同性”取代“文化多样性”

在 20 世纪末的 20 年间，未能经受 200 多年工业文明洗礼的我国城市快速接受了工业文明的成果，同时也突如其来地受到了工业文明成果的冲击。整个城市建设过程像现代工业生产一样，预先规划设计好它的每一个部分，使局部的建设和整体的城市能够在规划控制过程中形成。从地下轨道到高速公路、从集装箱到超级市场、从步行街到购物中心、从大广场到景观大道，林林总总、来势迅猛的现代化城市建

① 董山峰：《中国城市规划年会力倡“健康城市化”》，载《光明日报》，2005-09-29（4）。
② 闻白：《古城建设不妨“向后看”》，载《人民日报》，2006-07-06（11）。

2007 中国城市规划年会，黑龙江（2007 年 8 月 31 日）

设硬件正在迅速改变着城市的生活环境、工作方式和市民心态。但是，与此同步的城市化发展也造成了一系列城市危机，同样的“城市病”在不同的城市中蔓延，特别是一些城市不是从建设中获得了充分的发展，反而更多地否定了自身；不是越来越具有民族传统、地方特色和时代精神，而是变得与其他城市的面貌越来越雷同。国内外专家学者普遍认为，目前我国的城市“文化同质性”严重，趋同化已经是当前我国城市建设的一个可悲又不可逆的文化走向。千百年来各具特色的城市景象已经不复存在，而经过改造后的城市全都似曾相识。近几年来因工作需要，笔者走访了国内的上百座城市，对各地城市建设的现状有了一些了解，出于城市规划师和建筑师的职业习惯，对这些城市的文化特色保持状况也作了一些考察，深感各地城市面貌的趋同性日趋增强，城市文化的差异性逐渐模糊。只要身处商业繁华的城市中心区或纵横交错的汽车交通网络系统中，就会发现各地的城市景观何其相似，走在一些城市的街道上确实会产生不知身在何处的感觉。当前各个城市在涌动的城市景观建设热潮中，由于存在着对文化特色追求的片面性，以致形成了一些认识上的误区。不少城市不是根据自身条件和发展的需要，进行富有特色和个性的城市规划设计，而是不假思索地学习经济发达国家和城市的建设模式，人为地过度开发建设、大肆铺张和奢靡浪费，不少城市之间的广场一样、绿化一样、建筑一样、雕塑一样，文化趋同性取代了文化多样性。J. 雅各布斯指出："在整整四分之一个世纪中，我们的经济和社会中没有哪个部分像城市一样曾被这样有目的地加以控制，以准确地达到我们正达到的状况；政府对城市给予了特殊的财政优惠，但最终的结果却是出现如此程度的单一、僵化和粗俗。"[①]

7. "建筑性破坏"造成城市记忆缺失

1987 年，亚洲建协在马尼拉举行会议，会议主题为"特色的危机"。与会建筑师们对城市特色问题表示出极大关注。时隔 12 年的 1999 年，来自世界各地的建筑师聚首北京，举行国际建协第 20 届世界建筑师大会。大会签署的《北京宪章》再次呼吁各国城市捍卫自己的文化、发挥自己的文化特色。与会的"许多外同建筑师来中国之前都认为我国城计建筑肯定充满了东方美。但到许多城市一看，发现与他们国家过去的新城市没有什么区别，相当于他们国家三五十年以前城市化高潮时期的建筑面貌和风格，体现历史文化、地方文化和民族特色的建筑难以找到，他们非常失望"[②]。在我们一些城市的所谓"旧城改造"和"危旧房改造"中，当地政府为了实现"现代化"景观，开发商为了获得高额利润，十分轻率地斩断城市文化余脉，摧毁城市文化肌理，推倒拆除大量饱含历史沧桑、具有特殊价值的文化载体。这些都人为地改变了城市的传统风貌和文化特点，无形中失去了城市文化特色赖以生存的基础。"走在拆旧建新之后看起来千篇一律的城市里，你是否会觉得是在和一群珠光宝气却'腹内空空'的暴发户对话？谁会希望自己的城市成为失忆症患者？谁又

① [加] 雅各布斯：《美国大城市的死与生》，5 页，金衡山，译，南京，译林出版社，2005。
② 仇保兴：《城市经营、管治和城市规划的变革》，载《城市规划》，2004 (2)，8。

想成为流浪的孩子而找不到回家的路？”[1]冯骥才先生说，“似乎在不知不觉之间，曾经千姿百态的城市已经被我们‘整容’得千篇一律，大量的历史记忆从地图上被抹去，节日情怀日渐稀薄，大量珍贵的口头相传的文化急速消失。但我们毕竟是东方的文明古国和大国，对文化的命运是敏感和负责任的”[2]。而德国《明星》画刊在一篇报道中说：“被誉为世界最美丽城市的北京，现在与亚洲其他大城市，如曼谷和雅加达几乎没有什么区别。八车道的环形路、玻璃外墙的办公大楼和饭店使整个城市改变了模样。”“在过去的几十年里，中国几千个村庄、小镇和大城市的老房子地区被夷为平地，随之消失的是独一无二的历史性建筑和古建筑、文化和生活方式的许多证物”。“现在中国每一个城市看上去都一个样”[3]。

8. 注重使用功能而忽视精神追求

长期以来，我国城市重视各项功能的发挥，关注城市物质性需求，比如城市的居住、办公、交通、水电、商业网络等，毋庸置疑，这些都是一座城市必须妥善解决的必不可少的需求。然而，对于城市精神性需求，即城市的历史、传统、习俗、记忆以及特色等具有文化内涵与价值的方面，则没有给予应有的重视，导致一些城市建设漠视传统，缺乏个性。许江先生认为：现在的城市建设追求各种指标——绿化指标、空气指标等，但没有给人们留下多少文化的记忆，人在这样的城市里生活，没有记忆，也没有乡愁。他认为建城如建园，三分工匠七分主人，人决定了城市建成什么样。可惜的是，当前城市建设是“四有四没”，即有绿化，没山水；有建筑，没诗意；有规划，没特色；有指标，没记忆，很多城市建设都太过分注重功能化。“如今，各地的城市建设突飞猛进，惊人的速度背后，一系列‘城市病’令人心痛。在我这个搞美术的人看来，中国的城市都应该补上一堂美术课”[4]。随着城市化步伐的加快和传统特色的逐渐消失，我们的城市文化定位越来越模糊。城市中的一些传统街区盲目遵循利益导向发展，成千上万的商业信息充斥道路两侧，无处不在的广

① 冯骥才：《城市为什么需要记忆？》，载《人民日报》，2006-10-18（11）。
② 路强，冯骥才：《站在国家的立场上思考》，载《人民政协报》，2006-08-09（1）。
③ 崔波：《“欧陆风”冲击中国传统建筑文化》，载《中国文物报》，2004-04-02（5）。
④ 许江：《城市建设应补一堂美术课》，载《人民日报》，2006-08-18（11）。

告和灯红酒绿的喧嚣不断刺激着人们的感官，到处弥漫着强烈的世俗化气息，使城市文化形象的差异性弱化。甚至一些原本很有历史文化风情的历史文化街区，由于规划管理不到位而使各种服装商店和风味饭馆穿插期间，五花八门的字号和招牌将文化景观淹没，忽视了城市传统街区的文化功能。近年来在全国各地的支援下，一些少数民族地区城市兴建了大量新的房屋和设施，促进了当地的经济发展和生活水平提高。但是，如果说还存在遗憾的话，就是不少建设项目未能科学地继承和弘扬优秀的地域传统建筑文化，未能处理好城市建筑与当地人文生态之间的和谐统一关系，而是简单照搬内地建筑模式，甚至只满足建筑本身的功能要求，不考虑建筑的文化审美需要，不顾及当代建筑与传统文化的协调，忽视城市内在肌理的存在。例如不少城市在建设中一律实施开发小区模式，一律布置塔式、点式、板式建筑的排列组合，结果造成民族地区城市建筑内地化。又如玻璃幕墙存在光污染问题，在发达国家使用时已经非常审慎，但是在这些城市却被当做新工艺、新材料使用，导致城市景观不伦不类。

第三节　城市文化特色重塑与文化城市建设

城市文化特色反映着城市社会现实，是构成一个城市社会文化和物质环境的总体特征。一座城市的存在表明它对自然和社会所具有的适应能力，而城市文化特色的存在则体现了一座城市的生存优势。城市文化特色主要体现在两个方面：一是在外观上给人们以特有的文化形象，二是在内涵上体现出鲜明的文化气质。城市文化特色不仅局限于美学意义，更重要的是它所具有的社会意义。城市文化是城市的灵魂，城市特色是城市文化的标志，有文化特色的城市才有魅力。城市文化特色的重塑，首先在于对城市文化特色的挖掘和认知，其次在于对城市文化特色的保护和继承，并在此基础上实现城市文化特色的弘扬和塑造。

1. 城市文化特色的挖掘和认知

正确定位城市文化特色是保护、弘扬城市文化的前提。世界上没有完全相同的城市，城市从诞生之日起，就打上了各自传统文化和地域文化的烙印。不同自然环境、历史环境、社会环境中的城市有着不同的文化特色。城市如人，虽然都有四肢、五官、大脑，也都会表达，但无论相貌、性格、品位还是经历、素质、修养都有所不同。同样，正由于每一座城市都独具自己的地理环境、气候环境、自然环境、人文环境以及历史背景和社会背景，因此每一座城市也都应该拥有自己的景观、形象、特征、空间、氛围、气质和灵魂，从而使城市文化呈现出不同的个性色彩。同时，城市如同生命循环一样是一个有机体。每一座城市都应对经济和社会发展演绎着各自独特的文化历程，由此形成城市具体的、真实的文化发展轨迹。

我们研究城市、规划城市、建设城市，首先就要深入挖掘和准确认知这些各具特色的文化个性，这样我们才可以从泛文化的圈子中走出来，体会真正多元文化特色与个性文化色彩，并在城市发展中保持和完善这些特色和个性。城市犹如一件巨大的艺术品，文化特色是艺术品的点睛之笔、魅力之所在。它在人们的社会生活中或隐或现、或强或弱地存在着，在于我们去发掘和认知，并有意识地加以梳理和强化。吴良镛教授指出："认知城市是第一步，这是我们美学分析的极为重要的一步。城市模式的提出是认知的结晶，不只是个别人的认知的结晶，而是综合归纳提高，从历史人物到今天多方面人认知的结晶。"①一些文化城市的成功经验表明，城市文化特色的确立首先在于对城市文化有深入的发掘和正确的认知，只有如此才谈得上保护、继承和发扬以及进一步的创造，而深入发掘和正确的认知又来源于科学的研究态度和不懈的文化追求。

城市必须积累，形成与其他城市的差异性，有区别才能有文化特色存在。由于地域、历史、文化的不同，不同城市的文化特色应当有所区别，而不应是千篇一律。如果反映到城市发展和建设上，自然就形成了自己的特色面貌。同时，鲜明的城市

① 吴良镛：《吴良镛学术文化随笔》，223页，北京，中国青年出版社，2001。

文化特色来自于生活，不同城市中的人们有着不同的行为方式和价值观念。一方水土养一方人，一方城市的生命根植于一方水土，因此要从城市民众的现实生活中挖掘和认知特色。众多流传至今的文学艺术作品、民间传说、风俗习惯等都构成城市文化的组成要素，充分体现出地域文化的特色和底蕴。诸如安徽皖南民居和苏州园林建筑等遍布各地的民间传统建筑和园林，都尊重所处城市的历史文脉，承载着政治、经济、文学、艺术甚至哲学等精神的文化内涵，反映城市的标识性特征，给人带来美的享受，增加了城市的文化特色，提升了城市的综合价值。

城市人文景观是城市传统文化和地域文化的集中体现。历史性城市的人居环境建设普遍存在着这种文化追求，诸如北京的“燕京八景”、杭州的“西湖十景”、常熟的“虞山十八景”、南京的“金陵四十八景”等人文历史景观，它们是城市文化特色的杰出代表，由人文与自然环境并构成城市景观的主体。历史性城市中至今保存

浙江杭州西湖景观（2008 年 4 月 9 日）

着一些积淀着深厚传统文化底蕴的历史文化街区。例如古都南京在不同历史时期，就形成了秦淮河两岸的传统商业建筑群、民国时期具有各国风格的近代建筑群、富有江南水乡特色的古民居建筑群等具有代表意义的历史街区，其中古老的秦淮河历史文化街区孕育了南京的历史和文化，始终是反映南京兴衰的一面镜子。沿河两岸的曲巷、重院式民居与庙市结合、老字号商业繁荣的夫子庙和历代诗人歌咏过的朱雀桥、乌衣巷等，共同构成了独具特色的文化空间，从无数历史人物遗迹、名人轶事，到传统灯会庙市、民间传说等市井文化，更具深厚的地域文化之精粹。

每个城市都有市民们值得自豪的特色，人们对一些城市文化特色的感受长留心间。例如就自然特色而言，有“水乡泽国”之称的绍兴、“泉甲天下”之称的济南、“戈壁绿洲”之称的敦煌、“塞上江南”之称的银川以及“山水甲天下”之称的桂林；就物产特色而言，有“鱼米之乡”之称的常熟、“瓜果之乡”之称的喀什、“酒城”之称的泸州、“瓷都”之称的景德镇、“南国陶都”之称的佛山和“盐都”之称的自贡；就气候特色而言，有“春城”之誉的昆明、“日光城”之誉的拉萨、“避暑胜地”之誉的承德，即使是“雾都”重庆、“冰城”哈尔滨也给人以鲜明的印象；就位置特色而言，有拥有“万里长江第一城”之称的宜宾、拥有“九曲黄河第一城”之称的同仁、拥有“万里长城第一关”之称的山海关、拥有“海上丝绸之路起点”之称的泉州以及正在成为“南水北调渠首”的南阳；就文化特色而言，有具有“孔孟之乡，礼仪之邦”之誉的曲阜、具有“三楚文化故里”之誉的江陵、具有“英雄城”之誉的江孜，还有具有“天府之国”之誉的成都和具有“上有天堂，下有苏杭”之誉的苏州和杭州。这些别称和美誉都是城市特色的客观表述和真实写照，因此具有极高的文化价值。

城市文化特色是多方面的，体现在物质的或非物质的文化形式之中，这种文化越具有传统特色，就越具有地域特色；越是民族的，也就越是世界的。当今国际上一些历史性城市，在人口数量、城市规模或是经济实力方面并不突出，但是它们却是名副其实的世界文化城市。由于这些城市是文化和艺术的集聚之地，是世界上一批最有思想、最有创造力的思想家和艺术家的集聚之地，因而这些城市形成了自己独特的文化气质和文化精神。如维也纳的历史城区规模并不大，却是一个举世闻名的文化城市。维也纳国家歌剧院的“金色大厅”不但是古典音乐的象征，也成为维也纳这座“音乐之都”的象征。然而，维也纳的文化特色还不止于此，这座城市里还诞生或生活过众多世界文化史上具有重要影响的人物，莫扎特、舒伯特和施特劳斯这些音乐巨擘的灿烂光辉，使这座城市始终笼罩在温馨迷人的文化氛围之中，也正是这种独特的文化气质和文化精神，确立了维也纳在世界上不可动摇的文化地位。

城市文化遗产是城市特色内涵的集中体现。它体现出独特的城市民俗风隋、传统的文化痕迹和富有创造性的个性特征。一座城市应把反映不同时代特征的文化遗存保留下来，这样的城市才是一个文化积累的宝库，才能充满着文化气息、健康情趣和上进精神，令人流连忘返。欧洲众多城市在漫长的发展过程中始终恪守和谐发展、保持特色的理念和信条，长期以来对文化传统的尊重、对文化遗产的厚爱、对文化特色的呵护，使它们能够通过时间的积淀来保护城市的灵魂，并成就了这些城市在传统与现代完美结合后的独特魅力。在这些城市的历史城区，除古老的大教堂外几乎没有高层建筑。今天我们看到，一座座欧洲历史性城市就如同城市文化和历史建筑的博物馆，每一处文化遗存、每一幢建筑都成为刻在大地上的城市历史。走进这些城市的历史街巷中随处可以看到镶嵌在街门上方的建筑年代标志，表明人们普遍认同年代愈久远愈值得自豪的理念。那些裸露着的断壁残垣，保留着斑驳陆离，展示着古老沧桑，无需覆盖遮挡，展示出最有价值的本色。这些建筑即使易主他人也不会被拆旧建新，因为人们懂得古老建筑具有不可复制的历史气息。

城市文化特色是长期以来城市外在形象与精神内质的有机统一。例如南通是近代史上中国人最早自主建设和全面经营的城市典范，张謇以一种诗人情怀经营南通，率先创办了符合当时政府学制标准的中国第一所师范学校、中国第一所纺织高校、中国第一所戏剧学校，由中国人自己创办的第一所博物苑以及气象台、养老院、育婴堂，使南通成为一座充满人文关怀的城市。“南通是中国近代文明较早的落脚地之一，被国际友人称之为‘中国的一个理想的文化城市’”[1]。吴良镛教授经过小心求证，审慎提出南通是“中国近代第一城”这一科学命题，其重要性不仅关系到南通历史文化的发掘和认知，而且关系到城市文化特色的定位，进而关系到未来南通城市的发展走向。今天南通的城市决策者认识到独特的历史渊源、文化内涵、发展理念和建设风貌是这座城市的特色资源和生命力之所在，是南通人难得且宝贵的精神资源和动力源泉。于是，他们抓住南通博物苑建苑100周年的机遇，举办了中国博物馆事业发展一百周年纪念活动，将已融入于工业、农业、商业、交通、建筑、文化、教育等各个领域的南通博物苑、钟楼、商会大厦、女工传习所、军山气象台、赵绘沈绣之楼、大生纱厂等26处珍贵的“中国近代第一城”遗迹，保护好、展示好，以存续独具特色的近代城市风貌，为现代南通发展增加了历史文化的厚度。

2. 城市文化特色的保护和继承

我国古代人居环境建设十分重视因地制宜地规划城市，《管子·乘马》曰：“因天材，就地利，城郭不必中规矩，道路不必中准绳”，指出在城市规划中应考虑“天材”“地利”等因素，城市的形制应根据自然环境的实际情况而定，不必强求形式的统一与规整，突破了此前城市规划中礼治的桎梏，这对于充分利用自然条件营造丰富多彩、各具特色的城市打下了理论基础，也是古人强调城市文化特色的体现。我国一些历史性城市也在根据不同的历史地理条件，创造着自己城市的特色。城市特色有着静态与动态的双重含义。静态地看，城市特色表现为一种状态和结果；动态地看，城市特色则是一个内涵不断丰富的自然历史过程。孟子曰：“充实之谓美。”《孟子·尽心下》城市特色还在于它的丰富性和多样性。人们的聚居地有城有郊，城镇有大有小，各具不同的功能和结构，城市的生活多种多样，城市的文化兼容并蓄。

① 凌振荣：《南通近代建筑的历史地位和形成特点》，载《东南文化》，2003（1），60。

在城市中，各类建筑形象有醒目有平淡，建筑色彩有朴素有华丽，建筑年代有古代有现代等，正因为如此，城市才丰富多彩、各具特色。

城市文化的延续在于对原有的文化特色自觉地加以保护和继承。文化特色来自于历史文化传统、自然环境条件、城市功能定位和地域人文精神，因此应对构成城市文化特色的上述要素进行细致的观察和分析，从而形成更为深刻的理解。在城市规划建设中延续历史文化传统、维护自然环境条件、发挥城市功能定位、弘扬地域人文精神，从而形成协调有序的城市整体风貌，经过持续的努力和长期的积累，城市文化特色就必然会得到保护与继承。反之，已经形成的城市文化特色也会在日新月异的城市建设中被破坏甚至消失。“一幅巨大的城市‘镶嵌’图案，其构成是需要把一块块石子精心点缀、赓续完成的。特别是一些重点建筑物，它对城市风貌及特色的形成起着重大作用，它可以强化原有的特色，或者构成新的特色，倘若处理不好也可能破坏城市的特色”[①]。因此，要在城市色彩、街道尺度和建筑风格方面注重城市文化特色的传承与培育，并将涵盖建筑、园林、文学、绘画等多种艺术手法巧妙地融入城市规划建设。

保护城市文化特色已经成为世界城市发展的基本趋势，世界各地的人们在努力维护着城市自身的特色。城市文化特色的保护不仅仅在于对其中个别重要历史建筑的保护，而且在于对整个城市的空间特征、街道肌理、局部环境以至城市精神等方面的保护。在希腊，为了保持雅典古城的特色，国家实施了严格的高度控制，市区内不允许新建高层建筑以避免历史风貌受到伤害。在西班牙，政府早在1859年就对巴塞罗那的城市特色保护和城市发展进行研究，提出新的城市建设要完全避开历史城区的思路和措施。150年后的今天，人们看到巴塞罗那历史城区的文化特色依旧美观而协调，成为欧洲最具中世纪风格的特色城市之一。在意大利，经过长期努力，罗马整座城市呈现出以古代遗址为基本特征的“古罗马”、以历史街区为主要特征的“老罗马”和以现代建筑为鲜明特征的“新罗马”，形成三种风格并存的独特城市文

① 吴良镛:《广义建筑学》，131页，台北，地景企业股份有限公司，1994。

化景观。

虽然这些城市的历史城区寸土寸金，但是城市决策者谨慎而小心地对待城市发展，避免盲目出卖土地进行开发建设，反而为了保护城市的文化尊严和长远利益阻挡了来自各方面的开发投资诱惑。显然他们并不认为改变自己城市的面貌和特色就意味着“发展”，而民族传统、地方特色和时代精神的融汇才是城市的灵魂，因此这些城市绝不会毁掉最有价值的文化特色而追求所谓的“现代化”形象。在这些城市的历史城区，没有高楼大厦，没有高架道桥，没有高速公路，看不到所谓“现代化”的外表，但它们富有的是积淀了几百年、上千年的文化特色，人们在保持着传统街巷格局和文化氛围的历史环境中享受着现代化的生活，这种生活宁静、平和、动人。正是因为这些城市拥有如此丰厚的文化财富，才使它们成为城市中每一个人心中永远的故乡，成为世界仰慕的文化城市；也正是由于特色鲜明、令人难忘的文化形象使这些城市成为世界各地人们旅游、观光的首选。而“城市不能成为旅游景点，这是我国国际旅游市场上失分的重要原因。我国幅员辽阔，历史悠久，自然风光秀丽，但国际旅游收入只有西班牙的 1/5”。①

城市文化特色是城市风貌与文化特征的完美结合，是历史文化与现代文化的有机统一。尤其是城市建筑的个性和风格，更容易表现出城市的特色，凝聚城市的历史、传统和风貌，是独特的人文环境的物化形式。综观世界闻名遐迩的文化城市，无论古代、近代还是现代，之所以能给人们留下深刻的印象，都因为它们是立足于本土文化和区域特点的基础上而发展的。如土耳其的伊斯坦布尔以完好保持城市轮廓线而闻名，高耸在天际线中的众多圆屋顶和清真寺的尖塔呈现出绝妙的文化景观；美国的芝加哥舒展有序、张弛有度的城市天际线构成纵横相宜的城市空间形态，充满生机与活力，给人留下深刻的印象；我国的上海从外滩看浦东，从陆家嘴看外滩，黄浦江的两岸建筑强烈地表现出城市的文化个性。这些例子都充分说明了一个有生命力、可持续发展的城市，首先应该是一个具有独特品格的城市。如果破坏了传统

---

① 仇保兴：《面对全球化的我国城市发展战略》，载《城市规划》，2003（12），5。

文化景观，也就是割断了城市的历史、失去了城市的个性和风格。

一个城市不同于其他城市的清晰的文化概念，就是一个城市的形象，是一个城市让人们留下最深刻印象的文化特点。例如十个朝代曾在南京建都，虽然城址不断变化，但文脉一直相承，至今还保留着结合山水地形而建设的明城墙和历代形成的三条轴线。通过多年的建设积累和自然组合，南京城市空间的“山、水、城、林”四大特色要素已经基本“融为一体”，形成了南京城市空间的整体特色。景德镇作为一个以制瓷为主的特色城市，陶瓷文化就成为整个城市文化的主导。陶瓷不仅仅是一种产品，需要保护的也不仅仅是瓷窑遗址、古作坊、古窑坊等地上和地下的遗存，而是要保护与陶瓷文化相关的民居、会馆、寺庙、码头、历史街区等，以及所涉及

江西景德镇陶瓷历史博览区（2004 年 10 月 22 日）

的物理、化学、工艺、文学、美学、哲学等自然科学和社会科学的诸多因素。

3. 城市文化特色的弘扬和营造

什么是城市文化特色？城市文化特色如何塑造？众说纷纭。以往对城市文化特色的研究，往往仅从城市形象、城市景观、城市环境以及城市建筑风格等方面进行探讨。这些虽然都能构成一定的城市文化特色，但是都是外在的东西。追求和重视外在的东西就难免雷同，自然不可避免地出现“千城一面”。J. 雅各布斯认为：“只知道规划城市的外表，或想象如何赋予它一个有序的令人赏心悦目的外部形象，而不知道它现在本身具有的功能，这样的做法是无效的。把追求事物的外表作为首要目的或主要的内容，除了制造麻烦，别的什么也做不成。”[①]这无疑是给我们一些正在“制造麻烦”的城市以警示。现在很多人都感叹城市的“水泥森林”对人们的心理压力，这也说明了 J. 雅各布斯的观点的预见性。事实证明，只有文化才能凸现城市特色。反之，一个拥有数百年甚至更长历史的城市却可能丧失了自己的文化个性，酿成城市历史的悲剧。

我国历史文化古城众多，各个古城的历史、人文、风俗、传统不尽相同，城市人居环境的建设也各有千秋。我们应通过对各类人文景观与历史遗迹等人文因素的保护与营造，创造城市特色，如李斗所著《扬州画舫录》中载：“杭州以湖山胜，苏州以市肆胜，扬州以园林胜，三者鼎峙，不可轩轾”，表明古人对突出城市特色已有明确的认识，并在城市人居环境建设中加以体现。城市不在于规模大小，而在于特色是否鲜明，创建特色城市是城市的生命。早在 20 世纪 80 年代，任震英、任致远等专家就提出，城市要发展，特色不能丢。北京的古城、苏州的园林、济南的泉水、杭州的西湖、昆明的滇池，永远是这些城市得以延续和发展的依据[②]。例如青岛市注重弘扬传统文化、外来文化和现代文化相互交融的城市文化特色，对以八大关为代表的历史风貌街区实行积极保护，进一步挖掘其历史特征。在编制完成《青岛市特

① 简·雅各布斯：《美国大城市的死与生》，14 页，金衡山，译，南京，译林出版社，2005。
② 宋和景：《苏北地区城市化问题的思考》，载《城市发展研究》，2002（4），49。

色街区规划》的基础上，突出城市历史文脉、推进特色街区规划建设。同时，按照“显山、露水、通海、透绿”的原则，塑造以海滨步行道为轴线的黄金海岸线，并进一步融入海洋科普、旅游度假、文化休闲等新的主题。又如若干年前，南京市鉴于物换星移，昔日“金陵四十八景”有的已不复存在，重新经市民评选和专家细评，评出“南京新 40 景”，并在城市建设中妥善加以保留。

如今一些历史性城市也在努力发扬和塑造自身的文化个性。如法兰克福努力保持举办国际展览和会议的文化城市特色，每年至少有 5 万个会议在此召开，来自世界各地的 260 万人涌入各类会场，成为欧洲大陆最繁忙的会议中心。正是悠久的历史和今天的努力使法兰克福成为全球闻名的文化城市之一。法国里昂历史中心区保留有罗马时期、中世纪、文艺复兴时期、古典主义时期、工业革命时期以及 20 世纪以来各个阶段的文化遗产与城市肌理。文化遗产和城市特色由于得到了良好的保护与合理的利用，使城市保持了旺盛的生命力。为了充分展示城市的悠久历史和灿烂文化，该市将每年 12 月的第一周定为灯光节，绚烂的灯光效果与古老的建筑交相呼应构成独具魅力城市的景观。美国的首都华盛顿虽然只有二百多年的建城历史，但是长期以来坚持了尊重传统、保持特色的原则，在世界各国的首都中保持着自己的特点。2003 年 3 月，美国芝加哥规划委员会公布了“2020 芝加哥中心区规划”，其发展定位为：全球的芝加哥、区域的芝加哥、家乡的芝加哥和绿色的芝加哥。其中家乡的芝加哥的城市定位引人注目，其表述为“芝加哥中心区支持经济和社会的多元化，保护建筑遗产，成为一个有活力，可步行及人们工作、居住、娱乐和欢聚的场所”[①]。

在我们的城市中，许多历史遗存至今仍在发挥着作用，有的依然凝结、延续着曾经的辉煌，传递着历史的回响。挖掘、传承好这些合理的精神内核和保护、利用好历史遗存有利于我们进一步理清城市发展的思路，增添城市的历史传承内涵，并在传承的基础上更好地加以创新，塑造融古代辉煌与现代文明于一体和优雅而独特

---

① 黄玮:《空间转型和经济转型——“二战”后芝加哥中心区再开发》，载《国外城市规划》，2006（4），58。

的城市形象。因此，只有以高度负责的精神和真正科学的态度保护好城市自身的文化传统，保持城市发展的连续性，才能创造出城市恒久的文化魅力。“纵观当今世界上公认的真正有魅力的国际性大都市，例如：纽约、东京、伦敦、香港、巴黎等，不管它们是以突出什么方面来发挥其中心作用的，都必定具有高度发达而且颇具特色的城市文化，从而成为其他城市居民‘心向往之’的‘文化之都’。正如一位当代青年学者所指出的，‘城市文化是城市的灵魂’”①。数世纪以来，巴黎、罗马等历史性城市在应对经济和社会发展时体验了大量的自我更新，但是它们始终保持着自己的文脉。

在我国，虽然不少城市在文化特色方面已经失去了很多，但是仍然有许多正在崛起的中小城市处于发展的初期，特别是我国的西部城市应该针对城市文化特色加强研究和保护，避免重蹈覆辙。1998 年清华大学师生赴位于滇、川、藏大三角交汇地带的迪庆考察，为这里优美的环境、淳朴的民风、独特的文化所吸引，产生了“一个近乎浪漫的畅想”，把迪庆建成香格里拉理想城。“我们要用理想的激情来规划理想城，这种理想的境界，在现代条件下可归纳为社会公平、和谐；生态环境健全；科学技术进步；文化艺术繁荣。人居环境既保留传统同时又富于创新”。吴良镛教授特别指出：“在建设中不要一味地追求高楼大厦，21 世纪的建筑是走向人与自然的和谐，不要认为高楼大厦、冲天的烟囱就是发展，就是现代化。现在那些被认为是‘二等舶来品’的高楼大厦已经在不少城市破坏了山的轮廓、自然的风貌，令人腻味。我们各地要追求自己的风格、自己的设计，借鉴传统发展未来。一组组建筑要像从这里的土地上生长出来的，成功的城市建设要与这里的山岩、溪流、草地、树木、云天交织在一起，把迪庆香格里拉理想城建设好。”②

城市是一个巨大的物质载体，具有门类繁多、体形庞大和寿命长久等种种特征。每一座城市都存在着深层次的文化差异，因而文化发展目标迥然不同。对传统文化与城市文化遗产应进行切实而深入的研究，不仅侧重于个体，还应研究群体，乃至

① 方可：《当代北京旧城更新：调查·研究·探索》，北京，中国建筑工业出版社，2000。
② 吴良镛：《吴良镛学术文化随笔》，200 页，北京，中国青年出版社，2001。

对城市空间环境进行整体研究。同时这些研究不仅从城市规划和建筑领域出发，而应进行多学科的思考，尤其是从文化角度进行探索。城市文化特色的发展和演变，有时间的积淀，更有深刻的文化背景，它一般不应该是“大手笔”的城市规划建设所创造的产物，而应该是复杂、细致、连续的育成过程的结晶，因而那种希望“毕其功于一役”的想法和那种希望通过大规模的“旧城改造”“危旧房改造”去“打造”崭新的城市文化特色的做法，都是不切合实际的。

城市文化特色的塑造既要符合实际、符合当地的社情民意，在当地具体环境下生根发芽、开花结果，又要兼顾社会各方的利益，照顾不同人群的诉求，考虑社会公平，使广大市民喜闻乐见。同时不应以单纯的技术性蓝图和笼统的规划指标掩盖城市文化特色形成时背后的多方文化诉求。正如S.科斯塔夫（S. Kostof）所问：“谁有资格和能力去‘设计’城市天际线？谁能代表公众去决定城市在地平线上的形态？这是一个根本性的问题。”[①]城市是大众的城市，属于生活在城市中的每一个人。城市文化特色的塑造要得到市民的积极认同、支持和参与。如果脱离当地实际情况，没有当地市民的认同、支持和参与，则这种城市文化特色没有价值，也没有发展动力，更没有发展前途。因此应该面向市民开放的征求意见，来增加重塑城市文化特色决策中的透明度，以鼓励公众积极参与。唯有如此，才能让公众的意愿真正代替少数人的意志，使公众成为最终形成城市文化特色的决定性力量。

① 黄焕：《解读芝加哥的城市天际线》，《国外城市规划》，2006（4），66。

第七章 城市文化理想升华与文化城市建设

当前，全球化已经成为社会发展不可忽略的问题。无论是产品生产还是商品消费，国家和地域的界限越来越模糊，世界产品和全球市场正在逐步形成一个整体。经济活动的无国界趋势势必影响文化领域的全球化，主要表现为，经济发达国家和地区的价值观念和生活方式正在不断地向经济相对落后的国家和地区输出、普及，文化霸权伴随着经济全球化的浪潮一齐向这些国家和地区的人们袭去，致使人们的价值取向和审美心理都在发生着偏移，以至于影响到理想信念、思想行为和道德准则等精神层面。在这一情势下，如何看待城市文化的发展方向是一个需要深入思考的问题。

第一节 “城市文化危机”问题的提出与对应

随着全球化的不断深入和发达国家的城市在经济上的成功，发展中国家的城市有了更多的参照、比较和借鉴的范例，但是这并不意味着发达国家的城市就一定是真理之乡。目前，越来越多的城市已经认识到，无论是从城市自身传统文化、地域文化的现实状况来看，还是从各国不同发展道路的比较研究分析，或者从可持续发

日本东京新宿（2004年9月26日）

展观的实践经验出发，发展中国家的城市都无法完全复制西方模式，都必须找到一条属于自己的发展道路，特别是在学习、借鉴发达国家成功经验的过程中不能迷失自我，而是要努力实现城市自身优秀传统文化的坚守、继承和传播。

1. 城市优秀传统文化的坚守

今日世界，发达国家凭借着自身经济上的优势，确立其在文化交流中的强势地位，与发展中国家往往不能在平等对话的基础上实现相互融合、取长补短，而是以沙尘暴式的“快餐文化”方式一拥而入，发展中国家的传统文化随之节节败退，被动接受代替了相互交流。人们看到，当今世界文化霸权的侵略扩张不必动用武力，而是以不战而胜的方式实现文明侵入，通过对价值观念以及思维方式的控制来取得经济与政治上的利益。特别是美国学者亨廷顿提出“文明冲突论”之后所引发的激烈争论，人们更加清楚地看到，在一些西方学者对文明思考的背后，隐含着的是西方文明优越论，他们不能以健康的文化心态，认同与尊重不同文化存在的合理性与合法性。“美国大片把亚洲各国打包成一个类型化形象，就是典型一例。贫穷、狭隘，有点神秘，还有些原始，这些所谓的亚洲形象并不令人愉快。因为它是片面的呈现，不真实的传播”[①]。许多西方学者有意识地或潜意识地认为，如果没有西方价值观念的引入，就不会有任何国家和地区可以真正地实现现代化。

目前，由于发达国家占有的金融市场、信息科技和军事资源的份额不断增多以及文明的交融与交流难以平衡，发展中国家的传统文化在全球文化传播的版图上日趋边缘、模糊和衰微，弱势文化面临着被强势文化同化的危险。这一同化与反同化、霸权与反霸权的矛盾异常尖锐，进一步增加了发展中国家寻找自身发展模式的难度，甚至一些发展中国家也有不少人开始怀疑本国的文化传统，试图对自身核心价值观念进行全盘否定。“当前，我们正处在一个思想大活跃、观念大碰撞、文化大交融的时代，先进文化、有益文化和落后文化、腐朽文化同时并存，正确思想和错误思想、主流意识形态和非主流意识形态相互交织，各种思想文化有吸纳有排斥，有融合有斗争，有渗透有抵御，这种交流、交融、交锋不仅发生在国际而且发生在国内。对不同文化的冲突、碰撞、摩擦，如果不注意协调、妥善解决，就会引起思想混乱，甚至导致社会危机”[②]。

当前，“城市文化危机”已经成为各国城市进入 21 世纪发展所面临的战略焦点。“2006 年 9 月，第八届亚洲艺术节召开，与会众多代表关于警惕经济全球化带来的文化全球化，携手防止东方文化‘失语’的呼吁，前所未有的急迫。越来越多的人意识到，文化的‘失语’，产生的不仅是繁华散尽的失落，还意味着民族身份的模糊”[③]。问题的关键不在于发展中国家能否达到现在发达国家的经济发展水平，而在

① 刘琼：《让亚洲文化不再“失语”》，载《人民日报》，2006-09-06（5）。
② 刘云山：《建设和谐文化 巩固社会和谐的思想道德基础》，载《人民日报》，2006-10-24（2）
③ 刘琼：《让亚洲文化不再“失语”》，载《人民日报》，2006-09-06（5）。

于选择什么样的发展模式来达到预期的发展目标，这种发展模式又靠什么样的核心价值观念予以支撑。要正确回答这个问题，将是对发展中国家和城市以及全体市民智慧的严峻考验。实践证明，解决上述问题的途径之一，就是给予自身传统文化、地域文化以更多关注，给予先进文化、有益文化以更好的生态环境，给予落后文化、腐朽文化以更坚决的抵制。早在工业革命时期，C. 狄更斯（C. Dickens）就曾经说过，“当今是一切时代之最好，又是一切时代之最坏”，表明了时代发展的复杂性。如果说在过去西方文化中拜金主义、享乐主义的倾向离我们还十分遥远，那么今天，这一倾向正以惊人的速度侵入我国的电视文化、网络文化，甚至所有文化领域，并迅速扩散于民众的文化生活中，加深了人们对自己传统文化的漠视。值得注意的是，所有这些恰恰也是各种腐败和违法活动产生的一个重要思想根源。

新时期娱乐文化的恢复和发展的积极价值有目共睹。但是，如果在两个方面把握不好，就会出现消极甚至灾难性的后果，一是娱乐文化的质，一个是娱乐文化的量。我国的娱乐文化在质和量两个方面都存在着不容忽视的问题。从质的方面说，娱乐文化中充斥着大量商品性的、快餐式的、低俗化的流行文化；从量的方面说，娱乐文化存在着泛化的倾向，来自社会生活的方方面面不断填充着缺乏文化追求的人们的精神空间。虽然积极健康的文化娱乐为每个人的生活需要，但这只是人们全部生活的一部分，而且应该是很有限的一部分。当娱乐活动超出了一定的量，即使内容健康也会走向反面。

2. 城市优秀传统文化的继承

自古以来，地球上就存在着拥有不同文化的人类群体。但是在相当长的历史阶段，这些群体彼此之间很少相互接触，各自保持着生活上的独立性和文化上的独特性。无论高山还是大海，都曾直接阻隔了不同文化群体之间的往来，客观上起到了不同文化之间的保护作用，从而使世界各地拥有着丰富多彩的文化特征，也正是这种文化差异使人类葆有丰硕的精神财富和多姿多彩的生活方式。但是，随着时代的变迁，人类活动范围逐步扩大，世界变得越来越“小”，一些具有相对优势的城市文化渐渐跃出了原先的狭小空间，影响到越来越广大的城市和地区，成为另外一些城市和地区借鉴的对象，于是，这些优势的城市文化便越来越获得某种普遍性，甚至世界性，文化生态环境也就随之发生了根本性的变化。今天，人类社会正在向只有单一文化背景的世界滑去，经济全球化使世界成为一个统一的市场，城市文化也出现了所谓“单城性”现象。同时，由于各具特色的地域文化是动态的、散见的，很容易随着时空的转换而衰落、消失，再加上现代生活方式的急剧变化和强势文化的侵袭，往往它们在不经意间遭到污染与损害，有些目前已经濒临失传和“断流”的危机。

顾朝林先生曾将全球化概括为五个主要方面的特征：一是全球性资本流快速增长；二是不同国家的文化产品随处可见；三是国家不再是唯一影响人们政治生活和思想的实体；四是所有经济活动、文化、信息的跨界连接；五是通信媒介产生交流和流动。他进一步指出，全球化不仅仅表现为经济的全球化，它还包括文化的全球化、技术的全球化以及政治的全球化。在经济方面，生产系统与全球金融和全球市场相联结，制造业发生全球性转移，导致了全球性生产和全球市场的扩展以及全球资本的流动。在文化方面，商品、资本和信息的全球化，使得种族、语言和宗教的地域化，尤其美国化倾向明显，美国文化产品家喻户晓，媒体文化充斥屏幕，麦当劳快餐连锁店建成全球网络。在科技方面，无论是发达国家，还是发展中国家，信息科技、计算机、机械人、电信、生物工程、材料科学等成为研究的热点。在政治方面，国家在全球市场中的作用被削弱，国际组织作用则日益明显[①]。

在今天的社会中，电子传播网络大大方便了人们之间的互动。人们不必离开电脑便可读万卷书，人们不必行万里路便可知天下事，不同文化之间的相互交流与交锋因此而变得日趋快捷。置身于知识经济和网络时代，面对经济全球化的大势所趋，

① 顾朝林：《城市化的国际研究》，载《城市规划》，2003（6），22。

人们生活的方方面面都发生着不以自身意志为转移的巨大变革。从总体上看，这是符合经济全球化前提下城市文化发展规律的，但是，这并不意味着城市文化发展必然出现趋同的合理趋势，而是正相反，在日益变“小”的世界里，一方面，人们更加渴望体会自己城市文化的差异性，维护自己城市独有的精神文化领域；另一方面，人们比以往更需要丰富多彩的精神生活，更加渴求多样性的城市文化。我们在呼吁自然生态保护的同时，“也应该更响亮地倡导‘维护地球的文化色泽’——关注文化生态保护，旨在维护人与人之间的和谐与促进相互间的交流。遗憾的是它尚未引起人们足够的重视”。“面对这样的情势，我们不免会像自然科学家面对着林木滥伐、水土流失而思虑着黄河、长江的水源有朝一日是否会枯竭一样，思虑着人类‘精神植被’的荒漠化危机”[①]。

在城市现代化进程中，如何使城市经济发展富有文化内涵、城市社会环境形成文化生态、城市生活质量突出文化个性和城市人的发展追求文化品位，这是十分值得思考的问题。“文化生存状态积淀着一个民族、国家或地区全面的文化创造和文明成果，而且蕴含着走向未来的文化基因，在全球化世界中，面临席卷而来的强势文化，地域文化如果缺乏内在的活力，没有明确的发展方向和自强意识，不自觉地保护与发展，就会显得被动，有可能丧失自我创造力与竞争力”[③]。我国目前城市发展现状的诸多遗憾之处，正是由于忽视城市文化传统支撑而自食其果。一些城市决策者面对所遭遇不断的“建设性破坏”，仍然对保护城市“文化元素”缺乏应有措施，对延续城市“文化根脉”缺乏自觉分析，对确立城市“文化主题”缺乏主动研究，对制定“文化战略”缺乏深入思考。

全球经济一体化的进程，带来全球生产的扩展、全球市场的链接、全球资本的流动，引发全球生活品质的改变，我国城市也与世界各国城市一同进入了21世纪城市发展的“十字路口”。改革开放以来，我国经济社会取得了长足发展，人民生活水平大大提高，但是也出现了一些经济、社会、环境、生态等方面的问题，大大降低

① 资华筠：《面对新世纪的文化生态保护》，载《中华文化画报》，2005（3），56。
② 武廷海，庞勤，卜华：《全球化时代苏州城市发展的文化思考》，载《城市规划》，2003（8），61。

了社会可持续发展的能力。一方面，虽然一些城市在“聚精会神搞建设，一心一意谋发展”，经济发展速度很快，但同时却忽视了人与自然、人与社会、人与人的关系，在精神生活、文化生活、政治生活方面未能给予足够的关注，相对于民众日益增长的精神文化需求而言，文化能源的供给已经形成“战略性短缺”。另一方面，由于经济、社会以及不同人群的文化差异等复杂原因，落后文化、腐朽文化客观上已经形成了一定的社会基础和市场，这关系到建设良好文化环境，关系到国家的文化安全。

3. 城市优秀传统文化的传播

联合国教科文组织长期以来积极呼吁各国要尊重不同社会、不同民族和不同种族之间的文化差异和传统，避免他们的传统文化被全球化浪潮淹没。1989 年，在科特迪瓦举行的联合国教科文组织“人之思想中的和平”国际大会上首次提出了“和平文化”的概念。“和平文化”从其内涵到外延都有着极其宽泛的概念，要真正实现“和平文化”这一任务，就必须与人类文化的可持续发展结合起来。可喜的是，“在文化问题上，近来出现了一些新的现象，虽未必形成主流，却也值得我们注意：在发展中国家，人们从过去向发达国家亦步亦趋地学习，开始转而寻找自己的道路。一些有识之士明确地提出，自己的国家在经济上是贫穷的，在文化上是富有的，他们力求以自己的自然资源和人力财力为基础，探索新的方针，寻找自己的文化特色”[①]。在以“和平文化”主导国际社会的时代当中，随着世界各国经济的持续发展、物质生活逐渐满足人类生存所需之后，人类渴望在精神上探索更多的未知世界，渴望了解自身传统文化和地域文化的积淀，并关注更多其他民族的生活方式、风土人情。这种强烈的认知欲望使人们更多地选择人与自然、人与历史、人与人之间的对话，亲自造访、亲身体会世界各个城市和地区的珍贵文化遗产。这种交往极大地促进了国家之间的文化交流，也使城市之间的文化联系日趋紧密，而文化遗产则成

① 吴良镛:《广义建筑学》，45 页，台北，地景企业股份有限公司，1994。

为国家和城市间和平文化传播的重要载体。

文化需要坚守，更需要继承和传播。今天，社会发展速度之快、变化之大，已经使人们必须面对太多新的体验和挑战。人们在享受高度发展的现代城市文明的同时，也承受着竞争激烈、节奏急速、世态多变的巨大生活压力和精神压力，这一方面能够激发人们奋发进取、顽强拼搏的精神；另一方面也容易产生急功近利、心浮气躁的心态，时而又有“人情淡漠”“生活单调”的失落感，使人们感到生存状态不如过去那么安逸舒适，甚至给人类带来某些意想不到的生理和心理疾病。因此，通过“和谐文化的熏陶和哺育，必将提高人的境界、情趣、品位，培育乐观、豁达、宽容的精神，促进人的素质提高、精神解放和全面发展，必将有效调节人们的情感和心理，塑造自尊自信、理性平和、积极向上的社会心态，以开阔的心胸和积极的心境看待一切，用理性合法的方式表达利益诉求”。“任何一种文化形态的生成与发展，都是一个逐步积累的过程，不可能通过急风暴雨式的‘文化运动’来实现”[①]。要通过长期不懈的努力，使民众在文化权益上各得其所，在文化享有上各获其利，在文化创造上各尽其能，使文化形态的生成与发展过程成为提高人的素质、促进人的全面发展的过程。

在我国，传统文化和地域文化是各族人民世世代代的创造和积累，积淀着各个历史时期的社会因子。“传统犹如血脉，应该更新，但不可以割断”[②]。城市的文化特色与城市的经历密不可分，与市民的社会心态、生活方式、行为准则和价值观念紧紧相关，并在漫长的历史过程中积淀、缓慢演变发展形成城市的文脉。但是，传统不是一个凝固的概念，在连接和传承中它会发生变异，会不断被赋予新的内容。文化创造是一个城市生产力发展的源泉，是城市发展的精神动力、情感动力，是城市物质创造最基本的原生动力，城市正是在不断的文化创造中得以传承和发展。事实上，只有后来者不断为既存的城市传统文化增添新的内容，城市传统文化才更充实、更有价值，才有可能融入现实社会生活，才能成为活着的城市传统。因此要创

---

① 刘云山:《建设和谐文化巩固社会和谐的思想道德基础》，载《人民日报》，2006-10-24（2）。
② 孙家正:《和谐社会构建中的文化责任》，载《光明日报》，2005-08-05（5）。

北京景山少年宫

新和建设当代先进文化，就必须要依托历史、立足现实、面向未来，通过对城市传统文化的深刻继承和科学扬弃，来培育和丰富既有独特民族传统、浓郁地方特色，又有鲜明时代精神的城市文化。

历史一再证明，开放的环境是发展的前提，封闭就意味着落后。因此可以肯定，加强与外来文化的接触、交流和融合是城市文化发展的先进方向。世界多元文化新格局的展开，也为我国文化发展带来了焕发生机和活力的新机遇。例如我国的传统节日——春节，正在成为世界性的节日。2006 年 1 月 26 日傍晚，在伦敦最为繁华的大街牛津圆环，在熙熙攘攘的市民和几十个国家的记者的注目下，伦敦市长和中国演员共同点亮了象征农历节气的二十四盏中国宫灯，欧洲有史以来规模最大的春节庆祝活动正式拉开了序幕。以牛津圆环为轴心的几条繁华大街历来是伦敦张灯庆祝圣诞节的中心地带，中国宫灯在此高挂，显示了春节正在日益成为英国的节日[①]。目前，美国的十几个州已经把春节列为法定假期。春节的“走出去”表明中国文化赢得了世界尊重，在经济力量快速增长的同时，文化力量也创造了一个具有非凡吸引力的中国，这就是春节正在成为世界性节日最根本的推动力。人们普遍认为，圣诞节由于欧洲中心主义的扩张被广为接受，但它是一个宗教性的节日，具有先天的排他性和强势文化介入的特征；而春节源于大自然本身的召唤，是一个“自然的节奏”，是中国人“天人合一”价值观的体现。一个象征和谐的节日不具有文化上的障碍与冲击，决定了它能够成为一个世界性的节日，这也正是中华文明的魅力所在。由此联想到。如今我国法定节日中除了春节，其余皆是外来节日和现代纪念日。传统节日淡出现代社会生活造成节俗文化功能的失落，相关民间艺术也随之凋敝。有鉴于此，在全国政协十届二次会议上龙瑞委员建议增加元宵节、清明节、端午节和中秋节为国家法定节日。

文化遗产在我国对外文化交流中发挥着重要作用，出国文物展览最容易引起国外观众瞩目，也最容易使人们接近中国传统文化、向往中国传统文化，成为各国民众了解历史中国、认识现实中国、预知未来中国的有效途径，能够增强我国文化在世界的影响力和感召力。近年来，我国的文化遗产以各种形式进行展示，足迹已经遍及六大洲的50多个国家和地区。展览每到一处都会吸引无数当地民众争先观看，观众们在中国精美的展品前流连忘返，久久不愿离去。仅2005年我国共有76个文物出境展览，百万各国观众亲眼目睹中国文化精华：包括“井真成墓志”在内的“遣唐使展”在3个月内共接待观众12万人次，日本天皇首次到日本东京国立博物馆观展；“走向盛唐展”作为大规模综合性文物展览，2004年底至2005年初在美国纽约大都会博物馆展出后赴香港展出，3个月内观众达29.6万。文化遗产在促进世界和平文化的传播、加强各国间的文化交往和保护人类共同文化遗产方面做出贡献，

① 郭林：《春节正成为英国的节日》，载《光明日报》，2006-01-28（8）。

已经成为国际上维护和平的重要力量。

第二节　经济全球化背景下传统文化的消退

在我国，当前一些城市和地区出现的城市建设利益化、城市文化粗鄙化、城市景观浅薄化、城市形象趋同化、城市历史虚拟化、城市消费奢华化、城市休闲低俗化、城市娱乐商品化等种种不良倾向，正在消解着我们对于优秀传统文化的理解和继承，城市文化的民族性和传统性受到压抑，并且开始迅速消失。我们并不是要拒绝文化交流，但是当西方文化逐渐趋向城市文化生活主流的时候，我们就需要反思我们的文化责任，探讨如何在全球化的背景下保持和弘扬城市文化中的民族特色。

1. 城市建设利益化倾向

在今天的城市建设和改造中，一些城市决策者只知道地皮和楼盘的价格而不注重历史城区和文化遗产的价值，由于急功近利、经济利益驱使等因素，文化遗产被破坏的事件屡见不鲜。一些城市仅仅注重物质利益，而忽视文化生态和人文精神；只注重功能城市的建设，而忽视文化城市的培育，导致城市中独具地域特色的传统民居和源远流长的历史街区，正在逐街逐巷地从城市版图上消失。短短十余年，不少城市的个性特征和文化魅力被荡涤殆尽，市民们熟悉的城市景观和城市形象从此更换了主题。人们越来越感觉到这已经不是单纯的城市景观和城市形象问题，而是城市传统文化能否继续存在下去的问题。例如在当前大规模的城市改造过程中，如何保护好城市文化名人故居成为文化遗产保护领域乃至整个社会极为关注和倍感沉重的话题。由于缺乏保护意识，许多文化名人故居在城市建设中成为推土机下的牺牲品。“他们认识不到民族团结的天生的最好纽带是历史的文明积淀，文化名人故居恰好是这些文明的载体和象征”[①]。冯骥才先生针对城市缺乏文化意识的现象一针见血地指出：“我们曾经的确创造了无与伦比的文化，但我们必须承认，我们缺乏文化

---

① 舒乙：《保护文化名人故居是当前先进文化持续发展中的一个紧迫任务》，在全国政协十届二次会议上的发言，2004。

意识，也很少文化自珍。从无形的文化财富上说，我们极其富有；从有形的文化遗存上说，我们早已变得贫穷。如果今天仍然把这些觉悟和要求当做精神奢侈，那才是真正的文化的悲哀！”“世界多少名城都以保持自己古老的格局为荣，我们却在炫耀‘三个月换一次地图’这种可怕的‘奇迹’！毫不夸张地说，现在每一分钟，都有大片历史文化遗产被推土机无情地铲去。而每一个城市的历史特征都是千百年来不断的人文创造才形成的”[①]。绍兴是有着近2500年建城史的悠久古城，城市格局本身就很有特色，而且每一条街巷都有典故和故事，这些典故和故事其实都是历史的轨迹。但是今天许多很有韵味的街巷都已经消失，很多老地名也难以寻觅。“比如，绍兴是名士之乡，一共出过28名状元，但是目前以状元命名的街巷、台门都已经找不到了”[②]。

2. 城市文化粗鄙化倾向

近年来，“文化全球化”的趋势在我国建筑界也有集中表现。面对国际强势文化的渗透，当前各种建筑流派、各种学术思想的异彩纷呈导致新一轮的建筑文化危机，其中最突出的是“洋设计”在全国各地呈风行之势：越来越多的地方政府机构驻扎在欧陆风格的大厦内，越来越多的居住小区弥漫着洋名和洋风，开发商们津津乐道的是英国的维多利亚风格、法国的路易风格、德国的巴伐利亚风格以及美国的现代风格等。这些“洋设计”既包括了西方设计师的设计作品，也包括我国建筑师受欧美建筑思潮影响的设计作品。在这些新建筑中有两种倾向：一是把流行风格当做高档的标志，“媚俗、跟风、抄袭、追求时尚，使建筑形式变化之快，差不多赶上时装的流行周期”[③]；二是把奢华作为美观的标志。不仅模仿外国的现代建筑，欧美古典建筑也被奉为最新时尚，一时间城市中充斥着希腊古典式柱廊、罗马穹顶、巴洛克装饰。到处“欧陆风”建筑的兴起，城市里堆满了“罗马花园”“巴黎广场”“伦敦小镇”，外国的老古董反而成了我国现代化建筑的标志，严重破坏了历史性城市的风

① 冯骥才：《思想者独行》，石家庄，花山文艺出版社，2005。
② 屠剑虹：《走在古城街巷中每一步都让我沉醉》，载《绍兴晚报》，2006-05-30（17）。
③ 阮煜琳：《中国不应“千城一面”》，载《中国建设报》，2005-12-14，（8）。

貌。在“新消费主义”和“新奢华主义”的国际浪潮中，越来越多的民众正在被动体验着一种文化混杂和虚荣。我们的城市成为“最不计成本堆砌设计游戏的最大市场”，许多外国城市都不敢接受的创新方案正在这里变为现实。实际上，追求形式上的独特和怪异，还有一种心理就是怕别人说我们不够现代化，然而这恰恰反映出对我国建筑文化缺乏应有的自信。“文化危机”问题以及伴随而来的种种不良社会现象的日益严重，究其深层次原因是文化认同感和文化立场的危机。“一个民族文化的粗鄙带来的问题，不仅是对自身文化的损害，而是会使民族素质下降，同时致使人们丧失文化的自尊与自信，而失去这种文化的自尊和自信才是最危险的”[①]。由此可以看出，粗鄙化的城市文化将败坏我们的城市生活。如果离开了城市的终极目标，城市和文化的建设必然陷入盲目和混乱之中，必然会引发一系列问题和危机。

3. 城市景观浅薄化倾向

今天，在各地盛行的拷贝风、模仿风极大地伤害了城市文化环境和建筑地方特色，导致城市文化品位急剧下降。在一些城市，鳞次栉比的摩天大楼破坏了丰富壮美的城市天际线，趾高气扬的推土机切断了赓续绵延的文化脉络，城市景观正在被大量的“二流的舶来品”所侵蚀，许多历史性城市的传统风貌已经难以寻觅。于是，人们开始产生强烈的文化失落感，这无疑是我国城市文化的悲哀。“现代形形色色的流派劈天盖地而来，建筑市场上光怪陆离，使得一些并不成熟的中国建筑师难免眼花缭乱；与此同时，由于对自己本土文化又往往缺乏深厚的功力，甚至存在偏见，因此尽管中国文化源远流长，博大精深，面对全球强势文化，我们一时仍然显得‘头重脚轻’，无所适从”。“失去建筑的一些基本准则，漠视中国文化，无视历史文脉的继承和发展，放弃对中国历史文化内涵的探索，显然是一种误解与迷茫”[②]。在当前轰轰烈烈的“造城运动”中，一些城市不是深化自己的文化内涵，而是外化自己的城市景观，使城市景观的文化表现浅薄化，甚至为迎合某种流行或时尚将城市

① 冯骥才：《思想者独行》，92页，石家庄，花山文艺出版社，2005。
② 吴良镛：《中国建筑文化的研究与创造》，载《新华文摘》，2003（3），135。

景观庸俗化，导致城市传统文化、地域文化与城市文化景观脱节，城市整体文化品位下降。一座城市如果失去了传统文化、地域文化，就意味着失去了一个丰富多彩的世界。一位美国城市规划师问道："为什么拥有五千多年文明的背景，却要像十几岁的孩子般莽撞行事，还穿上一身俗气的洋裤褂呢？"[①]建筑是百年大计，是不动产投资，是社会财富的积淀。当前大量出现的伤害城市文化景观的短视建设行为，将使城市在未来的城市更新中付出更高代价。人们普遍认为好莱坞、迪斯尼以及麦当劳是典型的西方生活方式的代表，实际上，目前西方建筑文化对我国城市文化的影响恐怕远比这三者的影响严重。我国传统建筑文化自古就是开放的，但是吸收并非一味模仿、简单照搬，更不是代替。

4. 城市形象趋同化倾向

近年来，许多城市在城市中心区开辟巨型市民广场，为互相攀比，广场建设越来越大。广场又以草地为主，辅以大面积花岗石铺装地面，建造大型花坛、大型音乐喷泉等；有的还建造豪华巨大的纪念廊、巨型雕塑及其他装饰性建筑物。有的小城市建设了数公顷甚至数十公顷的下沉式或者高架式广场，草多树少，大而不当，平时暴晒、下雨积水、下雪结冰，利用率很低。有的专家总结了我国城市广场设计的八股化："低头是铺装，平视见喷泉，仰脸看城雕，台阶加旗杆，中轴对称式，终点是政府。"千城一面、大同小异，城市忽视了广场休闲、纳凉、人际交流等社会功能。数年前，我国西部的一座古都建设了据称是亚洲第一大的喷泉广场，每年需要动用巨额的维护费用。时隔不久，我国中部另一座古都的"亚洲第一大喷泉"诞生，再次刷新了喷泉广场纪录。专家们担心也许不久某个严重缺水的城市还会建设更大的"亚洲第一"。近年来还形成了建造城市雕塑的热潮。为了美化城市，无论大、小城镇纷纷树立巨型城市雕塑，在城市中心广场、城市入口、重要路段、重要街区、居住社区和园林以及商业街区，层出不穷地涌现出一批批新的不锈钢或汉白玉雕塑，

① 苏解放：《北京当代城市形态的"休克效应"》，载《瞭望新闻周刊》，2005（33），54。

云南红河州行政中心广场（2009 年 8 月 27 日）

不少都以“飞翔”“腾飞”“奔腾”等为主题，体现出城市决策者面向未来的决心和意志。但是令人遗憾的是，其中设计失败的多，成功的少，可称为城市垃圾和文化败笔的也比比皆是。不少雕塑在主题、造型、尺度，色彩、质感乃至加工工艺等方面都存在问题，不但没有给城市带来好的形象，反而使人们对城市文化品位产生质疑。借鉴并不等于盲目模仿，模仿只能导致城市形象的雷同、刻板、僵化。与此相比，一些城市民众真正需要的文化和体育设施建设却得不到应有的重视。目前我国平均每 46 万人口才拥有一家公共图书馆，全国人均拥有公共图书馆藏书仅为 0.27 册，我国人均体育场地面积仅仅为 0.65 平方米。

5. 城市历史虚拟化倾向

近年来，受商业利益驱动一些城市出现趣味低俗的、粗制滥造的、虚假肤浅的再造历史民俗文化的行为，使传统文化的真实、自然与淳朴遭到破坏。制作或再现历史名人、历史事件的动机往往是为了营利，而不是恢复传统文化真正有价值的内容。诸如争抢文化名人的闹剧、虚构伪造历史事件的怪事屡见不鲜。有的地区争夺老子，有的城市争夺西施，更多地区和城市争夺诸葛亮，梁山伯与祝英台的“原发地”之争也由来已久。如此文化资源之争大都旷日持久、耗费巨大。有的地方无视文化的严肃性，以文化名人的名字抢先为自己的产品注册商标。这样的争夺和抢注尽管打着弘扬文化的招牌，但是却涂抹了太多的功利色彩，造成对文化的亵渎。再如在我国所有的传统节日中，“七夕”最具浪漫色彩，表达出民众对忠贞爱情的理想与诉求。但是正因为这一特点，“七夕”也成为最容易被商业利用的节日。2006年恰逢农历闰七月，两个“七夕”都格外热闹，各地此起彼伏的“相亲会”“情人会”令人目不暇接，更有多达十几个城市纷纷宣布本地才是牛郎织女传说的发源地。相同的故事却指称着不同的起源地，令人迷惑。牛郎织女的故事只是在民间广泛流传的神话传说，追述哪里是他们的故乡很荒唐。我们应共同承担民族文化责任，而不是陷入争夺文化资源的混战。实际上，透过纷纷扰扰的牛郎织女热，我们不难看到对利益的追逐和商家的炒作[1]。实际上，一些城市注重的只是外表，既缺乏心灵上的认同，也缺乏情感上的共鸣。他们以当代的轻浮和矫揉造作损害、侵蚀着真实而厚实的传统文化。在某种意义上，他们不是传承和弘扬，而是败坏了城市文化的品位和内在价值。同时，各地那些粗制滥造的所谓“民俗文化村”、千篇一律的人造景观点、大同小异的工艺纪念品等，除了引发消费者的审美疲劳，并不能让人们真正找到心灵的家园。

① 李舫:《天涯何处共七夕？》，载《人民日报》，2006-09-06（11）。

6. 城市消费奢华化倾向

当前，文化设施的建造也存在一些值得注意的倾向。首先是重规模、轻功能，建设规模盲目攀高比大。不少地方想方设法建设比邻省、邻市规模更大、规格更高的同类设施，而不顾当地的经济实力和实际使用需求，投资规模动辄上亿元，多则超过十多亿元，结果造成建成后实际使用需求不足，能源耗费巨大，营运不堪重负。其次是重形式、轻设计。一些地方为了将文化设施建成地方的标志性建筑甚至视为政府的形象工程，过分追求建筑的外观造型，刻意表现建筑的象征性，搞标新立异的设计。相反，对文化设施最重要的使用功能则不做精心设计，导致建筑功能适应性差或相关设施不配套或建筑空间浪费巨大。三是重建设、轻经营。不少文化设施在建造之前并没有对其功能作用以及管理进行充分的论证，对建成后需要多少管理人员和运行经费也没有心理准备，结果造成一些文化设施建成后不能发挥其应有的社会作用，或陷入财政困境而成为政府的包袱，损害了文化设施的社会形象。另一方面，曾几何时我国商品包装保持着质朴实用的风格，随着市场经济的发展，商品包装逐渐被提高到显赫的地位。图书出版也不例外，封面开始出现铜版纸、大开面、精装的形式，发展到现在，亚光铜版纸、进口艺术纸、软面精装纸、布纹纸都只能算是寻常材料，甚至有用高级布料、羊皮等做封面。封面之外，内页用纸也相当考究，某些时尚类读物全用铜版纸，沉甸甸的，重得离谱。然而，图书包装的奢侈豪华并不能提升内在品质，有些越是“品相”出众的，其内容注水现象就越严重。至于某些刻意过度包装过的图书，其内容的贫乏几近不知所云，文字的浅陋近乎于呓语，仅仅依赖奢华的外表、昂贵的纸质以“欺世盗名”，就更无须赘述了[①]。除此之外，生活日用品豪华包装、食品豪华包装现象比比皆是。商品注重包装本无可厚非，可以提高其档次，便于使用、保存和收藏。但人为地将注水商品换一身豪华的外壳，借以抬高身价、刺激销售却不足取。因为这不仅增加了消费者的经济负担，甚至严重影响了人们健康的消费文化心理。

---

① 石云亭:《过度包装：图书的流行病》，载《光明日报》，2006-09-26（10）。

7. 城市休闲低俗化倾向

当前，城市文化生活伴随着高科技的发展而出现急剧变化，其中娱乐文化逐渐替代文化娱乐的倾向应引起高度关注。许多娱乐文化不仅语言和内容贫乏，而且思想贫乏。虽然在搞笑原则、狂欢原则、零痛苦原则等理念之下，一些低俗的娱乐文化会在一定人群中产生直接的、短暂的和广泛的娱乐快感，但是广大民众内心还是普遍期待着更高层次的文化娱乐，因为过度低俗的娱乐文化将导致公众文化品位的降低。特别是青少年教育事关文化前途，无论是迪斯尼乐园，还是可口可乐和麦当劳，它们都做到了“从娃娃抓起”。“今天的孩子们在肯德基、麦当劳、《哈里·波特》、迪斯尼……的影响下成长，他们正在以一种前所未有的亲昵态度，认同着另一种与他们从未有过血脉之亲的文化”[①]。越来越多的城市文化生活被情人节、圣诞节所占领，越来越多的青少年只知道好莱坞和明星大腕，对于我国传统文化失去了荣誉感和自豪感。再如，黄金周制度从1999年9月确立至2006年时已经7年了。“现在，人们对于黄金周，早已没有了开始的激动、兴奋，‘出行怕人多，在家嫌无聊’的人已绝非个别，如何‘打发’这7天，也成为不少人的烦恼。莫非，黄金周制度也遭遇“七年之痒”[②]？据调查，不少市民或是把休闲当成了邀请三朋四友打麻将的良机，黄金周变成了“麻将周”；或是同事之间你请我邀沉迷酒场，黄金周变成了“醉酒周”。无论是“麻将周”还是“醉酒周”，都背离了黄金周制度的本意，产生了诸多副作用。有关专家认为，我们对很多节日的认识还没有上升到保护中华民族传统文化的高度。与西方人庆祝圣诞节的丰富、深入、隆重相比，如今我们很多传统节日从形式到内容都比较乏味。对忙忙碌碌的城市人来说，一些传统节日只剩下遥远的回忆，而对于一些年轻人来说却只记住了“月饼节”“粽子节”等与食物有关的节日内容。创新休闲方式、转变休闲观念成为人们的期盼。只有当更多的人不仅有对休闲的热切需求，也有对休闲文化的丰富理解，把视线拓展到更多的健康文化消费上，文化生活才会过得更加充实。

---

① 李舫：《寻找文化中国》，载《人民日报》，2005-02-16（4）。
② 汪晓东：《如何看待长假“七年之痒”》，载《人民日报》，2006-10-9（5）。

8. 城市娱乐商品化倾向

目前，我国网络市场处于发展的初期，还不够成熟，存在许多不容忽视的问题。调查显示有 37.9% 的网民将休闲娱乐作为上网的最主要目的，超过了获取信息的目的，其中网络游戏玩家为 2340 万[①]。我国青少年中，迷恋网络难以自拔或存在严重网瘾倾向的高达 613 万人，甚至相当多的大学在校生放弃了受教育的机会，投身并陷入网络游戏之中。网瘾不仅仅耽误青少年的学习，更令人担心的是容易导致缺乏自制能力的青少年深陷其中，不能自拔，以致出现严重的性格扭曲。那些不慎走上犯罪道路的青少年大多受过充满淫秽、色情、赌博、暴力、愚昧、迷信、非法交易敛财以及危害社会安全等违法和不健康内容的影视、卡通、网络作品等的侵害。“网瘾孩子内向、抑郁、自闭的占 30.18%；敏感、蛮不讲理的占 30.77%；过度自我、攻击心理占了 30.47%；亲情淡薄、性格孤僻的占 8.58%”[②]。这是一场看不见硝烟的战争，它已经涉及上千万家庭，成为一个非常严重的社会问题，不能不给全社会敲响警钟。当前文艺作品的某些商业化倾向正无声地吞噬着民族鲜活的灵魂，影响着青少年一代的健康成长。一些人整日里不停地寻求刺激，只图满足私欲的渲泄和狂欢；又有一些人只顾自娱自乐，在娱乐中麻木沉沦，远离天下苍生。就质量而言，我们的文化市场还存在着健康不足、庸俗有余，甚至恶俗盛行的状况。这种情况造成一种恶劣的文化环境，它有意无意地排斥甚至拒绝优秀的民族的高雅文化。让缺少精神主题、缺少时代气息的文化泛滥成灾，就会造成整个民族文化修养的滑坡。大量内容庸俗乃至低下的所谓娱乐活动、文艺节目、图书报刊，在强劲的利益驱动下抢市场、占地盘、争时间，供销两旺、泛滥成灾。一些大众传播工具在文艺节目制作过程中，过分迎合收视率、点击率、票房收入等指标，导致庸俗低档的节目过多过滥，不伦不类的娱乐垃圾比比皆是，耳濡目染、潜移默化地影响着人们的价值观、人生观、世界观。此外，在城市中越来越多的酒吧、歌舞厅、游戏厅、洗浴中心等场所，经营者因受利益驱动往往是迎合某些消费者的低级趣味，提

① 根据 2005 年中国青少年网络协会发布的《中国青少年网瘾数据报告》显示，青少年中有网瘾的比例高达 13.2%，另外有 13% 的青少年存在网瘾倾向。如果按此计算，目前 1833 万未成年网民中，仅 13～17 岁这一年龄段就有近 313 万人沉迷网络难以自拔，另外，还有 300 万人有严重的网瘾倾向。

② 蔺玉红：《网瘾少年能不能变成网创人才》，载《光明日报》，2006-08-05（5）。

供低俗的服务。

第三节　城市要“讲述自己的故事”

城市是人类生存的部分载体，城市的文化与内涵经过世世代代积淀而成。城市文化凝固了千百年的文化基因，在城市中孕育了一处处历史名胜、一条条古老街巷和一座座传统民居。它们都在默默地述说着曾经发生的故事，见证着城市的历史和今天。每个城市都有不同的故事，它们启迪人们对城市文化更加深入理解，可以使城市文化变得更加鲜活、使城市生活更加引人入胜、使过往宾客长久驻足。因此“城市故事”是城市的宝贵资源，是全体市民的共同财富，我们应该认真加以挖掘和弘扬。

1. 城市故事是城市历史的再现

纵观人类文化历史脚步，城市是人类文化精华的载体。每一座城市的个性化的自然空间、人文景观和历史遗存都具有文化资源意义，每一座城市都应该“讲述自己的故事”。丽江博物馆陈列展览入口处的前言中写道：“很久很久以前，开天九兄弟、辟地七姐妹开辟了天地。以此，纳西人民永远传诵着人类与自然是同父异母兄弟，藏族、白族、纳西族同一个祖先的故事。很久很久以前，渊源于氐羌族群的纳西先民，在上下几千年，纵横数千里的时空大跨越中，百折不挠，自强不息，创造了东巴文化，谱写了中华灿烂文明历史画卷中光耀的一页。”这是纳西族人民世代讲述着的一个永恒不变的神话，一个属于全人类的东巴文化故事。2006 年时，丽江成为我国唯一同时拥有世界文化遗产、世界自然遗产二项荣誉的城市，就是这个神话创造的奇迹。今天当人们驻足纳西族东巴故事的历史时空，聆听那“很久很久以前……”的故事，已成为人们守望精神家园的理想和动力。

德累斯顿号称“德国最美的城市”，它以 17、18 世纪丰富精美的巴洛克艺术闻名。但是在1945年2月13日，这座文化古城突然遭到炮火的猛烈轰炸，全城陷入一片火海，有七成以上历史建筑遭受摧毁，被称做是“在7分钟之内就被毁灭的城市”。但是今天，人们走在这座城市的街头依然能够看到矗立着的圣母大教堂、皇家剧院和博物馆，到处都有人在排队等待参观。这个城市是有理由骄傲的，因为那里的人们以不可思议的执著为自己的城市又创造了一个奇迹。德累斯顿大部分建筑都是黑白斑驳的颜色，原因很简单，它们都是根据照片和历史资料重新修建的。废墟中可用的砖石依然被用在建筑中本来的位置，当然它们早就被熏成了黑色，而白色则是重新补上的部分。于是，这些巴洛克式建筑黑白相间，黑色记录了这个城市曾经的伤痛，而白色代表了德累斯顿人不惜一切代价恢复城市记忆的荣耀，“美”和“美的毁灭”两大体系在这里并存，成为德累斯顿独特的城市景观，也构成了令人难忘的城市故事。

我国也有“美”和“美的毁灭”并存的城市故事。几年前《新周刊》进行过一次新闻调查，其中中央人民广播电台记者郭亮女士认为，北京有一处最让人遗憾的地方，就是圆明园遗址。“在我们小的时候，圆明园曾经是我们的一块乐土，一到冬天衰草丛生，断壁残垣，有一种十分自然的悲壮、凄凉的美。可是现在不知道哪个部门在圆明园里盖了很多很拙劣的假景点，假山、假房子、假人、假动物，当然谈不上恢复圆明园原有的神韵，连‘遗址’所能带给人们的那种历史沧桑感都给破坏了”[①]。圆明园自清康熙四十八年始建，历经150年的苦心经营，成为古今中外园林建筑的典范，被誉为“万园之园”。1860年被英法联军焚毁后，绝大部分建筑化为灰烬，1900年再次遭到八国联军的破坏。此后的50年间，圆明园遗址先后受到八旗兵丁、土匪地痞的打劫以及官僚、军阀、奸商的盗掘，成为一片废墟。“悲剧不仅仅是悲怆感，悲剧的美感才是极其重要的！世界上没有一处园林能如此感人地向游人诉说一个伟大民族的历史悲剧，也没有一处园林能如此淋漓尽致地展现其悲剧之美”。“美”和“美的毁灭”都极其丰富、真实、自然，具有极为感人的强烈的悲剧美，又

① 程乃珊：《我评城市败笔》，载《新周刊，新闻调查》，2004（51）。

北京圆明园遗址

完全是历史的真实原状。“在游人们流着眼泪的游赏中，在直观的观感中，引发出悲愤与崇敬，引发出悲剧中的正义感与崇高感，一个伟大民族的伟大历史感”[①]。

在历史性城市里，几乎每一个院落都有很多故事，每一处历史文化街区本身就是一本关于城市与城市人的书。这些街道、里弄、胡同叠印着多少代人的无数脚印，饱含了多少代人的音容笑貌。有些市民世世代代居住在这里，对城市的历史与现状了如指掌，他们是城市历史故事的保有者和权威的诉说者，也是城市历史文脉的主要体现者和传承者。因此，我们应该尽可能维持历史文化街区内原住居民的构成基本。历史文化街区因生活延续而伟大，传统建筑因居民存在而精彩。“原本那些胡同里荫荫古槐下乘凉老人的絮语，院里邻居们一起上房摘枣时的说笑，掠过晴空的鸽

① 赵光华：《圆明园遗址的保护和利用》，载《北京政协》，1996（8），31。

哨声和早已融入老屋的那些回忆”[1]。大栅栏地区是北京市确定的30片历史文化保护区之一，方圆1平方公里内成片的传统建筑和上百条胡同都历经了漫长的文化变迁。这里的许多斜街、交会点都是金、元以来几百年真实的历史遗存，至今没有什么变化。这里的传统建筑不仅式样丰富，有店铺、会馆、戏楼、四合院、庙宇等，而且仍然基本保持了历史原貌。虽然许多老宅已成为大杂院，但是透过门楼、雕花、门墩、门闩，还能体味出老北京人的讲究和丰富的市井文化。大栅栏地区的价值就在于它是一部北京民俗史话，这里有着永远也讲不完的城市故事。

2. 城市故事是城市今天的借鉴

全国各地保留至今的城墙都有过坎坷的经历，它们无声地讲述着自己城市的故事。城墙作为军事防御设施，在早期城市发展过程中成为不可或缺的重要组成部分。但是，随着冷兵器时代的结束，城墙作为军事防御工事的作用逐渐淡化和消亡，成为一些人眼中阻塞交通、妨碍城市建设的累赘和桎梏。许多地方开始逐步拆除城墙来修建穿城大道，拓宽道路，拆下的城砖成了建筑材料。居民和单位被动员来为城市建设义务劳动拆墙取砖取土。大片的古城墙就在这场热火朝天的“建设运动”中轰然倾倒。在一些人为此兴奋不已的同时，另一些人却承受着民族文化被摧残的撕心裂肺的痛楚。著名建筑学家梁思成先生曾感叹：“拆掉一座城楼像挖去我一块肉；剥去了外城的城砖像剥去我一层皮。”这掷地有声的话语令多少人为之扼腕叹息！时至今日，仍有许多人对当年梁思成、陈占祥先生所提出的发展西郊作为北京行政中心的“梁陈方案”，对那场北京城墙拆保之争津津乐道、争论不休。如果“梁陈方案”得到采纳，如果北京城墙能够被保留下来，或许我们今天看到的北京将是世界上无与伦比、恢弘壮阔的古都。然而历史终归不能假设，今天人们所能做的唯有竭尽全力妥善保护好仅存的、已经为数不多的文化遗产，使之留传久远，“子子孙孙永葆用”。

① 龚迪嘉：《什刹海因“野趣”而精彩》，载《理想空间》，2006（15），118。

时过境迁，20 年后，北京市文物部门为抢救北京城最后一段明城墙开展了轰轰烈烈的“爱北京城、捐城墙砖”活动，从 1996 年至 2001 年实施的北京明城墙遗址保护工程，得到了市民的热情支持。上至八旬白发苍苍的老专家，下至不足十岁稚气未脱的学童，络绎不绝前往捐赠城砖。一家祖孙三代在 87 岁的马宗臣老人带领下，一次次把城砖运到城墙遗址；一位市民行程几十里从通州用自行车送来了两块城砖；还有一位市民坚持每天下班用自行车驮几块古城砖到城墙遗址，先后捐赠了数百块城砖；更有数以千计的北京市民冒着严寒、踏着残雪到明城墙修复工地义务劳动。2002 年北京明城墙遗址公园建成，古老的城墙再度走进人们的生活，流淌着城市的血脉，诉说着历史的沧桑，焕发出青春的光彩！

南京是六朝古都，虎踞龙盘之地。明南京城墙和明清北京城墙无论在高度、厚度、基础、建材、布局和防卫设计等各方面都达到了前所未有的高度，成为中国古代城墙建筑的代表作。在明清北京城墙大部分已不存于世的情况下，还有三分之二的部分得以保留的明南京城墙弥足珍贵。为了加强南京城墙的保护，市政府对长达 7 公里的城墙进行了维修及环境整治，占现存明南京城墙的近三分之一。更为可贵的是，在南京市民的积极支持和参与下，有关部门先后回收了散落在各处的城砖达 600 余万块用于城墙的维修。人们一方面为每一段城墙、每一个城楼，每一块城砖获得保护而欣喜，另一方面也为不少城墙的保护状况而担忧。2004 年 10 月和 2005 年 9 月，山西平遥古城先后两次发生城墙坍塌，受到国内外的广泛关注。对平遥古城的勘察结果表明，这处世界文化遗产、全国重点文物保护单位的瓮城、角台、马面、大墙及便门等处存在危险点 50 多个，其中特别严重的 26 处随时有坍塌的可能。如此严重的险情不仅让守护城墙的文物工作者忧心忡忡、寝食难安，也给关注和热爱着城墙的人们敲响了警钟。

在一次新闻调查中，一位成都市民惋惜地对记者说：“为了搞府南河改造工程，成都把几座古桥给拆了，比如九眼桥、万里桥等，而新修了几座不伦不类的桥且取了几个不伦不类的名。我真是觉得可惜啊。就说万里桥吧，那是有很辉煌的典故的，说是三国时诸葛亮送费祎出使东吴，就送到万里桥，并赠言：‘万里之行，始于足下。’万里桥由此得名。你说，这样的桥你拆它干什么？是的，它破了，旧了，不实用了，但它是名胜啊，你说一个城市能有多少名胜？这是家底。一个家祖上能留下多少传世之宝？有一柜的钞票却拿不出一样老宝贝，让别人怎么看？！”[①]这些舆论表明，市民对于自己城市中的故事是格外珍惜和充满感情的。“去年10月，端午节网站的中文主域名‘端午节.cn’率先被韩国某公司注册。而此前，中韩两国的端午节申遗之争已经到了白热化程度。随后为避免‘端午节.cn’流失异国，互联网域名投资者姚劲波最终以3万美元从韩国人手中买回这个中文域名，并无偿送给了秭归市”[②]。

3. 城市故事是城市发展的资源

就中国城市而言，几千年华夏文明积淀下来的以北京为代表的“京派文化”、近代中西文化冲突与融合而形成的以上海为代表的“海派文化”和以香港为代表的“港派文化”，均述说着各自城市的故事。中英街及界碑位于深圳市东部的沙头角镇内，自1898年（光绪二十四年）中英签署《中英展拓香港界址专条》后，英国殖民者又强行租借九龙半岛北部及附近岛屿，统称“新界”，租期99年。在边界上竖立“中英地界”碑石，其中桐芜墟（即今沙头角镇）西侧河流上立有8块，后因河道干涸逐渐形成街道。改革开放后，“一街两制”的中英街成为举国闻名的购物天堂。这条长250米、宽约4米的街道，无声地述说着一百年来的坎坷历程。中英街及界碑既是19世纪末中国贫穷落后、清王朝腐朽没落的历史见证，又是帝国主义疯狂侵略、瓜分中国的历史见证，还是我国改革开放、走向繁荣富强的历史见证。如今它又见证了香港回归祖国并实行“一国两制”后的可喜变化，成为向广大民众进行爱国主义教育、牢记屈辱历史和增强奋发向上、不屈不挠的民族精神的生动教材。延

---

① 程乃珊：《我评城市败笔》，载《新周刊，新闻调查》，2004（51）。
② 卢一心：《3万美元买回“端午节”的警示》，载《中国旅游报》，2006-06-05（4）。

续中英街及界碑的故事并妥善加以保护，将其公布为全国重点文物保护单位具有重要的历史和现实意义。

生活在澳门历史城区里的居民，依然保持着独特的传统文化。每年，我国的妈祖诞、哪吒诞、土地诞、观音诞，吸引着成千上万信众去庆祝；而天主教的苦难耶稣像巡游、花地玛圣母巡游，也一如过去几百年的传统继续举办。至于像中国春节、端午节、中秋节和西方的复活节、圣诞节，更成为澳门法定假期，澳门市民不分种族与信仰，共同欢度这些节日[①]。一位女作家在一篇记述澳门的散文中，用充满深情的笔触写道："就像去拜望多年未见的亲嫡嫡的老外婆，一下船，我们就像孩子撒欢般扑向了大三巴，这座360年前圣保禄教堂的遗址，最让人忆旧的历史册页和沧桑之色"[②]。"'如果你想上天堂，到纽约来；如果你想下地狱，到纽约来'。多年前电视剧中的这句道白，是一种极具丰富性和多样性的城市生活的真实写照，正是这种绚丽多彩的文化环境和生活内容吸引着人们聚集在城市，并不断建设和改造着城市"[③]。韩国通过"韩剧"来讲述自己城市的故事，剧中所反映的平民生活和心理状态，使人们感受到面对全球化的影响韩国并未丧失自己城市的独特文化。

徜徉在这些历史街巷中，触摸着这里的一砖一石，都会勾起无数遐想，虽然有些传统建筑是平实的，甚至不是典型的民居，但是这里或者居住过一位文学家、艺术家，或者一位教育家、科学家，它的存在就向人们述说着。一段活生生的历史，就会引起人们的回顾和感动，那不是白纸上几段苍白的文字记载所能替代的。它引起人们的发散性思考、创造性思维是无穷尽的。2005年初，北京有过一场关于胡同名称的争论。有人大代表提出了一个"实用"的建议：对北京的部分道路、胡同以数字编号，摒弃少数难记的胡同名，理由是目前北京的一些城市路牌、胡同名容易混淆，给人们出行添了不少麻烦。但是，更有人认为，该建议过于急功近利，忽略了城市的文化积淀。地名也是一种文化遗产，是讲述城市故事的重要元素符号，是不可或缺的城市文化关键词。"地名是一个地域文化的载体，一种特定文化的象征，

① 黄文辉：《澳门历史建筑群多元文化的华彩乐章》，载《中国文化遗产》，2005（3），15。
② 张和平：《属于世界走向世界》，载《人民日报（海外版）》，2006-06-07（3）。
③ 刘宛：《设计管理制度——促进更加全面综合的城市设计》，载《城市规划》，2003（5），19。

一种牵动乡土情怀的称谓，故而改名易名当慎，切勿轻率待之”[①]。

拥有文化内涵及历史视野的城市决策者与开发者，都应该懂得珍惜每一处具有人文价值的建筑、街区以及它们的名称。人们通常以现代化发展、生活方便快速和改变“落后现状”等理由来为破坏辩解。但是，不能打着为了方便的旗号，行无序的开发以兑换生活的舒坦。让城市有序和繁荣，首先应该尊重城市的历史和文化内涵，确保城市文脉的连续性，这样，我们的城市才能保持自己的记忆和气质。林徽因教授曾说：“无论哪一个巍峨的古城楼，或一角倾颓的殿基的灵魂里，无形中都在述说，乃至于歌唱，时间上漫不可信的变迁；由温雅的儿女佳话，到流血成渠的杀戮”[①]。因此，城市的路牌、街巷名称饱含着历史沧桑，已经成为传统文化的组成部分。特别是历史性城市的每一处路牌、每一个街巷名字的由来，都有自己特定的历史。因此，仅仅因为方便记忆而随意修改历史文化，后果非常可怕。技术落后能重新改进，文化断裂将无法弥补。

各个城市，都有自己的历史文化名人，他们由于为国家或为本城市的文化发展做出卓越的贡献而备受人们尊敬，他们出生和成长的场所应成为人们进行缅怀的纪念地。城市可以通过展示这些历史文化名人生前典型的生活场景，系统叙述他们的生平，揭示该地点的文化意义。在这方面欧洲一些城市有着成功的经验。如走在英国伦敦的历史街巷里，除了随处可见的那些极具特色的民居和店铺外，还会发现许多街巷拐角和建筑物上悬挂着精致的标志，讲述历史上哪位文学家、艺术家、科学家或者是对社会有杰出贡献的人物曾经在此生活或工作，或曾经常在此街巷里散步思考，令人充满无限敬意。他们甚至把我国著名作家老舍在那里住过不长时间的房子也挂上了保护标志牌。法国巴黎也是如此。巴黎出过的名人和文化大师数不胜数，如莫里哀、雨果、巴尔扎克、大仲马、小仲马、左拉、莫奈、罗丹等，在这一长串的名人名单中，每一个人都足以使一个城市知名昌盛。因此城市政府要小心翼翼地保护着历史先贤和文化名人的故居，很多地方都挂有纪念牌匾，述说着街区的骄傲。

① 冯骥才：《思想者独行》，51 页，石家庄，花山文艺出版社，2005。

走在街巷中，人们会感到仿佛正在与那些文化名人并肩散步，走进历史，不经意之间接受了一次文化的熏陶与洗礼，同时，一种深深的敬意油然而生。这就是城市的文化，是城市深厚的底蕴，是城市一道永远的风景，是构筑文化城市的坚实基础。

第四节　城市文化构建中的社会责任

我国幅员辽阔，每一个城市在发展历程中所形成的文化都各具特色，都应由各自城市的市民去承载和弘扬。市民文化是城市文化的重要内涵，其价值在于有效传承传统文化和弘扬地域文化；城市文化设施是公共文化服务不可或缺的载体，其价值在于有效提升城市文化品位和市民文化生活质量；青少年教育是社会教育工作的重中之重，其价值存于有效培育热爱故乡、热爱祖国、热爱自然、热爱生命的一代新人。因此，市民文化的育成、文化设施作用的发挥和青少年教育的加强，共同成为城市文化构建中的社会责任。

1. 市民文化培育健康文化心态

城市文化必须具有广泛的民众基础。也就是说，城市中的大多数市民都能够喜爱自己城市的文化，都能够积极参与自己城市文化的建设，也都能够从自己城市的文化中真正受益。这是城市文化发展的基本条件，也是城市文化发展的根本价值。要达到上述要求，城市文化必须是健康先进的文化，而不能是庸俗落后的文化。健康先进的城市文化，至少要满足三个条件：一是必须符合社会发展方向和城市长远利益；二是必须符合广大市民全面发展的需求；三是必须具有有益的内容和有效的形式。随着城市居民物质生活条件的改善和居住质量的提高，市民的文化需求也日益强烈，他们迫切希望居住环境不再是冷寂的钢筋混凝土建筑群落，而应该拥有完善的文化设施、充满温馨的文化氛围和满足多样文化需求的精神家园。目前，我国广大民众的文化需求呈现五个明显的变化，“一是文化需求总量呈现较大幅度增长；

二是社会对文化产品和文化服务质量提出了更高的要求；三是文化消费更加多样化和市场化；四是文化产品的制作、传播、消费手段和方式更加科技化和现代化；五是不同文化相互交往的要求和程度日益加深”[①]。

文化来自于民间，属于人民大众。市民是城市的主体，是城市文化的创造者和体现者，也是城市文化的载体。市民的整体素质直接决定着一个城市的文化形象。只有广大市民具有浓郁的崇文意识、健康的文化心态和良好的行为习惯，这个城市才能顺利迈向现代化的明天。与城市文化的发展相适应，市民的文化素质，包括思想道德素质和科学文化素质，是城市进步的推动力。城市文化的发育最终将转化为强大的创新能力，不但转化为文化竞争力，而且还将推动经济竞争力的提升。城市间的比较和竞争，不仅仅依靠经济总量、经济增长速度，更要依靠城市文化、依靠社会文明程度和市民整体素质的提高，这是城市发展长盛不衰的关键所在，也是城市竞争力的综合性标志。

市民文化是建立在社会微观层面上的城市文化。市民文化的价值在于它是城市文化的根脉，是城市的母亲文化。一座城市之所以能够自立于城市之林，就在于这座城市拥有真正体现鲜活民族精神和地域特色的、人们在生产生活实践中创造的市民文化。市民文化往往在人们日常生活的公共空间内展开，由街道上、社区里、市场中、公园内的社会交往所产生，并随着时代而发展，处于不断变化之中。随着科技的进步、交通的改善、信息的加强，城市文化也面临着全球化的历史过程，其负面效应使得各城市之间的文化差别越来越小，城市文化面貌日渐趋同。因此，传承城市优秀传统文化和地域文化，成为城市文明程度提高的重要标志。市民文化的传承，从形体上基本可以分为两类：一类是物质文化遗产，是有形的，例如民居、寺庙、商号、戏院等；另一类是非物质文化遗产，是无形的，例如民间口头文学、戏曲、音乐、美术等。由于这些市民文化的表现形式来自于民间，往往显得粗糙而零散，但是，它们处于原生状态，比起正式文化机构的传承，却显得更加鲜活、更加

① 孙家正：《追求与梦想》，北京，文化艺术出版社，2007。

北京老字号荷花市场

生动、更少修饰。因此，我们研究城市文化，不能不研究市民文化，不能不研究来自市民阶层的活生生的文化形式，否则就成为无源之水、无本之木。

市民文化包括城市居民广泛参与的各种文化活动，其形式多样、内容广泛，符合当地的民情，最为市民喜闻乐见，为民众积极认同、支持和参与。如果脱离城市实际情况，没有市民的广泛认同、支持和参与，这种文化活动就没有价值，也没有发展动力，更没有发展前途。例如澳门特区政府注重向城市居民传播文化遗产保护知识。面向市民及教师、学生开展的大型“全澳文化遗产推广计划”及“文化保护年”活动，形式多样、主体丰富、针对性强，富有教育意义，而且深入社区、校园，受到广泛欢迎。“文物大使培训计划”作为上述系列活动之一，在澳门的青年学生中培养出一批批既有文化遗产保护专业知识，又热心宣传保护文化遗产的“文物大使”。“澳门文物之旅”路线设计比赛则面向全体澳门市民，不分年龄性别、阶层职业，吸引了众多本地居民积极参与。参加者反应热烈，亲身前往文物古迹寻幽探胜，在感受文化遗产魅力的同时，还设计出许多别具风貌特色的文物路线。目前，“澳门文物之旅”路线已经成为澳门旅游的一个新的品牌，深受游客的喜爱和好评。同时澳门特区政府通过多种渠道与民间社团、私人机构合作，努力促成政府与民间双方形成在文化遗产推广方面的良好互动。

2. 文化设施承担公共文化职能

城市的文化资源、文化氛围和文化发展水平，在一定程度上决定着城市是否具有活力和竞争力，决定着城市的未来。近年来，公共文化服务问题受到人们的广泛关注，作为一个新的提法，反映了我国深化文化体制改革的基本思路。发展公益性文化事业、构建公共文化服务体系，成为政府的一项主要职责。城市文化设施是公共文化服务的重要载体，其数量多少、规模大小、水准高低以及功能齐备程度，直接标志城市文化品位的档次和市民文化生活的质量。门类齐全、功能完善的城市文化设施，有利于完善城市功能，提升城市价值，增强城市吸引力。因此，建造城市文化设施是一项造福于民众和社会的长久事业。城市文化设施通过优质的服务，帮助市民了解所在城市历史变迁、掌握古今中外科学文化知识；通过开展形式多样的文化活动丰富市民的精神生活，创造出与当代城市生活相适应的精神文化氛围。同时，城市文化设施为市民之间加深情感、扩大交往、交流信息提供广泛的条件，有利于培育健康的文化人格和文化生活方式。

文化遗产地和博物馆是城市文化设施的重要组成部分，是城市的文化名片。它们具有经典性、纪念性和永久性的特征，往往作为一个城市的文化标志和文明形象而存在，它们既是重要的人文景观，也是传统文化和地域文化的代表。文化遗产地和博物馆以实物为基础的陈列展示极为直观、生动、形象地反映了人类历史、科学技术、文化艺术等领域的风貌和变迁，是人们获取知识、陶冶情操、提高修养的重要场所。作为保护、收藏人类文化的殿堂，文化遗产地和博物馆在社会发展的进程中具有文化坐标的性质。它们以其深厚的人文积淀和无可比拟的文化内涵优势，赋予城市以精神气质和文化品位，培育着城市的文化形象。作为社会文化系统的一个重要组成部分，文化遗产地和博物馆根据其独特的性质、任务，有目的、有计划、有系统地展示文物、标本、模型、文字、图片等，利用其直观、形象、感染力强的特点，向广大市民传播自然、历史、考古、艺术、科学和综合人文知识。

文化遗产地和博物馆在丰富市民文化生活的同时，发挥着教育、激励、凝聚、娱乐、审美、休息等多种功能，在潜移默化中陶冶市民的情操，对市民进行热爱自己生活家园、热爱祖国、热爱自然、热爱生命的教育，并为市民进行科学研究和艺术创作提供丰富的资料及珍贵的借鉴。由此，文化遗产地和博物馆成为培养社会道德最理想的人文环境之一，对于增强人们对自己城市的认知和热爱之情，激发民众更多的社会责任和使命感等具有重要作用。“博物馆不仅要关注文物之于历史的认识价值，还要关注文物之于历史的情感价值。在更大领域中实现文物的特殊价值，更紧密地把文物与历史连接起来，博物馆是可以做出更大贡献的”[①]。因此，我们要树立“感受文化遗产地”“享受博物馆”的理念。文化遗产地和博物馆不仅为人们提供参观场所，而且应该成为让人们流连忘返的地方。这就需要积极探索新的展示方法和环境设计，让人们感觉来到文化遗产地和博物馆是一种精神享受，自觉参与到这里的文化活动中来。

文化设施应对城市文化发展做出更大贡献。在英国，包括大英博物馆、国家画廊、格林尼治天文台等在内的顶级博物馆和美术馆都是免费向公众开放的。英国政府认为国家博物馆和美术馆免费开放，是政府关于“建设一个更美好的英国”的承诺之一，其目的在于增强文化艺术在国家生活中的地位与作用。事实上，博物馆在

① 苏东海：《文物与历史——兼谈博物馆的学术研究》，载《中国文物报》，2006-02-10（5）。

英国被视为最重要的教育机构之一，参观博物馆已成为绝大多数民众一生中最重要的文化体验。在意大利，自2003年9月开始，罗马市利用周末双休日举行“不眠之夜”活动，每次都吸引了数百万游客参与，米兰、那不勒斯、都灵等地也已相继效仿。“不眠之夜”是指市内所有博物馆、画廊和艺术古迹当晚延长开放时间，免费向游人开放。这一举措极大地活跃了人们在双休日的文化生活，带动了旅馆、餐饮和其他服务业的发展。普罗迪总理还呼吁所有内阁部长在国庆节这一天自行选择参观至少一座博物馆，以带动全体公民增强珍爱文化遗产、保护文化与自然环境的意识。在我国，杭州市属国有博物馆于2003年免费开放，2004年2家省直博物馆免费开放，此后该省又有一些市、县级博物馆先后免费开放。对公众免费开放后，省博物馆取得了良好的社会效益，观众人次明显上升，从2003年的全国文物博物馆系统第4位上升为2004年的全国第2位。省直博物馆、杭州市属博物馆免费开放前后的观众人次从2003年的116万人次上升至2004年的269万人次和2005年的317万人次。

目前，一些国家非常重视“建筑外的博物馆”建设，甚至有人说，整个欧洲就是一座博物馆。在我国，一些历史性城市也努力把自己的城市建成博物馆城市。在博物馆的氛围里，不论是自然科学还是人文科学都能使人得到享受。作为中国博物馆事业的发祥地、被称为“中国近代第一城”的南通，除南通博物苑以外，还拥有女工传习所、纺织博物苑、建筑博物馆、珠算博物馆、给水博物馆、蓝印花布艺术馆、风筝博物馆等各类博物馆23座，其中不少博物馆独具特色，南通也因此被誉为“博物馆之城”。以曲阜孔子研究院的规划设计为例。“孔子研究院设计是从研究城市的总体规划开始的，在此基础上提出建议，将在曲阜中心核心地区形成‘儒学文化区’。这一建议得到当地决策人的认可并发展为：旧有‘三孔’（孔庙、孔府、孔林），新有‘四院’（孔子研究院、论语碑苑、曲阜博物院、曲阜书画院）。进而为曲阜的城市文化的物质要素勾勒了全新的视角，为完善当地的详细规划乃至历史文化名城保护规划的编制提供了重要的依据”[①]。素有“海滨邹鲁”之称的潮州，为展示自身传统文化、“讲述自己的故事”，合理利用文化遗产资源，例如将许驸马府辟为“潮州民俗博物馆”，展示潮州民风、民俗、传统服饰、家具、工艺品等；将学官辟为“潮州历史名人陈列馆”，展示潮州历代名人的生平、书、像、事迹，以显示潮州的贤才辈出和文化昌盛；将梨园公所辟为“潮州戏剧陈列馆”，让来访者看潮州剧、听潮州音乐、吃潮州小食、饮潮州功夫茶等，使文化与旅游相互渗透交融。

3. 青少年教育夯实社会文化根基

我国是一个人口大国，目前18岁以下的未成年人约有3.67亿，占总人口的29%左右。在“升学”和“就业”的压力下，一些学校的教育内容和教育形式都变得枯燥而乏味，青少年的学习压力变得越来越大，而学习动力却变得越来越小，个性和创造力明显缺失。物质生活的逐渐丰富只能使他们的生活空间得以改善，但是社会提供给他们的心理生长空间却并不开阔[②]。郭沫若先生说过：“人类社会根本改造的步骤之一，应当是人的改造。人的根本改造应当从儿童的情感教育、美的教育着手。”人们常说：一个爱好文学、迷恋童话的孩子是不容易变坏的。孩子的普及教育好比刷墙，第一层底色异常重要。一个人的一生是否能够焕发出美丽的光彩，很大程度上取决于这层底色是否牢固和鲜亮。对青少年的教育应从他们身边生动、鲜活的城市故事说起，这无疑是一条极其重要的途径，也是一种极其宝贵的资源；应该把城市的传统文化、风土民俗写入学校课本，请进教学课堂，通过多种途径发掘多种资源，用优秀城市传统文化、地域文化的代表作，滋润、化育青少年们的心灵，培养他们从小就对自己的城市产生深入骨髓的情感，形成难以割舍的情怀。日后，他们虽然要走向不同的人生道路，但是弘扬城市传统文化、地域文化将成为他们的自觉意识，他们的心也将会更多地留在故乡城市这片文化底蕴深厚的土地上。

我国现行的教育体制，如果按照教育场所的不同可分为“学校教育”和“校外

① 吴良镛：《人居环境科学导论》，148页，北京，中国建筑工业出版社，2001。
② 黄琛：《走进博物馆体验博物馆爱上博物馆》，载《中国文物报》，2006-09-01（6）。

教育”；如果按照教育内容的不同可分为“基础教育”和“素质教育”。但是在学校教学内容方面存在着明显不足，以传统文化特别是以地域文化为主的教学内容欠缺，缺少针对本地乡土文化内容的教材。文化遗产地和博物馆作为社会教育机构，拥有十分丰富的教育资源，应当通过在校外教育中所扮演的特殊角色充分发挥在素质教育中的优势，努力开展内容健康、丰富多彩、生动活泼的活动。通过丰富精深的展示，再现当地的历史沿革和政治、经济、社会发展的脉络，把本地最辉煌的文化成就呈现给青少年，让他们了解与自身有关的更多的历史知识、人文精神和民俗风情，使他们或感怀于先民顽强不屈的艰辛创业历程，或赞叹于先民巧夺天工的文化创造能力。今天，参观文化遗产地和博物馆应该成为中小学生教育的一个重要环节，引导青少年感受文化遗产地和博物馆的氛围，逐步养成参观习惯，进而实现彼此间的相互认知，建立良好的互动关系，使他们完成从“走进文化遗产”到“体验文化遗产”，再到“热爱文化遗产”的情感跨越。要探索建立文化遗产地和博物馆参与未成年人国民教育体系和纳入中小学生教育体系方面的长效机制，为营造“学习型社会”提供更好的服务，使之真正成为青少年的第二课堂，发挥教育基地作用。在墨西哥，政府把本国的文化遗产地和博物馆作为教育儿童和青少年的历史、文化和爱国主义教科书和大课堂，无论是国家级、州级还是州级以下的地方相关部门，都向他们免费开放，学生们既在生动活泼的课外教育中学到了历史文化知识，又在参观中潜移默化地接受了文化、历史和爱国主义的教育，远比空洞说教产生的效果大得多。

自 2004 年 5 月 1 日“公共文化设施向未成年人等社会群体免费开放”政策实施以来，全国博物馆逐步建立起向未成年人等社会群体免费开放制度，文物系统博物馆已免费接待未成年人观六千多万人次。在当今文化呈现多样性的时代，文化遗产地和博物馆要增强为青少年提供优质服务的意识和社会责任感，尊重青少年的心理感受、审美情趣和认知特点，善于与青少年对话、交流和互动。同时通过创意和推出各具特色、个性鲜明、为青少年喜闻乐见的社会普及活动，并借助新闻媒介和互

墨西哥国家历史博物馆（2011 年 2 月 20 日）

联网络，向社会及所在社区开展广泛宣传，激发青少年的参与意识。在印度，为防止传统文化艺术后继无人，学校开设了包括传统舞蹈、器乐、瑜伽等课程，使孩子们从小就开始接受传统文化的艺术熏陶。为了使更多的人有机会了解和欣赏传统文化艺术，印度不少文化演出场所都是免费的，画廊和其他公立博物馆也是不收费的。许多艺术家经常深入农村演出，这在某种程度上体现了印度艺术家为大众服务，弘扬传统文化，不以赢利为目的的情操①。

青少年是多梦的年龄，在充满好奇的阶段应该通过科学的阐释和趣味的解读，使文化遗产成为他们最好的成长伙伴，为他们提供丰富的精神食粮，帮助他们去认知历史、认知社会、认知国情，从而健全品格，完善人格，展开探索的翅膀，走向未来。一部文化遗产科普读物《国宅的故事》的出版，格外引人注目。该书从全国博物馆收藏的无数珍宝中，精心挑选了 100 件具有代表性的“国宝”级文物，以通

① 戚思文：《全球化背景下的印度文化遗产保护浅谈》，载《理想空间》，2006（15）．97。

俗易懂、朗朗上口的说故事方式，讲给青少年们听，不但让他们认识文物自身的历史和艺术价值，培养他们的欣赏能力，更让他们有机会触摸到我国历史发展的脉络，了解我们的祖先是怎样从蛮荒时代一步步走进文明社会，创造了辉煌灿烂的历史。同时，为了适合读者的年龄，书中配上了大量的文物彩图和生动的卡通画，活泼中不乏稚气；还专门创造了四个卡通吉祥物，用以调动孩子们的阅读兴趣。该书由我国 7 位著名学者担任“特约顾问”，保证了书籍的科学性、准确性和史料价值。我们必须进行对孩子们正确的启蒙教育，让他们了解祖国历史辉煌，让他们从小知道祖国文物的珍贵价值所在，这其实也是一种潜移默化的爱国主义教育和健康人格教育，这在青少年成长阶段是不可或缺的[①]。

① 步雄，张德勤：《“国宝”是送给孩子最好的礼物》，载《北京日报》，2006-08-21（15）。

第八章
从“功能城市”走向“文化城市”发展路径辨析

21世纪是人类社会的一个新纪元。本世纪中，人类社会有着一些共同的发展走向，如从“工业社会”走向“后工业社会”，从“工业化时代”走向“信息时代”，从“机器时代”走向“生命时代”，从“增长主义”走向“可持续发展”，从“技术时代”走向“人文时代”等。人们依据各自的经验与学识，自觉思考着新世纪的走向。尽管它们的视角、概念并不一致，但有一点是共同的，即我们正处于变化之中[①]。“城市”与“文化”也不例外，在新的世纪也必将处于变化之中，在变化中发展，并具有自身的规律和走向。笔者认为，21世纪中“城市”与“文化”的联姻是历史进步的必然，城市发展的走向必将是从“功能城市”走向“文化城市”。

第一节　新的世纪，城市文化从幕后走向前台

近年来，在国际领域“文化城市”“文化之都”的活动持续开展，影响深远，使相关城市和广大市民的文化态度焕然一新。同时，“城市复兴”的思潮也已由理论探索阶段演化到实践执行阶段，包含了更加丰富的内容，而城市文化在城市复兴实践

① 吴良镛:《国际建协〈北京宣言〉——建筑学的未来》，193页，北京，清华大学出版社，2002。

中的促进作用格外引人注目。在我国，澳门历史城区成功申报世界文化遗产，城市文化形象更加鲜明，同时给各历史性城市在文化定位方面带来了成功经验。同时，无与伦比的“中华文化枢纽工程”的创意，使人们从中得到启示，以保护、继承、发展为核心使一座座历史性城市成为文化复兴的标志和灯塔。

1.“文化之都”活动注入城市新的活力

“欧洲文化之都”诞生于世纪之交。早在1985年，欧盟部长理事会在政府间发起了“欧洲文化城市”活动。该活动基于两项基本共识：一是“欧洲过去是，今后也仍将是既丰富又风格迥异的文化和艺术中心”；二是“城市在欧洲文化的诞生和传播方面发挥着关键作用”。这一活动的最初目标是向欧洲公众展示这一地区相关国家、地区和城市文化的独特风采。首批当选“欧洲文化城市”的城市几乎都是世界著名的历史性城市[①]。1999年5月，欧洲议会和欧盟理事会经过对该项活动举办15年来所取得的成就进行审查后认为，“这一活动可以强调人们所共同拥有的欧洲文化的丰富性及多样化的内涵，进一步促进欧盟公民之间的相互了解”[②]，并决定给予这一活动以“共同行动”的地位。随后，“欧洲文化城市”这一称谓被改为“欧洲文化之都”，每年由欧盟理事会根据欧洲委员会的推荐进行命名。尽管当选“欧洲文化之都”的城市并不一定是某个国家的首都，但荣获这一称号的城市拥有负责组织整个地区活动的权力。“欧洲文化之都”这一目标宏伟并蓬勃发展的计划，在新世纪继续得到重视和发展。每一个申请成为“欧洲文化之都”的城市，都必须就实现下述目标制定持续12个月的文化活动计划，内容包括：提倡为欧洲人所共享的艺术活动或艺术形式；保证欧盟成员国之间的文化合作能够长久持续；支持并发展那些富有创造性的文化活动；确保能够动员大多数欧盟国家公民参加文化活动；促进欧洲文化之间及与世界其他地区文化之间的对话；加强对城市历史遗迹、城市建筑的保护，提高城市的生活质量。这一计划还应强调其所拥有的文化和文化遗产与欧洲文化遗

① 注：首批当选“欧洲文化城市”的城市包括：1985年雅典、1986年佛罗伦萨、1987年阿姆斯特丹、1988年西柏林、1989年巴黎、1990年格拉斯哥、1991年都柏林、1992年马德里、1993年安特卫普、1994年里斯本、1995年卢森堡、1996年哥本哈根、1997年萨罗尼卡、1998年斯德哥尔摩、1999年魏玛。

② 欧洲议会1419/1999/EC号决定第一条及欧盟理事会关于在2005—2019年期间就欧洲文化之都活动举行共同行动的决定，1999年5月25日。

产的关系。

目前“欧洲文化之都”这一概念已经跨越欧盟边界向欧盟之外的地区传播。比如，在美洲大陆，由35个成员国组成的美洲国家组织（OAS）在1997年决定以欧洲这一活动为楷模，发起名为“美洲文化之都”的大型年度性文化活动；在阿拉伯地区，“阿拉伯文化之都”活动已经持续地开展了多年；俄罗斯联邦的伏尔加联邦区在2001年也以欧盟这一活动体系为基础，宣布举行类似的活动。越来越多的城市从“文化之都”活动中得到了实际的收获，扩大了影响，并使其影响长久不衰。如改善了城市环境，也提高了城市形象，同时还增加了城市的文化氛围，给城市注入了新的活力。“欧洲文化之都”活动不仅在环境和文化方面带来巨大的影响，还使人们的文化态度焕然一新，各种特殊的艺术活动也由此而生。这一活动的持续举办使人们感受到给城市的发展带来的里程碑式的好处举不胜举。

2.“城市复兴”中城市文化的贡献

西欧各国的城市更新运动，在一开始就受到以物质规划为核心的近现代城市规划理论思想的深刻影响，这些规划思想的本质是把城市看做一个相对静止的事物，希望通过对物质环境的设计解决城市中的所有问题，大规模推倒重建的城市改造实际就是这些思想的直接后果。虽然清理贫民窟和随之而来的大规模城市建设以及对城市中心土地的强化作用，曾经一度带来城市的繁荣，但很快就带来了大量的城市问题，加剧了人们不断逃离城市生活的倾向，同时给城市带来了极大的破坏。在此背景下，西欧各国城市更新的理论与实践有了进一步发展，从主张目标单一、内容狭窄的大规模改造逐渐转变为主张目标广泛、内容丰富、更有人文关怀的城市更新理论。随后，在可持续发展的思潮影响下，进而逐渐形成了城市复兴的理论思潮与实践。城市问题是一个极为复杂的系统，往往受到社会、环境、物质与经济发展及转型的综合影响与相互作用。城市复兴则是在这种环境下面对挑战及抓住机遇的一种回应。在欧美国家，城市复兴理论思潮的形成与发展虽已经过一段时间，且目前已由理论的探索阶段演化到实践的执行阶段，但是，城市复兴自身还在逐步完善，并尝试包含更多更全面的内容。

英国是世界上首个工业化的国家，但是在“二战”后的工业生产竞争中未能获得新的成功、重温过去的辉煌，与之相反，它却首先体会到了城市变革趋势的影响。面对社会矛盾和动荡以及大规模城市改造给城市文化带来的破坏，英国政府通过对城市理论的探讨、城市政策的修订和城市建设的实践，首先在20世纪70年代中期的《英国大都市计划》中提出了“城市复兴（urban renaissance）”的概念。“城市复兴”概念的形成有一个发展的过程，它建立在过去半个世纪城市的发展变化及政策的调整上。如今，“城市复兴”一词被定义为：用全面及融汇的观点与行动来解决城市问题，寻求一个地区在经济、体形环境、社会及自然环境条件上的持续改善。从生物学角度解析，“复兴”是指失落或损伤组织的重新生长或者是指系统恢复原状，对于城市来说也是如此。城市复兴涉及已经失去经济活力的再生或振兴；恢复已经部分失效的社会功能，处理未被关注的社会问题以及恢复已经失去的环境质量或改善生态平衡等，城市复兴更着眼于对现有城区的管理和规划，而不是对新城市化运动的规划和开发[①]。

引人注目的是，城市文化在城市复兴实践中的促进作用。20世纪90年代英国专门成立特别工作组，研究“城市复兴的计划”。2002年下半年，伦敦市政府提出了耗资巨大、雄心勃勃的“伦敦重建（城市复兴）计划2003—2020”，并付诸实施。这项工程将耗资1100亿英镑，以进一步提高伦敦的国际竞争力为核心。伦敦重建的目标是：建设一个开放、包容、富裕、优美、社会和谐的新伦敦，使其在居住质量、空间享受、生活机会和环境保护等诸多方面都处于欧洲的领先地位，使每一个伦敦人以致英国人都为之自豪。英国前副首相普里斯科特指出：伦敦城市复兴的重大意义在于，用持续的社区文化和城市规划的前瞻性来恢复城市的可居住性和信心，把

① 吴晨：《“城市复兴”理论辨析》，载《中国建设报》，2006-05-26（7）。

人们再吸引回城市[1]。根据英国一项名为“文化对英国城市复兴的贡献：证据调查”的政府报告显示，文化在城市复兴中扮演着至关重要的角色。该报告通过相关的城市复兴的案例证实：文化在物质环境、经济环境和社会环境方面都能够产生良好的效益，并促使城市复兴得以很好的执行，并最后获得好评。如今，城市文化已经成为城市复兴中不可或缺的重要成分和核心。在提升历史城区的活力和品质、为地区发展赢得经济来源等方面，文化都起到了积极的作用。一方面，利用地方的文化资源，结合文化产业的发展，能够使得地方特色得以延续，并在经济、社会方面持续发展；另一方面，在失去活力的地区引入文化发展项目，形成一个地区新的文化因素，也是文化带动城市复兴的一种重要方法。

“城市复兴”的理论和实践，虽然是在西方的社会、政治和经济背景下发展起来的，但是对现阶段我国城市发展的理论探索与实践有着积极的借鉴意义。在一定程度上，我国城市发展和城市复兴所面临的任务，比西方发达国家的城市情况要更为复杂、任务要更为严峻，周期要更为漫长，这就决定了中国的城市建设在研究借鉴西方发达国家城市建设和城市复兴有关理论和经验的同时，更需要针对我国的特点、国情与具体情况，探索出一条适合我国特色的“城市复兴”途径和策略。“有机更新”理论是吴良镛教授在对北京旧城和我国其他城市规划建设长期研究的基础上首先提出的。“有机更新”理论的提出，丰富了城市更新的理论成果，特别是在北京的成功实践更引起了国际的赞誉和广泛关注。“有机更新”的核心思想是主张按照城市内在的发展规律，顺应城市肌理，从而达到有机秩序。从“有机更新”到新的“有机秩序”，从物质环境的提高到城市文化的建设，这是人文复兴与人居环境整体发展的途径，符合可持续发展思想。在上述研究的基础上，吴良镛教授进而提出了“人居环境科学”理论体系，前瞻性地提出了包括城市文化建设在内的人居环境理论的发展方向。通过“城市复兴”与“有机更新”的理论和实践，人们认识到城市发展不仅仅只是涉及物质规划，还越来越多地涉及社会、文化和环境的方方面面，也符

① 程大林，张京祥：《城市更新：超越物质规划的行动与思考》，载《城市规划》，2004（2），71。

合可持续发展思想和我国城市文化发展道路，应积极予以推进。

3. 澳门骄傲地向世界递出文化城市名片

2005 年 7 月 15 日，对于澳门、对于全国都是一个值得纪念的日子。这一天在南非德班市举行的第 29 届世界遗产委员会会议上与会委员国一致同意将我国“澳门历史城区”作为世界文化遗产列入《世界遗产名录》。喜讯传来的翌日，贴有澳门历史城区纪念邮票的 20 万张明信片，通过广大澳门市民之手寄往世界各地，明信片上有“让我们一起欢呼：澳门历史城区列入世界遗产！”的中、英、葡三种文字，表达出澳门历史城区成功申报世界文化遗产的意义重大。一向以博彩业闻名于世的澳门，如今骄傲地向世界递出一张文化名片。随着历史城区被列入世界文化遗产，澳门树立起了引人瞩目的文化城市的国际形象，同时意味着澳门人的传统生活方式和经验得到世人的认可，意味着澳门人和谐的社区管理模式受到世人的赞赏，意味着澳门“不同而和，和而不同”的文化传统对人类文明发展具有普遍的价值。

自 16 世纪中叶，澳门在四百多年的激荡变迁之中从一个小渔港变成一个繁荣都市，营造了一个不同文化、不同宗教、不同习俗共生同处的多元社会。澳门历史建筑群保存澳门中西文化交流的历史精髓，“澳门建筑文化遗产的特色，已充分反映了澳门作为中西文化交流的桥头堡的文化历史价值”[①]。它是中国境内现存年代最久远、规模最大、保存最完整和最集中，并以中西式建筑为主、中西建筑互相辉映的历史城区；是西方宗教文化在中国和远东地区传播历史重要的见证；更是四百多年来中西文化交流互补、多元共存的结晶。更为难能可贵的是，澳门历史城区至今仍然保存原有风貌和延续原有功能，不仅是澳门文化和市民生活的重要部分，更是澳门为中国以至世界留存的一份珍贵文化遗产。如果注意到高楼大厦已经湮没了具有相同历史与建筑风格的许多其他东方城市，澳门保存历史与文化的成果就显得难能可贵，具有无限的文化价值。

① 刘先觉，陈泽成：《澳门建筑文化遗产》，17 页，南京，东南大学出版社，2005。

澳门（2014 年 9 月 27 日）

一般来说，城市竞争优势，尤其是核心竞争力来源于城市独特的、难以被其他城市模仿的优势。而澳门所具有的城市竞争优势，就是过去被自己有所忽视的最宝贵的文化遗产资源。事实上，澳门的这个优势不但使香港、新加坡等周边城市无法祈望，而且以中国传统文化和南欧历史文化的融合为主要特征的澳门历史城区，也与我国内地其他城市的文化特征形成区别。澳门回归祖国以来，特区政府努力保持和维护历史城区的特色，加强对文物建筑的修葺，并注意把握不同风格和代表性历史建筑之间的平衡，使极其珍贵的文化遗产得以传承。几年来，澳门国际音乐节及澳门艺术节又巧妙地把文物建筑延展为艺术舞台，通过将艺术表演与文物景观有机融合，把文物古迹的现代生命呈现在世人眼前，也因此获得了国际社会和本地居民的好评及赞许，保护文化遗产更成为广大居民热心参与的全民事业。特区政府进而启动世界文化遗产申报，将澳门历史城区推向世界，彰显出澳门的文化形象，一改过去长期以来在世界上树立的“赌城”的形象。“有人认为，如果澳门没有世界文化遗产，便会像美国拉斯韦加斯一样，缺乏自己的特色。无疑，‘世界文化遗产’将赋予澳门更多的活力和旅游资源，给澳门旅游业一个发展的新契机”[①]。申报世界文化遗产成功的消息刚刚传出，品牌效应立即显现。“据澳门边检部门统计，申遗成功后的一个多月拱北口岸出入境旅客达 19 万人次，较 2004 年同期上升近 20%”[②]。

世世代代生活的这片城区被列入世界遗产，澳门人自然感到自豪和兴奋，在举杯庆贺获得殊荣的时刻，他们更意识到自己肩负的责任。因为从这一刻开始，澳门历史城区已不仅仅是属于澳门和中国，她已经属于世界，属于全人类。因此需要更加用心珍惜和深入挖掘澳门历史文化的灵魂，使澳门文化形象更加鲜明，更加可亲；使历史城区更具文化品位和文化气息；使澳门人更具人文素质、自信和自豪，更加热爱家园；同时通过向世界推介澳门的城市特色和文化品格，使澳门文化城市建设的经验给更多人以启发。

4.“中华文化枢纽工程”创意的启示

1998 年有关人士提出建设中华文化标志，并把文化标志分为两类：一类是思想文化标志，如汉字、文化典籍等，另一类是固体文化标志，也就是雕塑建筑方面的文化标志。1998 年“中华文化纽带工程”正式由中国社会科学院批准实施，同时，中华文化标志的系统也于 1999 年启动筹建。华夏文化纽带工程率先发起在孔子的故乡——山东济宁筹建中华文化标志城之后又在各地筹建五大文化标志园区，包括在甘肃天水建设以伏羲文化为主体的“中华始祖文化园”，在河南郑州黄河南岸邙山岭东端建设包括炎黄二帝巨型塑像在内的“中华炎黄坛”等。2006 年 2 月，国家有关部委对湖南怀化建筑以弘扬天地人合一的和平文化标志“太和塔”为主体的“中华和平文化园”进行开工前的评估和论证，至此，我国已有五个省立项建设以传统文化为代表的标志物。面对越来越多的“中华文化标志”，人们在思考，在五千年的中

① 张和平:《属于世界走向世界》，载《人民日报（海外版）》，2006-06-07（3）。
② 封小云:《澳门申遗成功的思考》，载《人民政协报》，2005-09-01（C3）。

华文明史中，什么才能真正作为代表中华文化的标志？文化标志又如何才能体现出博大精深的中华文化的精髓？

如何把一个民族特有的文化理念转化为固定形象的艺术创造，使其成为一个民族心目中的神圣象征，一个民族精神和信仰凝聚的标志物。实际上，中华文化很难单用一个统一的包容一切的标志来体现。“中华文化标志，不能搞肤浅的应景式的建筑。既然是文化标志，就应具有神圣、神往、神奇的历史意义，当然最主要是能被华人认同，同时又能代表时代和地域文化的精华”[①]。显然，建设“中华文化纽带工程”的宗旨，应该是从学术和艺术层面上深入开掘、细致研究、大力弘扬中华文化的“纽带”性质和作用，增强海内外中华儿女的文化认同感和文化凝聚力，增进中华民族和世界各民族的文化交流和文化联系，而中华文化标志的确立也应该是立足长远、造福子孙万代的千秋功业。值得注意的是，重点文化设施作为一个城市文化的标志、在文化地位和文化影响力方面具有强烈的效果，在实践中必须经过充分的可行性研究，以切实的论证为基础。近年来，不少城市采用建设大型文化项目来带动地方发展的做法，投资、体量巨大，造型怪异，不仅未能成为城市文化的标志，反而影响了城市的文化形象。

2004 年 11 月，吴良镛教授在部级领导干部历史文化讲座上所作的报告中指出：若干年前某些单位发起拟在某地“九龙山”发起“中华文化枢纽工程”，立意很好。但即使在一个风景还好的地方重起炉灶，能具有像北京这样的历史文化名城如此巨大的吸引力与震撼力么？因此，我们放眼世界，首先要认识到把北京历史文化名城保护好、整治好、发展好，是最有现实基础的中国最大的甚至是无与伦比的“中华文化枢纽工程”[②]。1998 年 2 月，国际古迹遗址理事会主席席尔瓦先生考察天坛和颐和园列入世界文化遗产名录时曾深情地说：“我很早就仰慕古都北京，今天终于来了。北京虽然未像巴黎、罗马那样保存完整，但是我看中心部位的皇城区域尚基本保存。这是北京古都的核心部位，还是够条件的。”“在其他一些国家也有把古城的

① 杨光：《我们应该建什么样的文化标志》，载《光明日报》，2006-03-02（5）。
② 吴良镛：《总结历史，力解困境，再创辉煌》，349 页，国家图书馆，《部级领导干部历史文化讲座》，北京，北京图书馆出版社，2005。

一部分列入《世界遗产名录》的"。席尔瓦先生最后表示:"在他任期内，希望能为北京城列入世界文化遗产做出最大的努力。"席尔瓦先生的愿望虽未能实现，但仍在继续努力。2006 年 8 月，国家文物局致函北京市政府，建议将北京的胡同和四合院整体列入重新设立的《中国世界文化遗产预备名单》。

新的世纪需要激动人心的文化发展目标，发挥城市的文化特色。这一"中华文化枢纽工程"的创意使我们得到启示，镶嵌在中华大地上的一座座历史性城市就应作为一项项无与伦比的"中华文化枢纽工程"。在我国面向未来快速发展的关键时期，加大对历史性城市的保护力度，继承和发扬文化内涵与人文精神，使它们成为中华民族伟大复兴的灯塔和维系全体中国人民的精神纽带。以保护、继承、发展为核心，创造代表中华文明高度的新标志，这是义不容辞的时代任务。在城市发展的过程中，努力完成这项繁重的任务需要着眼于更长的时间，把历史性城市作为"巨大的艺术品"，对城市中传统文化遗存精心加以呵护，让新的文化创作在城市文化的发展中不断调整深化。调整深化的过程不是旧有历史建设的恢复，而是积极地、发展地对城市环境进行再设计、再创造，并形成较长时间的酝酿和积淀，使它们以传统城市文化准则为基础、以城市保护与发展理念为原则，建立城市设计新秩序，作为中华文化复兴的新起点，使一座座历史性城市成为"科学与文化复兴"的标志，以期再创历史上的新辉煌。

第二节　城市文化体现城市发展的长远价值

城市是人类文化的最高体现和重要结晶。城市文化的变迁越来越深刻地影响着城市的走向和兴衰，一个文化稀薄的城市必定是危机四伏的城市，而一个繁荣的城市必定有着积极健康的城市文化。今天，推进和谐城市的发展应该在更高的层次上对城市精神进行新的归纳，使其既具有城市文化的本质特征，又符合现代社会发展的要求。一个城市的发展既取决于经济实力，也取决于文化实力。城市文化的力量正取代单纯的物质生产和技术进步而日益占据城市经济发展的主流。保留自己的文化，城市才有自信。同时，要对城市的过去注入新鲜的血液，赋予过去新的生命，才是城市发展的必然规律。

1. 城市文化是社会和谐的集中表现

中华民族历来注重捍卫传统文化。在古代，庄子的“哀莫大于心死，而身死次之”；在近代，张謇先生的“哀莫大于史亡，而国亡次之”；在当代，潘天寿先生的“只要文化在，中华民族就不会亡”，都说明文化在人们心中的地位。中华民族的兴衰充分证明了，文化在民族生存、发展、强盛过程中所起的特殊精神作用，她是民族与生俱来的魂魄。城市是人类社会的历史在各个发展阶段文明成果的积淀，是人类文明发展到一定阶段上的产物。文明时代的城市第一次具有了城市的意义，也第一次揭开了“城市文化”的篇章。今天，城市文化是社会文明在城市的缩影，是社会和谐在城市的集中表现。而“以人为本”和“科学发展观”既是治国谋略，更是城市文化的精髓，是实现社会和谐、诚信、责任、尊重、公正和关怀的保证。将这一文化精髓贯彻到城市发展的各项事业中去，有助于创造一个和谐城市，从而在文化与经济发展之间形成良好循环。

文化是城市的灵魂，也是人们精神世界的写照和依托。目前不少城市都在忙于“塑造”或“打造”城市精神，但是不难发现在这一过程中，有的忘记了当地民众，有的忘记了自身历史，有的忘记了自主创新，只是进行狭隘的、表层的、趋同的概括。实际上真正的城市精神就存在于普通民众之间，对城市精神的概括和提炼应使更多的民众理解和接受，进而发扬光大。城市市民的文化素养是和谐城市的重要因素，归根到底，市民才是城市的真正主人。市民既是城市文化的受益者、传承者，也是城市文化的体现者、创造者。城市是人们生活和交流的地方，应该能够激发人们交流、合作的欲望。一座城市最吸引人的地方不是其外在的建筑，而是弥漫于城市中的文化气息和特有的生活方式。一个城市的文化形象、文化氛围和文化品位，在很大程度上是通过每一位市民的言谈举止、生活方式和精神面貌体现出来的，市民素质影响并决定着城市素质。不同时期的城市文化成果，凸现的是人的知识、能力、智慧和创造，是人的进化和文明在城市文化上的反映。和谐城市突出的是人们对城市文化的自觉意识、自觉行动、自觉创造。

适宜居住是和谐城市的重要特征。宜居城市（livable cities）在1996年的联合国第二届世界人居大会“可持续的人居环境”中得到系统发展。文化内涵丰富、自然生态良好的城市环境是人类需要的，也是城市适宜居住的重要特征，并与可持续发展的城市形态和结构密切相关。在我国，2000年广州市率先编制了城市总体发展战略规划，其中明确提出了“适宜创业发展，适宜居住生活”的城市发展理念。2005年1月，国务院正式批复《北京城市总体规划（2004—2020年）》。此次总体规划明确提出北京的城市目标为“国家首都、国际城市、文化名城、宜居城市”，“宜居城市”概念首次在国内提出。随后，全国各地许多城市都将“宜居城市”作为未来城市的建设发展目标。“宜居城市”这一颇具理念性和亲和力的概念迅速在全国范围内普及，并在国内迅速引起共鸣。什么是“宜居城市”，我们的城市现状“宜居”吗，这些问题成为市民关心、政府关注的焦点。对此，城市的生活居住者最有发言权，城市居民共同给出的答案才是真切的，最具有判断价值。当前我国城市的宜居水平普遍不高，城市宜居建设还有很大的提升空间，特别是一些大城市、特大城市，在城市发展惯性的作用下，产业和人口高度集聚，引发人口膨胀、环境污染、交通拥挤、就业压力增大等城市问题，人们时时处在喧闹、紧张、竞争的压力状态，“宜居城市”在短期内还只能是奢望。

建设“宜居城市”体现了城市建设和发展从以物为中心向以人为中心的转变。实现“宜居城市”，就需要城市拥有舒适的居住条件、良好的生态环境、富有活力的工作氛围、完备的基础设施、完善的社会保障、安全的社会治安与和谐的人际关系。

在此背景下，人们开始追求更高水准的生活品质，宁静、舒适、安全、和谐的“宜居”环境和独特的城市文化。建设“宜居城市”就要以市民的全面发展和身心愉悦为中心进行规划建设，而不是片面地追求“政绩工程”“形象工程”。一些城市政府提出建设“宜居城市”多是站在城市硬件建设的角度，相应的对策自然是加大城市建设的投入，却很少站在市民的语境下考虑居民对所居住城市的整体感觉如何，想到的不是居民对城市的满意度，不是如何提高市民的生活环境、生活质量，缺乏从公众需求的角度考虑宜居城市建设，这是当前“宜居城市”建设的一大误区。美国有线电视新闻网（CNN）评出了2005年100个最适宜居住的城市。在美国人心目中“宜居城市”的标准并非是城市的大小，他们所看重的是良好的教育、充足的就业机会、便利的交通和美丽的风景，还有最重要的一条：当地居民对城市的满意度和忠诚度[①]。建设“宜居城市”，不仅仅是硬件建设，更重要的是城市文化的培育。侯仁之教授认为：“宜居城市’应当包括生态环境与历史环境的内容。历史建筑就是体现历史环境的实体之一，在规划的过程中，不仅仅是尊重历史建筑本身，同时，要考虑其原来的环境，也就是历史环境的保护。”[②]因此，“宜居”更是一种理念、一种感受、一种和谐和一种文明。

在今天，城市的“文化自觉意识”就是指城市决策者和广大市民所必须具备的在知识经济时代创建文化城市的自觉意识，就是要求城市的发展不能仅仅关注城市的物质生产、经济积累以及城市各方面的建设在数量上的增长，而更要关注文化的发展，关心人的发展成长，重视和发挥人的作用的自觉意识。“每个城市如果真正地深入地研究自己的历史文化，总结其历史经验，捕捉当前发展的有利条件，创造性地制定发展战略，不失时机地集中地调动多方面的积极因素（包括文化优势），等等，城市发展必将大有可为”。“我们在全球化进程中，学习吸取先进的科学技术，创造全球优秀文化的同时，对本土文化更要有一种文化自觉的意识，文化自尊的态度，文化自强的精神”[③]。

---

① 牛建宏：《宜居城市建设要从公众需求着眼》，载《中国建设报》，2006-01-13（1）。
② 赵中枢，曲长虹：《城市规划要尊重历史环境》，载《中国建设报》，2006-09-26（2）。
③ 吴良镛：《论中国建筑文化研究与创造的历史任务》，载《城市规划》，2003（1），14。

2. 文化竞争力决定城市竞争力

城市竞争力是一个综合概念，既包括经济竞争力也包括文化竞争力。当前，文化竞争力对城市发展的影响与作用越来越突出，成为推动城市经济社会可持续发展的重要力量。当城市的经济发展到更少地依赖于制造业，而更多地依赖于知识的时候，城市文化促进城市发展的价值也日益凸现。但是，人们往往容易看到通过数量和指标体现出来的城市经济竞争力的作用，而忽视对城市发展潜移默化地产生巨大影响的文化竞争力的作用，存在着重经济建设、轻文化发展的现象。实际上文化竞争力时时刻刻都在影响着城市发展。在越来越多的城市中，过去被看似与经济无关的文化竞争力，今天却直接决定了城市竞争力的有与无或大与小。城市文化有力地推动了城市经济的增长，对就业和 GDP 的贡献不可轻视。文化部门也已经成为世界发达国家中增长最快的部门，具有明显的综合效益。文化产业无论对城市的发展，还是对经济的增长，都占据着越来越重要的位置。

在物质增长方式趋同、资源与环境压力增大的今天，城市文化逐渐成为城市发展的驱动力，体现出较强的经济社会价值，这也是城市文化得到各国城市政府关注和重视的主要原因。法国原文化部长朗歌曾说："文化是明天的经济。"经济的持续发展需要以繁荣的文化为支撑，而文化的繁荣是城市繁荣的重要标志。文化繁荣既对经济繁荣起推动作用，又是经济繁荣的表现。纵观一些国际性城市，经济的繁荣是先决条件，文化的繁荣才是真正的标志。一个城市的发展，是其整体的、长远的文化价值和局部的、暂时的经济利益不断产生矛盾、解决矛盾的过程。如果一个城市把局部的、暂时的经济利益放在首位，那么除了仅仅使某个范围的眼前利益得以满足外，这个城市终将由于其根本价值的贬值或丧失而失去它包括经济价值在内的整体的、长远的价值。全球经济一体化既不应该是全球城市一体化，也不应该是全球文化一体化。当前，世界上许多国家将文化安全提上议事日程，并采取种种措施保护民族文化遗产，弘扬民族文化传统。对此，我们也应当冷静地反思：在无数经济增长指标的后面隐藏着哪些“城市文化危机”和忧患，并及时转变落后的经济增长方式和城市发展理念，树立正确的文化发展战略。

城市实力既包括城市硬实力，也包括城市软实力。所谓城市硬实力，是指城市的经济总量、财政收入、硬件设施等；所谓城市软实力，是指城市的体制机制、文化水平、人文环境等。城市硬实力和城市软实力共同构成了城市竞争力。同样，文化竞争力也可以分为文化硬实力和文化软实力。文化硬实力包括一个城市的文化设施健全程度、文化遗产数量和文化从业人员的结构等。文化软实力则包括一个城市的文化氛围如何、文化传统如何、文化法规健全程度如何和城市居民的规则意识如何等。与提升文化硬实力相比，提升文化软实力更为艰巨。然而，目前许多城市在发展过程中重硬件建设，轻软件发展，对文化软实力的重视很不够。张在元先生针对城市文化进行了近四年调查，期间穿梭于 71 个国家的近百座城市，对所拍摄的近 14 万张建筑与城市景观幻灯片进行分析后发现：城市的气质来自历史与文化的积累、城市的魅力体现于不同时代建筑的有机集合。他认为：“城市是人类生存的集合空间载体，支撑这个载体的‘硬道理’在相当程度上可以理解为构成人工空间与环境的技术体系；而导向这个载体运行的‘软道理’则是城市文化。”“任何一座城市起源于人类的‘软道理’——想象力与自治力。城市衰落往往与‘软道理’背道而驰——夸张与破坏。”[①]要加强城市文化建设的“软道理”，就要以弘扬民族精神、树立共同理想为核心，让城市保持各自的文化特征。

文化软实力能够使人们潜移默化地接受文化价值观，因而日益受到关注。当今经济活动依靠的是文化内核，科研创新依靠的是文化造诣，生产管理依靠的是文化修养，技术掌握依靠的是文化素质，更重要的是依靠民族的文化精神。德国汽车质量优于美国的原因不在于技术设备优于对手，而在于德意志民族严肃认真、一丝不苟的精神文化。文化与经济日益相互交融，文化对经济社会的发展起着越来越重要的作用。在我国城市，人民日益增长的美好生活需要和不平衡不充分的发展之间的

① 张在元:《城市发展的“软道理”》，载《城市规划》，2003（9），55。

哥伦比亚卡塔赫纳城市景观（2008 年 5 月 2 日）

矛盾说明促进文化发展的任务愈来愈紧迫，这关系到国家的文化安全，关系到建设良好的文化环境。

传统文化是增强一个城市的认同感和凝聚力的重要内容，是激励一个城市不断开拓前进的强大的精神力量。德国的一份独立调查报告称德国人重新回到了城市，期望在那里享受到更高的生活质量、更好的生活保障及更丰富的文化娱乐。报告称，其中近 3/4 的德国人回到城市是因为对城市历史遗存情有独钟。城市告诉我们文化的昨天，城市见证我们文化的今天，城市也预示我们文化的明天。但是，今天在太多的城市中，我们已经无法了解城市的昨天，也就难以把握城市的今天，更不可能准确地预测到城市的明天。因为，破坏性的建设和建设性的破坏一次又一次无知并无情地割断了城市昨天与今天的文化联系，使城市丢失了文化灵魂，破坏了城市中人们生活习惯和社会关系赖以维持的基础，使人们难以找到“回家的小路”。两年前在西安，一场全市上下参与的城市人文精神和地域文化的大讨论持久而热烈。在深入探讨城市文化资源和人文特色的过程中，西安人恍然大悟：五十多年的建设和发展，对于丰厚的文化遗存，“我们曾经太过分强调使用价值，而忽视了其巨大的情感和文化价值”[①]。舒乙先生在全国政协十届二次大会发言中指出：“文化的属性不同于其他，它有长期的稳定性和生命力，不像社会体制那样多变和相对短暂，因此文化是民族的象征和根，是一个民族的姓氏。一个城市最后取胜的武器并非靠经济，最后取胜的一定是靠那些只属于你一家独有的东西，就是文化。”[②]城市鲜明的文化个性是城市文化的魅力所在，也是城市文化的生命力和竞争力之所在。

20 世纪 90 年代以来，确立城市文化品牌逐渐升温，并成为各级政府认真思考和决策的重要课题。城市文化品牌既是一个城市历史文化传统、自然环境特色、现实生活状况的综合表述，又是一个城市的主导意识形态、市民文明素质、审美价值趋向以及对未来发展憧憬的集中体现。城市文化品牌应源于生活而又高于生活、具有鲜明的文化特征、能包容所代表城市的文化性格、代表这个城市在社会公众中的总体印象和评价并容易为人们所记忆和指认。深厚的文化积淀是形成城市文化品牌的重要源泉。好的城市文化品牌是城市的内在素质和文化内涵的外在表现，同时也是城市的整体风貌和特色，是城市文化价值的体现，它可以起到升华城市形象、凝聚城市精神的作用。目前，在城市文化品牌定位方面的弊端是个性缺失所造成的特色危机，一些城市对历史特色、地域特色和民族特色弃之不顾，盲目照搬照抄、简单模仿，导致城市文化品牌的同质化。甚至有的城市一方面无情地摧毁传统的、真实的、珍贵的历史上已然存在的城市文化品牌；另一方面却又加入投资，全力“打造”仿古的、伪劣的、缺少文化底蕴的假古董。事实证明，只有个性化才是不可替代的，只有唯一性才能获得长久的生命力。一个城市的文化品牌要享誉全国、走向世界，先决条件是对那些能够体现城市特色的文化资源进行有效的挖掘、集聚、整合和利用，使其以独特的魅力获胜。特色一旦形成，就会成为稳定的知识产权。因

---

① 张毅：《探寻西安古都风貌保护之路》，载《经济日报》，2005-03-03（15）。
② 舒乙：《保护文化名人故居是当前先进文化持续发展中的一个紧迫任务》，在政协十届二次会议上的发言，2004。

此，城市决策者在确立城市文化品牌时，一定要维护好历史传承，留住城市的“命脉”，在保护中弘扬，让城市的历史文化积淀再现时代人文之光。实践证明，城市文化品牌的确立离不开市民的参与、呵护与涵养，市民是其塑造的主体，也是其长盛不衰的动力。因此，必须让市民认同自己城市的文化品牌，为之感到骄傲和荣耀，并身体力行地加以宣传。

3. 城市文化创新引领城市发展方向

当前中国城市不仅面临着对旧有的文化遗产保护不力的问题，更面临着对新的城市文化创造乏力的问题。丧失了保留至今的文化遗产，城市将失去自己的文化记忆；创造不出新的城市文化，城市将迷失自己的发展方向。城市文化首先必须承载历史，反映城市的历史发展过程及其特有的文化积淀；城市文化也要展现现实，多层次、多侧面、多角度地反映现实城市文化内涵；城市文化还必须昭示未来，顺应城市的文脉，发展、创造属于自己城市独特的新文化。城市文化是一个城市赖以成长的灵魂，是城市发展的引擎与心脏。文化遗产包含了更多随着时代迁移与变革而被人们忽视或忘却的文化记忆，只有唤起这些记忆，才能真正懂得人类文化整体的内涵与意义。文化的延续发展需要一个民族的根，文化创新的高度往往取决于对文化遗产发掘的深度。同时，城市的发展不仅要有对文化遗产的传承，还要有对新的城市文化的开拓和创造，应该有创新的能力并能够不断创造出属于自己的新的文化，这样才能始终保持活力。

城市文化不是化石，化石可以凭借其古老而价值不衰，城市文化是活的生命，只有发展才有持久的生命力，只有传播才有影响力，只有具备影响力，城市发展才有持续的力量。所以，城市文化不仅需要积淀，还需要振兴、需要创新。城市不仅仅是一些建筑群，不仅仅是一些经济体的组合，“城市是文化的容器”。事实上，城市还应该是文化的摇篮、文化的土壤，应该不断地培育出新的先进的城市文化。只有文化内涵丰富、发展潜力强大的城市才是魅力无穷、活力无限的城市。从另一个角度来讲，在当前，不断创造新的城市文化是满足城市居民精神文化需要的必然要求。面对城市居民迫切呼唤新的城市.文化生活，城市必须提高自己对新的城市文化的创造能力。

美国科学家早在20世纪50年代就注意到，在发达的工业化国家，2%的人生产的农产品和3%的人生产的工业产品就能满足人们基本的物质生活需要。于是当时就提出一个问题，当5%的人已经满足了社会的基本需要的时候，那另外95%的人生产的是什么呢？最后研究发现，在经济发展到一定程度的时候，生产的和消费的全部都是文化。可见，在当代物质资料的生产已经不是现代城市的唯一要务，现代城市更急迫的任务是发展文化事业和文化产业、发展新的文化内涵，不断创造新的城市文化。然而在我国，随着城市化进程加快，一些城市盲目“现代化”“工业化”，导致“千篇一律”和“个性迷失”。“千城一面”暴露的不仅是各个城市对传统文化遗产保护的乏力，更暴露了这些城市对创造新的城市文化的乏术。在一次次推倒、摧毁文化遗产的同时，这些城市并没有能够创造出新的城市文化，使城市文化失去灵魂而逐渐空壳化；在城市经济快速发展的同时，也没有做到文化与经济的良好互动，未能避免市场经济对文化的负面效应，不仅没有创造出文化与经济共同进步的双赢格局，反而导致出现片面追求经济短期高速增长而忽视、甚至牺牲城市文化建设的浮躁状况。

今天，我们在考虑城市传统文化保护的同时，也要考虑城市文化创造的传承问题；在考虑城市和谐统一的审美要求时，更要考虑可持续发展的增量要求。古代社会人们的生活习惯、环境、状态是单纯而质朴的，而现在人们的生活状态是复杂而多变的。只有达到社会环境和生活形态与所在城市环境的和谐统一，才能有效解决城市建设中保护与发展的矛盾。保护与发展可以统一起来，而且必须统一起来，保护传统文化本身就是现代化城市建设的不可或缺的重要组成部分。这一认识表现最突出的是在许多欧洲城市，他们几乎无一不把现代化城市建设和保护原有风貌结合起来。英国早已放弃“旧城改造”的提法，而改用激活旧城、整治旧城等指导思想，针对不同历史城区的特点探索多种多样的保护与利用措施。城市化的加速进程，使未来20年成为我国城市由初级化向高级化转变、由一般性向特殊性转变、由战术性向战略性转变的关键时期。因此，城市决策者必须从中长期战略的高度确立城市文化核心思想和整体战略布局，以全面构筑面向未来的城市核心功能与价值体系。卢涛和李先逵先生认为，城市核心具有六个方面的功能与价值：①文脉功能与历史价值；②社会功能与文化价值；③精神功能与艺术价值；④环境功能与生态价值；⑤使用功能与物质价值；⑥经济功能与再生价值。对城市核心价值的重新认识为城市核心发展研究提供了重要基础[①]。

一个历史阶段城市风貌特征的形成，是与当时的社会经济发展背景、科学技术水平等密切相关的，历史性城市的可持续发展也应体现不同时代的时代特征。如在中国改革开放背景下诞生的城市深圳，虽然只是一个历史很短的城市，但其规划理念、城市功能、空间形象和发展速度等都代表了我国城市发展过程中改革开放背景下“新兴城市”的时代特征。数十年或上百年后，这样的城市将有可能作为中国社会经济发展史和城市发展史上的重要代表，而成为具有重要研究价值的历史文化名城。同样，浦东新区也将作为历史性城市持续发展的重要范例而留下历史印迹[②]。中华民族的复兴，不仅是经济的崛起，还必须有文化的复兴。“正确处理继承和创新的关系，是文化创新中一个十分重要的问题。中华民族优秀的文化传统，是中国各民族在漫长的历史长河中共同创新的积累和结晶，是我们民族赖以生存和发展的根基和血脉。”[③]

全球化不可能全然取代本土文化，本土文化也不可能阻挡住全球化的浪潮，这二者之间始终存在着某种可伸缩和互动的张力。总体而言，不论未来城市的结构与形态如何变化，城市文化的组成中必然既有本土文化，又有外来文化；既有现代文

---

① 卢涛，李先逵：《城市核心可持续发展研究的多学科调适理念》，载《城市发展研究》，2002（1），26。
② 蒋伶：《历史文化名城保护规划的发展观》，载《城市规划》，2004（2），69。
③ 孙家正：《和谐社会构建中的文化责任》，载《光明日报》，2005-08-05（5）。

上海黄浦江景观（2010 年 11 月 6 日）

上海世界博览会景观（2010 年 11 月 2 日）

化，又有传统文化。城市就是这样一个多种文化的共存体，琳琅满目，错综复杂，矛盾重重，但又多样统一。这种新与旧、中与西文化的共存有它的必然性和规律性，我们要更加自觉地认识和利用这些规律来创造独具特色的城市文化。城市文化既然如此重要，那就必然要有文化提升的任务，不过文化提升和物质建设发展的要求有很大不同。物质追求很具体，可以提出指标分别落实到各个层面去执行，而文化的提升则不能如此简单操作。城市文化是不断更新的动态文化，是体现时代特征、随着城市的不断发展而向前推进的文化。随着时间的推移，城市文化也必然能够客观反映出对城市发展的肯定与否定。

城市文化保护与城市对外开放并不矛盾，反而相辅相成。“我们还注意到，中华文明中‘自强不息’和‘厚德载物’的精神，使这个文明既有刚性又有韧性。能够适应内外条件的变化，兼容各种不同的文明，不断丰富自己，顽强地生存发展”[①]。自强不息的精神，使中华民族能够奋发有为，永续生存；厚德载物的精神，使中华民族能够容纳百川，不断发展。“唐代文化气象博大、心胸开阔、仪态轻松，就和大胆吸收西域文化、旧传统中融入了异质的新成分有直接关系”[②]。当时的丝绸之路不仅把中国文化带到了西方，同时也带回我们有用的东西，对整个世界产生过深刻的影响。关于文化的发展，在近一个世纪前鲁迅曾说过一句非常深刻的话：“外之既不后于世界之思潮，内之仍弗失固有之血脉”。这句话抓住了文化最重要的两个特性，一个是时代性，一个是民族性。古今中外的城市，凡是能够吸引人的都凸现在与其他文化的交流上，而不是与世隔绝。城市文化是人类社会文明发展的主流文化之一。我国城市的发展承载着人民实现小康社会的希望，因此，城市发展的重心是文化，文化也是城市发展的最终价值。现代城市要在发展中进行长期和持久的文化再造，并在再造中创造新文化。“在城市发展中讲究兼容与弘扬的融合。用本土优秀文化的基因融入城际、区际文化，在吸纳外来文化的基础上弘扬本土文化，是城市文化生命活力的泉流”[③]。

---

① 袁行霈，严文明等主编:《中华文明史》，北京，北京大学出版社，2006。
② 刘梦溪:《百年中国：文化传统的流失与重建》，载《文汇报》，2005-12-04（6）。
③ 谭伸池:《文化：照耀城市发展的光芒》，载《光明日报》，2005-08-03（11）。

第三节　从“功能城市”走向“文化城市”

今天，我国城市文化的发展处于新的十字路口，历史与现代、继承与发展、保护与创新均需要以文化战略的眼光进行审视。面对我国“城市黄金时代”的到来，我们必须保持清醒的头脑，抓住城市振兴的机遇，激发旺盛的城市活力，促进城市文化的健康发展。今天人们对待城市文化的观念和方式，决定着城市走向未来的步伐。在21世纪的发展过程中，城市文化毫无疑义地被置于更为重要的位置，被赋予更加崇高的使命。世界文明发展大势，风云流转、变动不居，正如整部世界历史所显示的那样。当某一文明的土壤慢慢肥沃起来，在其中便孕育着世界文化城市的未来，我国历史性城市正面临着这一难得的机遇。

1.“城市黄金时代”与城市发展方向转型

在20世纪末，英国城市学家P. 霍尔（P. Hall）在写了《明日之城市》之后，又撰写《城市文明》一书，提出“城市黄金时代”的概念，即在特定的时期，城市可以凸现独特的创造力，成为人类文明建设的灯塔。他在进一步选择西方2500年文明史中的21个城市细评其发展源流、文化与城市建设特点之后，指出城市具有四个方面的独特表现：一是城市发展与文化艺术的创造；二是技术的进步；三是文化与技术的结合；四是针对现实存在的问题寻找答案。他指出，在城市发展史中有十分难得的“城市黄金时代”现象，这特别的窗口同时照亮了世界内外，如公元前5世纪的雅典、14世纪的佛罗伦萨、16世纪的伦敦、18、19世纪的维也纳以及19世纪末的巴黎等等。从人类文明史角度看，这些所谓处于“城市黄金时代”的窗口城市，都是世界文化城市，也就是世界文明之花。它们都曾是世界文化地图上令人瞩目的地标，而人类文明史上的各种文明则是这些伟大城市的底色；它们都有自己的文脉、自己文化的根，但同时又都曾是开放度很高的国际化文化城市。它们一方面能够吸收世界上各种各样的优秀文化；另一方面能够让自己的文化精华为世界所了解、所

希腊雅典城市景观（2009 年 6 月 19 日）

接受、所喜爱。

在 20 世纪上中叶，我国城市的经济、文化与世界发达的城市相比明显地落后了，“难道中国建筑文化传统真的成为‘弱势文化’被人掷于‘危险的边缘’？就如此一蹶不振？面对中国如此蓬勃的建设形势，除了吸取西方所长外，就如此碌碌无所作为？我们不能不反躬自省”。然而在 20 世纪后期，拥有 13 亿人口的中国在不到 30 年的时间里摆脱贫困，这不能不说是人类发展史上的一个奇迹。“事实上，今天的中国城市无论沿海还是内地都处在大规模的建设高潮之中，可以说已经进入城市的黄金时代；依笔者所见，如果乐观一点说，中国可以有若干城市同时塑造它们的黄金时代”[①]。学术大师的论述启示我们，应该把当今我国城市的发展放到历史的长河中和全球化的宏阔背景中，有一个更高的定位，塑造它们的黄金时代。因此，城市未来发展除了经济社会等方面努力外，更要注重文化上的行动，把发展的重点引导到塑造城市文化形象和提高公众文化生活水平上来，为中华文化复兴注入时代的内容。

今天，中国城市又一次处于文化发展的十字路口，仍然存在诸如重经济发展轻人文发展、重建设规模轻整体协调等方面的严峻挑战。在此形势下，发展的关键就在于我们如何审时度势，及时地根据各城市的特点和文化特色，针对城市发展中的特有问题创造性地加以解决。每个城市如果真正深入研究自己的传统文化和地域文化，总结其历史经验，抓住当前发展的有利条件和契机，创造性地制定文化发展战

① 吴良镛：《论中国建筑文化研究与创造的历史任务》，载《城市规划》，2003（1），13。

略，集中地调动多方面的积极探索，充分发挥文化资源优势，则城市发展必将大有可为。如何处理好城市建设与城市文化遗产保护之间的关系，更成为考验当代城市建设决策者文化智慧与文化远见的一大课题。

全球化进程中的文化冲突和文化融合并行发生。全球化有其积极的意义，也有负面的影响。从积极的意义来说，随着科学技术的发展、交通传媒的进步，全球经济一体化的到来无疑可以促进全球之间交流，给地域文化发展以新的内容、新的启示、新的机遇，同时也对世界文化发展有所贡献；但是从另一方面看，经济的全球化逐渐掩盖着各地不同文化的差异，甚至还不可避免地带来局部的文化冲突。国际建协《北京宪章》指出："在21世纪里，变化的进程将会更快，也更加难以捉摸。"对于我国来讲，20世纪无疑是一个走出物质贫困的时代，21世纪应该是一个走入文化复兴的时代。我们有必要也有足够的信心重新审视我国文化的意义和价值，塑造我国的文化身份，树立健全的文化形象。现在整个中国向现代化迈进，面临着社会经济的巨大变革，新与旧的交替、东西方文化的交融和碰撞随之产生；旧的秩序和价值观念在解体，新的在酝酿，一切都是如此地急剧。我国正处在一个十分特殊的社会发展时期，城市建设和人们生活同时面临着物质与文化的碰撞和发展。因此，唤起全民族追求城市文化精神应是我们的责任和使命。中华民族必须抓住这个历史的机遇实现伟大的复兴，中华民族一定能以高度的文明重塑自己在世界上的形象，具有几千年历史而从未中断过的中华文明，必将在世界未来的文明进程中再现自己的辉煌，并对全人类的文明进步做出更大的贡献。

2. "城市世纪"的到来与"文化城市"的提出

如果说20世纪的人类文明凸现的主要是以工业革命和科技革命为标志的工业社会、后工业社会的文明，那么，21世纪的人类文明主要是城市文明。2010年世界人口的60%将居住于城市。随着大城市的发展，"全球城市""城市地区""网络城市"

将崛起。在快速发展的城市化进程中，城市文化问题已经成为世界研究的专题，2004年9月在巴塞罗那联合国人居署召开的“世界城市论坛”的主题是：“城市：文化的十字路口，包容性还是整体性？”会议讨论的内容包括城市文化、城市现实、城市文艺复兴、城市治理、城市贫穷、城市资源、城市可持续发展、城市服务、城市疾病等，都是城市的热门话题与研究动向。21世纪被称为城市世纪，它将证明且被证明着：人类注定是一种城市化的生物。城市从来就没有停止变化，城市从来就不是静止的，这种变化也永远不会完结，这种动态的过程将永远根据新的情况进行调整与被调整[①]。特别是在当前经济全球化的形势下，“文化危机”的现实的确存在，任何一个国家都不能自居于“弱势文化”，要想立足于世界民族之林，就不但要考察西方城市发展历史，借鉴发达国家城市文化复兴的研究成果，并对本国的城市文化发展战略做出借鉴回应；而且要对本国的传统文化进行发掘、研究、光大，包括与现代化相适应的优秀的城市文化内涵，进行融贯的综合研究。

21世纪，经济生产、社会组织和知识生产的最主要单位将是城市。1998年11月4日，联合国教科文组织在巴黎总部首次发表《世界文化报告》，报告预测了第三个千年中城市发展的几种倾向：第一，全球将进一步城市化，估计在21世纪的第一个十年，将有超过世界1/2的人口住在城市；第二，城市化和全球化的相互作用将加强；第三，未来的城市将把权力和责任继续转移给地方当局和市民社会。在此大背景下，一个国家和地区的现代化，在很大程度上将成为一个以城市现代化为中心展开的历史过程，而新的文化城市的崛起，将是这一历史过程中引人入胜的篇章。

目前，国际上出现文化在社会发展中地位不断上升的趋势，并且文化与经济、政治相互交融的程度愈来愈高，文化竞争力成为城市竞争力评价的综合性要素。一些世界级城市的政府也愈来愈重视文化在促进发展方面的特殊作用，纷纷从城市未来发展角度提出了一系列增强文化竞争力的新的要求和目标，其中最为典型的就是伦敦。伦敦作为现今发达程度最高的世界城市的代表之一，在文化方面采取了一系

① 吴晨：《“城市复兴”理论辨析》，载《中国建设报》，2006-05-26（7）。

列重大举措。“2003 年伦敦市长发表‘城市文化战略’的演讲，旨在维护和增强伦敦作为‘世界卓越的、创意的文化中心’，成为‘世界级的文化城市’，并投入巨资兴建新的文化设施”[①]。伦敦的“文化城市”，目标具体体现在四个方面：一是卓越性，增强伦敦作为世界一流文化城市的地位；二是创建性，把创建作为推动伦敦成功的核心；三是途径，确保所有的伦敦人都有机会参与到城市文化之中；四是效益，确保伦敦从它的文化资源中获得最大的利益。很明显，在伦敦市政府的目标中，一个世界级城市不仅在经济上是世界的中心之一，有极强的影响力和辐射力，同样在文化方面也应该是世界的中心之一[②]。英国曼彻斯特市也在其文化产业战略咨询报告中，提出“文化变成了城市发展战略的轴心，经济、社会、技术和教育的战略都将越来越维系于这个文化轴心”的理念。

从 20 世纪末开始，全球对于经济、社会的发展经历了一个广泛而深刻的反思，在提出可持续发展理念以及着重解决经济发展、环境保护和资源可持续利用等问题的同时，人们把目光从经济领域拓展到涉及人类生存发展的更为广阔的空间，把人类与自然的关系作为一个大课题来加以研究，在此过程中，人们不约而同地把关注的目光投向了文化。以提出“竞争优势”理论而闻名于世的哈佛商学院迈克尔·波特教授说过：基于文化的优势是最根本的、最难替代和模仿的、最持久的和最核心的竞争优势。美国著名管理学家德鲁克先生也指出：今天真正占主导地位的资源以及绝对具有决定意义的生产要素，既不是资本，也不是土地和劳动，而是文化[③]。

面对城市化的加速进程，我国制定了实现第三步走的战略目标：2010 年实现国民生产总值比 2000 年翻一番，2050 年时人均国民生产总值达到中等发达国家水平，人民生活比较富裕，基本实现现代化。在快速发展的城市化进程中，要动态而全方位思考人居环境建设问题，积极寻找有效解决之道。在我国，城市文化的问题也已经在城市政治、经济之后日益成为社会所关注的重大问题，人们认识到，今天对待

① 吴良镛：《总结历史，力解困境，再创辉煌》，349 页，国家图书馆，《部级领导干部历史文化讲座》，北京，北京图书馆出版社，2005。
② 杨荣斌，陈超：《从四城市看城市文化发展取向与城市定位》，载《中国文化报》，2005-08-30（4）。
③ 孙家正：《深化文化体制改革加快文化产业发展》，在全国文化系统文化产业工作现场会上的讲话，2006。

城市文化的观念和方式决定了我们走向未来的步伐。由此有人断言，文化定位是一个城市发展的终极定位，所以，城市“文化定位”研究正在成为越来越多的城市所关注的课题。广东省提出建设“文化大省”的战略目标，深圳市正式确定实施“文化立市”战略，以期成为城市发展的重要战略支撑。以城市文化指导城市的定位与规划，将从城市的基因方面确保城市的个性和魅力，而不会使未来的城市面目皆非。为此，在城市建设中我们应该鲜明地提出“文化城市”主题，注重城市人文生态的平衡和发展，在发展特色城市、魅力城市上下工夫，以突出城市综合竞争力中的文化竞争力，校正当前城市建设中忽视文化的弊端。最近，武汉市鲜明地提出，城市环境创新要面向世界，张扬城市个性，突出文化底蕴，营造新的城市亮点，建成“文化武汉”。这是越来越多的城市决策者在新世纪的选择。

3. 从“功能城市”走向“文化城市”

在全球化和城市化的浪潮下，城市能不能保持城市文化特色、发扬城市优秀文化传统并实现城市新的文化理想，这是一个艰难的行程，也是一片广阔的天地。吴良镛教授指出：“当前，城市规划工作在发达国家一度处于一种低潮，如美国早已宣告其新城失败，并认识到英国新城运动并非是解决城市问题的万全道路，种种城市问题未得到缓解。”“科学如此进步，生产力在发展，它们都在揭示伟大的思想终会诞生。科学的方法论、学科的哲学、思想会给我们以启示，我们要从当前的甚为复杂的城市问题中寻找方向，我们要为一个新的规划思想而呐喊”[①]。在我国大部分城市都开始以“千城一面”的姿态呈现在世人面前的时候，每一个城市既面临城市大规模的建设，又面临异常复杂而又棘手的问题，客观上要求城市决策者都应认真冷静地思考，慎重面对城市未来的选择。当前是关键时刻，是努力建设具有伟大理想和抱负的文化城市，还是继续滑向毫无特色和生气的平庸城市，这一重大决策举足轻重，对未来城市的社会走向、民生质量、文化传承以及可持续发展都将意义深远。

① 吴良镛：《人居环境科学导论》，19页，北京，中国建筑工业出版社，2001。

今天决策正确则可以在今后数十年内面对城市化加速进程而立于不败之地，甚至可以奠定今后百年甚至更长时间的城市繁荣的基础。反之，则可能因为决策失误而付出长期的甚为巨大的代价。“对于量大面广的城市化建设，如果我们较为自觉地把它看成一种文化建设，那么结果就可能成为人类文明的伟大创造；相反，如果失去文化的追求，则可能导致‘大建设、大破坏’。在此意义上说，今天的城市文化建设直接关系中国的未来”[①]。

历史深层的运动，决定着世界文化城市在地球的哪些节点上出现。这“历史深层的运动”便是文化的运动。“城市最终的任务是促进人们自觉地参加宇宙和历史的进程。城市，通过它自身复杂和持久的结构，城市大大地扩大了人们解释这些进程的能力并积极参加来发展这些进程，以便城市舞台上上演的每台戏剧，都具有最高程度的思想上的光辉，明确的目标和爱的色彩。通过感情上的交流，理性上的传递和技术上的精通熟练，尤其是通过激动人心的表演，从而扩大生活的各个方面的范围，这一直是历史上城市的最高责职。它将成为城市连续存在的主要理由。”[②] L. 芒福德指出：“我们已经面临了最坏的情况，我们最后终于能了解历史性大都市的积极的功能作用，不是作为国家或帝国的经济中心，而是更重要的潜在作用，就是作为世界的中心。”[③]

拿破仑曾说过，中国像一头沉睡的雄狮，它一旦醒来，整个世界都将为之震颤。现在，世界上越来越多的人开始认识到中国的发展，这是不以任何人的意志为转移的，是谁也阻挡不了的。中国文化应当更主动地走向世界，我们现在对世界的了解虽然还很不够，但是世界对我们的了解更少、更肤浅。牛津大学教授 R. 道森（R. Dawson）在 1967 年出版的名著《中国变色龙：对于欧洲中国文明观的分析》一书中，详尽而具体地介绍了西方对中国的种种看法，并总结说：“在西方人眼中，中国的形象似乎在两个极端间变化：或者是理想的王国，或者是停滞与落后的象征。中国时而被描绘为富裕的、先进的、聪明的、美好的、强大的和诚实的，时而被描绘

① 武廷海，鹿勤，卜华：《全球化时代苏州城市发展的文化思考》，载《城市规划》，2003（8），63。
② 刘易斯·芒福德：《城市发展史——起源、演变和前景》，586 页 a，宋俊岭，倪文彦，译，北京，中国建筑工业出版社，2005。
③ 刘易斯·芒福德：《城市发展史——起源、演变和前景》，572 页，宋俊岭、倪文彦，译，北京，中国建筑工业出版社，2005。

为贫穷的、落后的、愚蠢的、丑陋的、脆弱的和狡诈的。”[①]“世界需要一个繁荣的中国，更需要一个比古文明更加文明的现代中国”[②]。我们的文化虽然不是人类共有的，却是人类共享的。我们保护自己文明的同时，也在为人类保护一份巨大的、珍贵的、不可替代的财富。

当年张謇先生高瞻远瞩地说道：“一个人办一县事，要有一省的眼光，办一省事，要有一国的眼光，办一国事，要有世界的眼光。”“今日我国处于列强竞争之时代，无论何种政策，皆需有观察世界之眼光、旗鼓相当之手段，然后得与于竞争之会”。在20世纪之初的年代里能有这样高瞻远瞩的眼光，实为难得。“任何人都是历史的人，都有时代的局限性，张謇也不例外，它属于那个历史时代，有他特殊的经历，但他能从那新与旧、中与西、保守与前进的撞击中摆脱出来，创造性地走自己的道路，在家乡建设起‘新世界的雏形’，而且成功了，被誉为是‘中国一个理想的文化城市’，这非常了不起”[③]。

未来始于足下，今天从历史中走来。我们回首过去，立足现在，面向未来，以期在21世纪里能更自觉地营建美好、宜人的人类家园。从张謇先生在南通建设“中国近代第一城”并被誉为“中国一个理想的文化城市”至今，已经经历了100年关于文化城市的实践；从1933年关于“功能城市”的《雅典宪章》提出，到2003年伦敦市“文化城市”的定位，也已经经历了70年关于文化城市的探索。在实践中人们认识到，城市不仅具有功能，更应该拥有文化。文化是城市功能的最高价值，也是城市功能的最终价值。城市化进程不应仅仅是一个量的指标，更应该是一个质的飞跃。从“功能城市”走向“文化城市”，就是这种质的飞跃的核心理念与理论概括。可以断言，21世纪的成功城市，必将是文化城市。

---

① R. 道森：《中国变色龙一欧洲中国文明观之分析》，8页，常绍民，明毅，译，北京，北京时事出版社，1999。
② 冯骥才：《文化遗产日的意义》，在部级领导干部历史文化讲座上的发言，2006。
③ 吴良镛：《张謇与南通“中国近代第一城”》，载《城市规划》，2003（7），10。